52 Wochen Watercolor

Dieses Buch widme ich meinem Vater, der mir gezeigt hat, wie man die Welt betrachtet, und meiner Mutter, die mir das Zeichnen beigebracht hat.

Ich denke dabei auch an meine Tante Anne, wie sie mit ihrem typischen Lachen nach meinem Buch malt, weil sie einfach den Bogen raus hat!

Lou Ripoll

52 Wochen Watercolor

Aquarell-Übungen für ein ganzes Jahr

CV

Inhalt

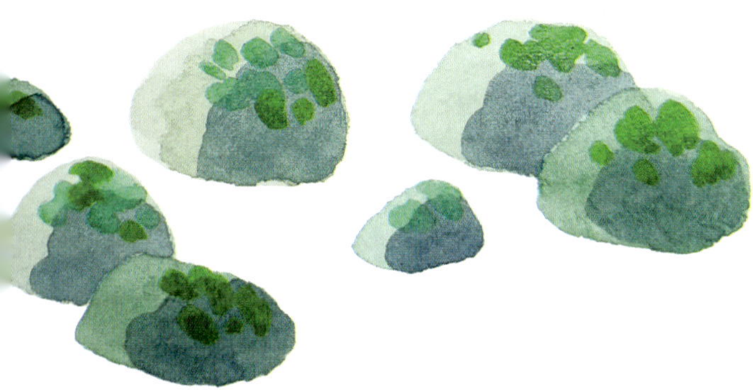

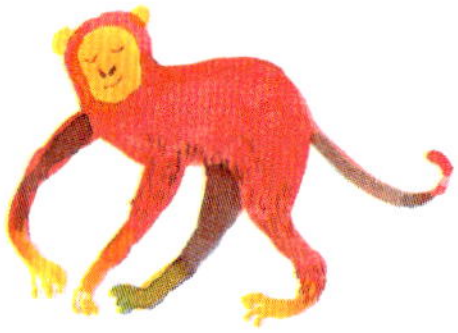

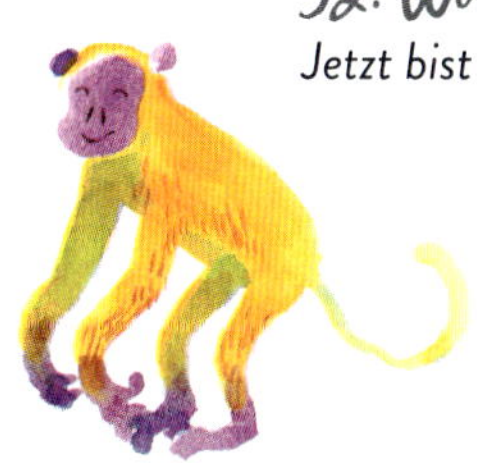

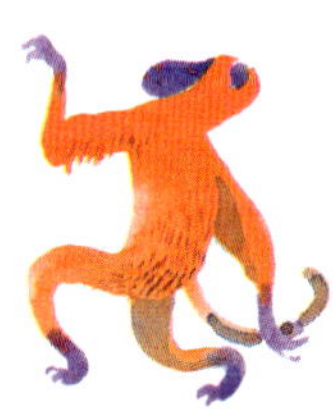

Erste Schritte

Kleine Farbpalette für den Anfang

Was die Farbpalette betrifft, so hat jede und jeder seine Vorlieben ... Wenn du noch Anfängerin oder Anfänger bist und dir noch Farben kaufen musst, empfehle ich dir eine „minimale Farbpalette“:

Gelbtöne: die Primärfarbe Goldgelb, ein Zitronengelb, ein Neapelgelb (das ist praktisch, weil man es kaum selber mischen kann).

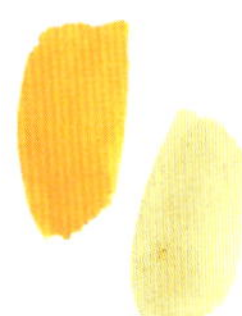

Rottöne: ein zu Orange tendierendes Rot, Zinnoberrot, ein zu Magenta tendierendes Rosa, ein Krapprosa und vielleicht auch ein Violett.

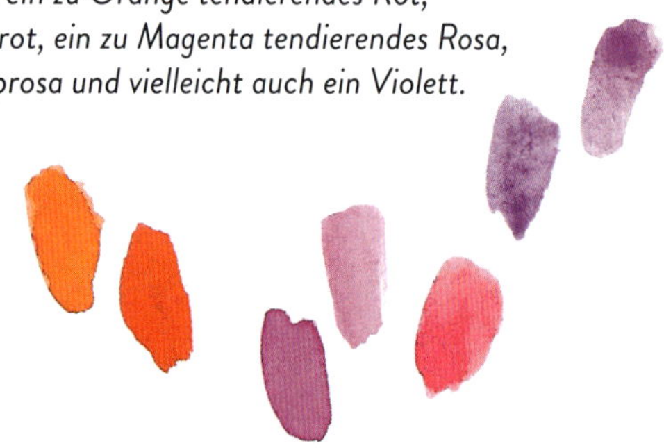

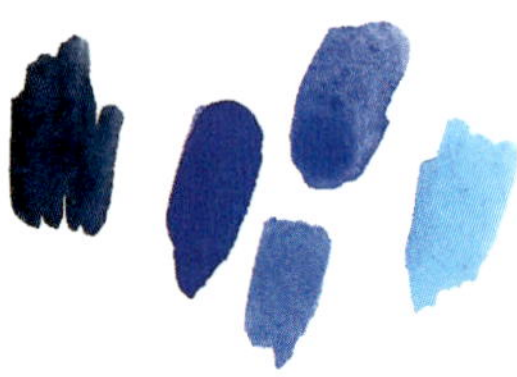

Blautöne: ein schön dunkles Preußischblau, ein Kobaltblau (oder Ultramarin), ein helles, leuchtendes Blau.

Grüntöne: ein Saftgrün, ein Gelbgrün (zum Beispiel Anisgrün), ein Apfelgrün, ein helles oder dunkles Smaragdgrün.

Brauntöne: ein schön dunkles Umbra gebrannt (mit Preußischblau gemischt, erhält man ein schönes Schwarz), ein rötliches Siena gebrannt, ein Ocker.

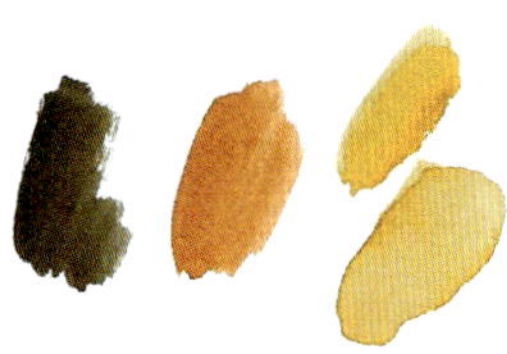

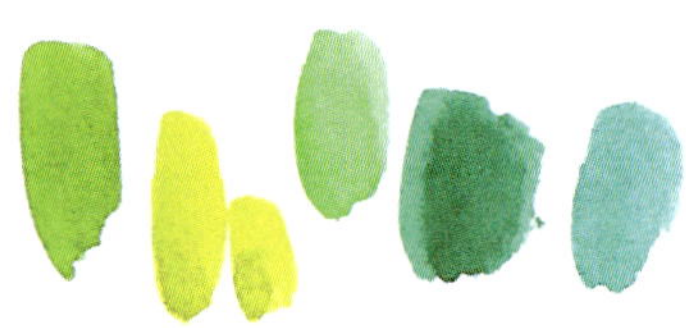

Eventuell ein weißes Gouache (Deckweiß), mit dem man den Farben einen „milchigen“ Ton verleihen kann. Das wirkt ganz anders, als wenn man sie mit Wasser verdünnt.

Stelle dir deinen Farbkasten lieber selbst zusammen, anstatt einen fertigen zu kaufen. Denn meistens enthalten die bereits zusammengestellten Farbpaletten mehr gedeckte Töne (zum Beispiel viel Braun) und weniger kräftige. Eine kräftige Farbe kann man immer noch abschwächen, umgekehrt geht das jedoch nicht!

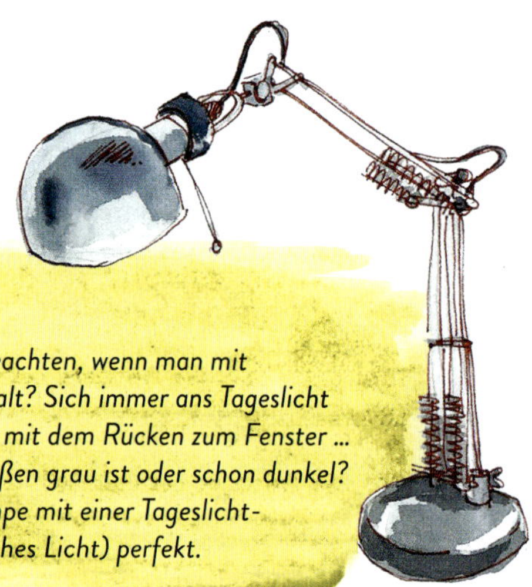

Tipp

Was sollte man beachten, wenn man mit Aquarellfarben malt? Sich immer ans Tageslicht setzen! Also nicht mit dem Rücken zum Fenster ... Und wenn es draußen grau ist oder schon dunkel? Dann ist eine Lampe mit einer Tageslicht-Glühbirne (bläuliches Licht) perfekt.

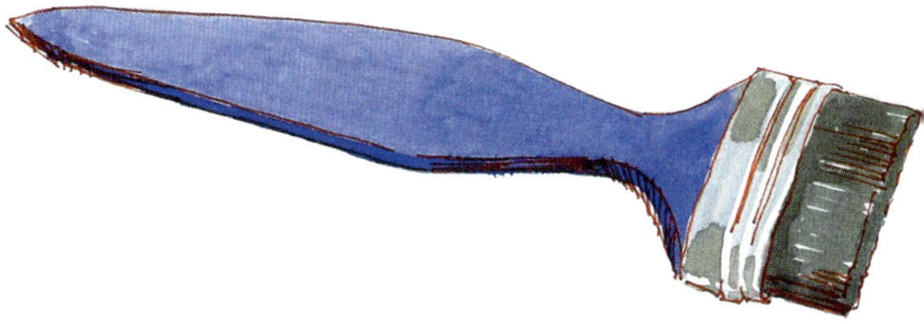

Pinsel und Papier

Die Papierqualität spielt eine große Rolle! Es gibt verschiedene Papierarten, mit denen man unterschiedliche Effekte erzielen kann.

Raue Papiere, auch „körnige“ oder „à grain“ genannt: Sie haben eine raue Oberfläche und verleihen den Aquarellen einen besonderen Charakter.

Satinierte Papiere: Sie sind glatt und können viel Wasser aufnehmen, ohne dass sie sich wellen. Sie lassen sich leicht bemalen. Der Pinsel gleitet, das Papier nimmt Wasser und Farbe auf, das ist wunderbar.

Vergé-Papiere mit feinen Rippen: Wie ihre rauen Verwandten verleihen sie den Aquarellen einen besonderen Charakter, aber sie gehören nicht zu meinen Favoriten.

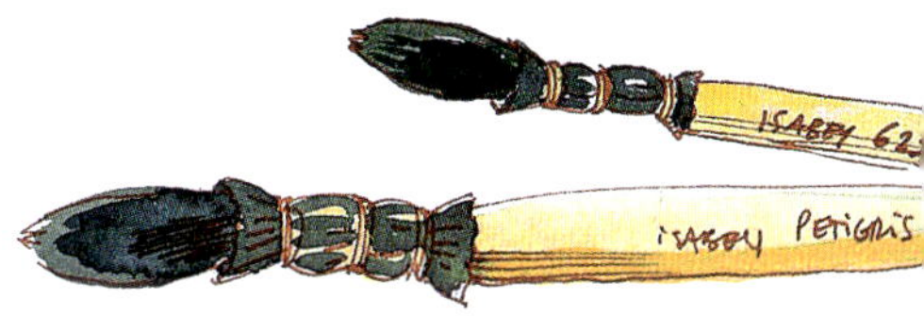

Ich verwende am liebsten Papiere der Marken Fabriano, Arches und Dalbe. Meine Pinsel sind aus Naturmaterialien (am liebsten aus Marderhaar, auch wenn das die teuersten sind), denn sie sind effizient und weich. Ihre Borsten nehmen viel Wasser und Farbe auf, sodass man sie damit großzügig auftragen kann. Pflege deine Pinsel, denn sie sind kostbar. Wasche sie nach der Verwendung immer aus und bewahre sie nach dem Trocknen in ihrer Schutzhülle auf. Lass sie nicht im Wasserglas stehen (sonst verformen sie sich).

Tipp

Aquarellpapier ist sehr teuer, vor allem die Blöcke mit vielen Bögen. Um Geld zu sparen, kannst du dir einen großen Bogen von einer guten Marke kaufen und ihn einfach klein schneiden. Das ist viel günstiger als ein DIN-A4-Block mit 12 oder 16 Bögen.

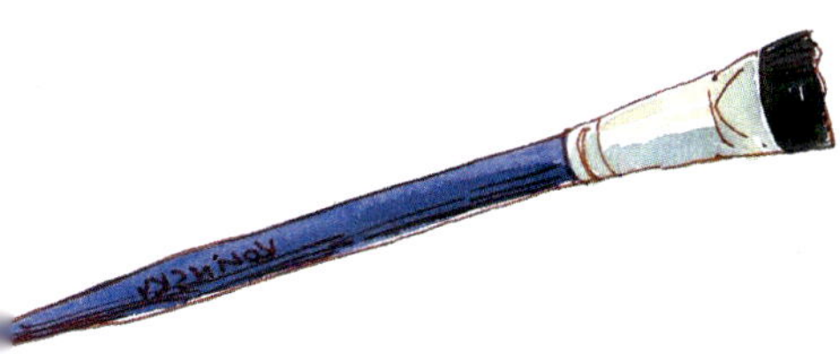

Weiteres Zubehör

Farbnäpfe: Ich mag die Aquarellnäpfchen aus trockenem Material. Wenn sie zu weich sind, erhält man zu viel Farbe auf einmal. Ich reibe die Farben lieber, um die Pigmente zu erhalten.

Papier zum Abtupfen der Farbe: Dafür eignet sich jedes Papier, sofern es nicht pillt und unter dem Pinsel krümelig wird.

Tuch: Man kann dafür jedes alte Stück Stoff verwenden, zum Beispiel ein altes Geschirrtuch.

Wasserbecher: Dafür lässt sich fast jedes Behältnis einsetzen. Vergiss nicht, dass manche Aquarell-Farbpigmente giftig sind, und reinige den Becher immer nach Gebrauch. Damit ich klares Wasser habe, ohne es ständig wechseln zu müssen, stelle ich gleich fünf oder sechs gefüllte Becher bereit. Einen verwende ich für dunkle, einen für helle Farben, einen für Gelb, einen für Blau- und Grüntöne usw.

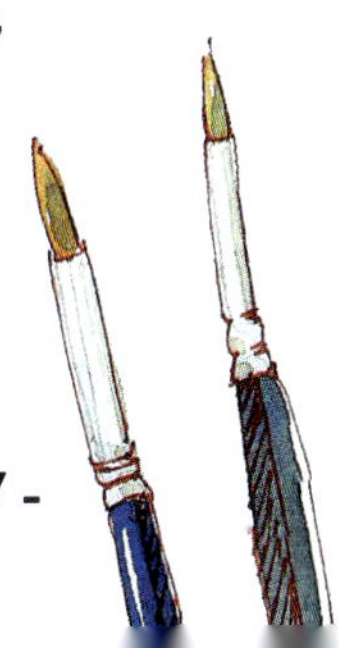

1. Woche

Dunkle auf helle Farbe auftragen

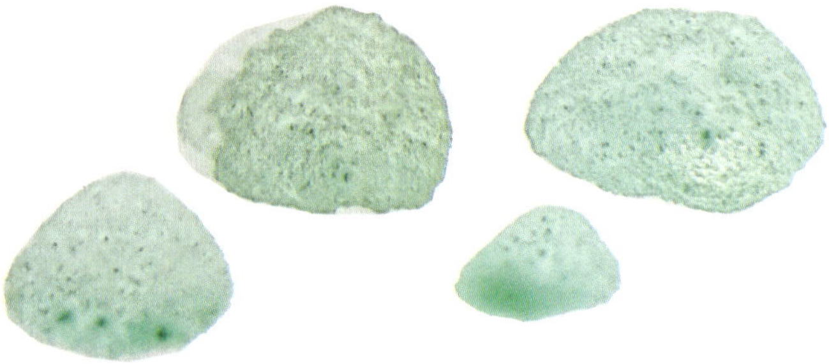

Beginnen wir ganz langsam … Mit Steinen! Ich trage mit dem Pinsel graugrüne Farbe auf und male damit diese kleinen Steine.

Ein erster Tipp? Die Farbe mehr oder weniger verdünnen. Ich mische zunächst immer in der Palette meines Farbkastens etwas Farbe in ausreichender Menge an, damit ich sie später nicht neu mischen muss.

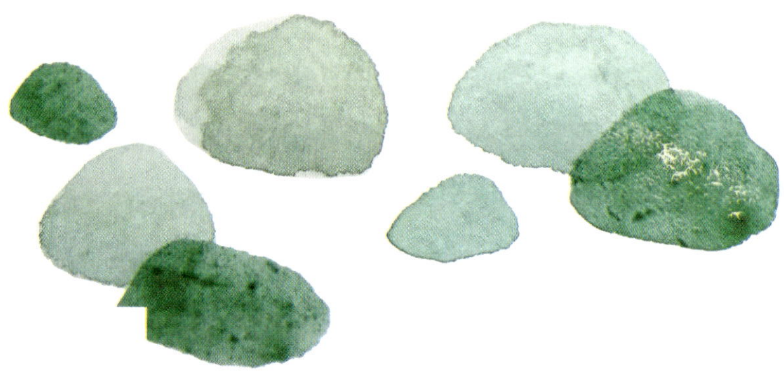

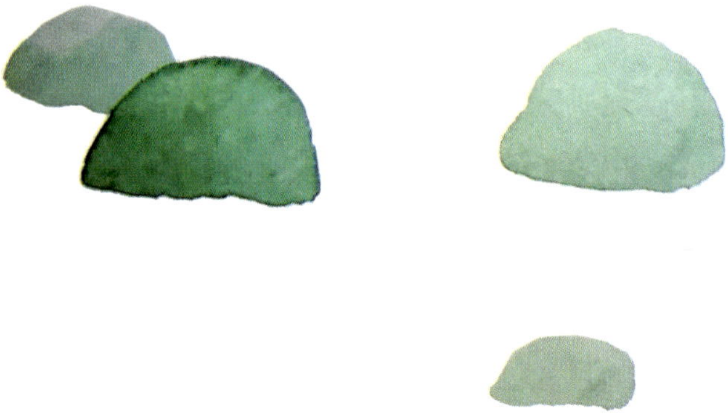

Wenn die Steine getrocknet sind, male ich dunklere Farbe auf und setze dabei die beiden Farbtöne übereinander.

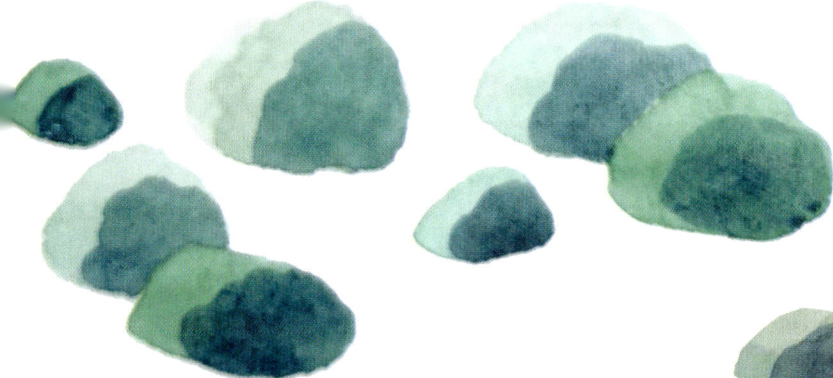

Wenn die Steine getrocknet sind, geht es an die Schatten! Ich trage blaue Farbe auf und setze die dunkle Farbe auf die helleren Steine.

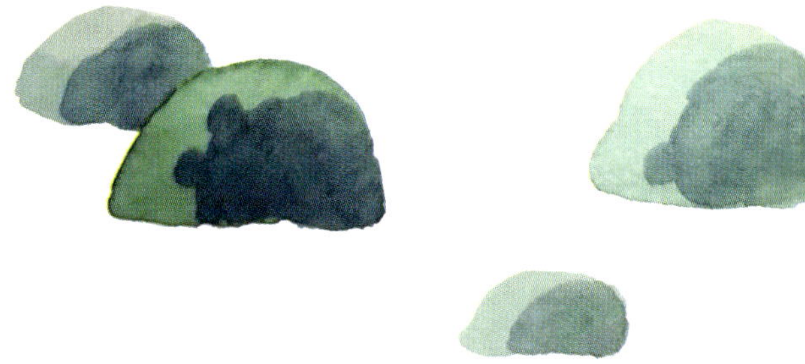

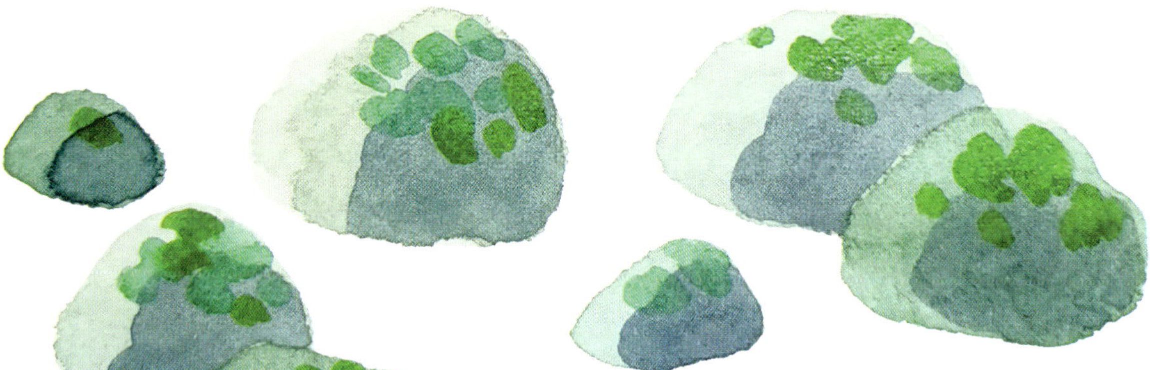

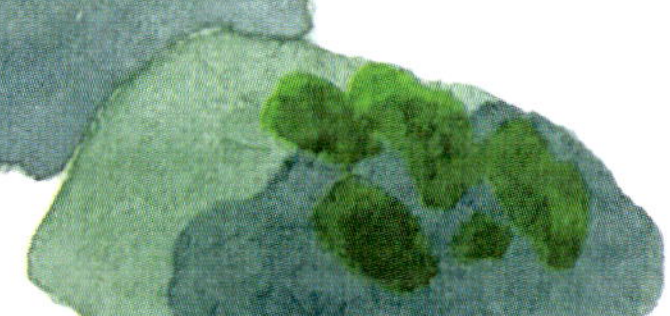

Sobald die Schatten trocken sind, setze ich mit Grün und Türkis kleine Tupfer für das Moos.

Dies ist eine erste Herausforderung, die man gut meistern kann, weil man in der Natur Steine in allen Formen findet, nicht wahr? Wiederhole diese kleine Übung, bis du die richtige Dosierung der Farbe und Trockenzeit raus hast ...

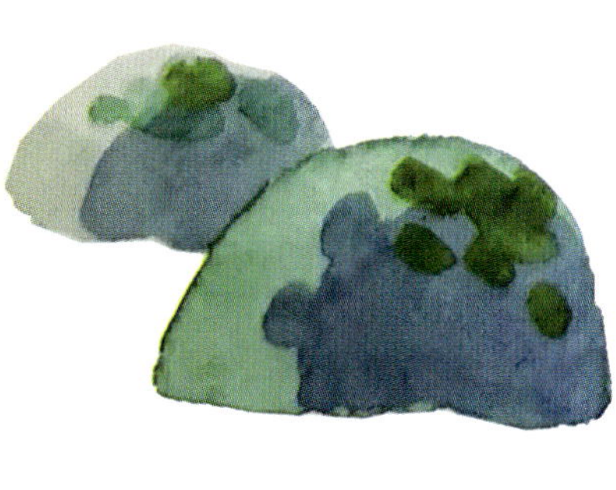

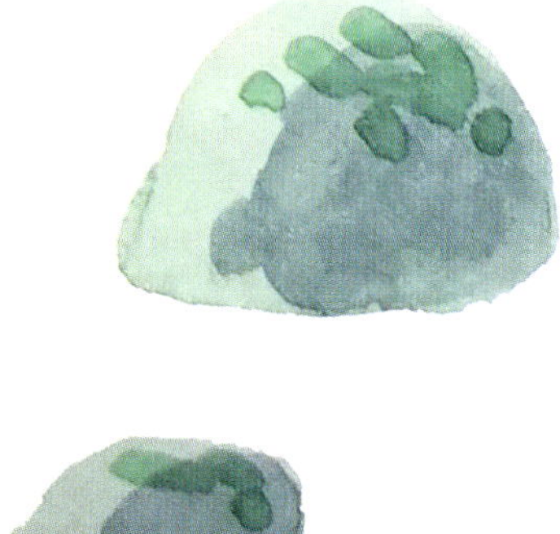

2. Woche

Helle Farben übereinander auftragen

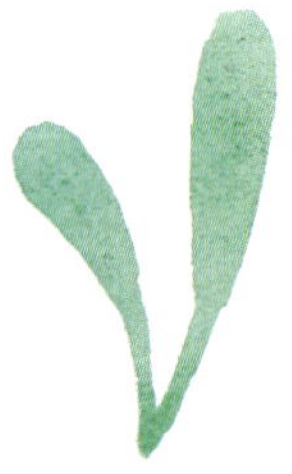

In der zweiten Woche schlage ich vor, Wasserpflanzen zu malen, die man an Teichen finden kann. Ich bereite dafür mehrere Farbtöne in den kleinen Paletten meines Farbkastens in ausreichender Menge vor: Grün, Türkis, ein bläuliches Graugrün und Blau.

Ich male Pflanzen in unterschiedlichen Farbtönen auf. Den Stängel male ich mit der Pinselspitze, die ich dann fester aufdrücke, ohne die Hand abzuheben, damit der Strich breiter wird. Dann lasse ich ihn trocknen. Mach dir keine Gedanken über exakte Formen – die Farbe sieht auf dem Papier einfach schön aus!

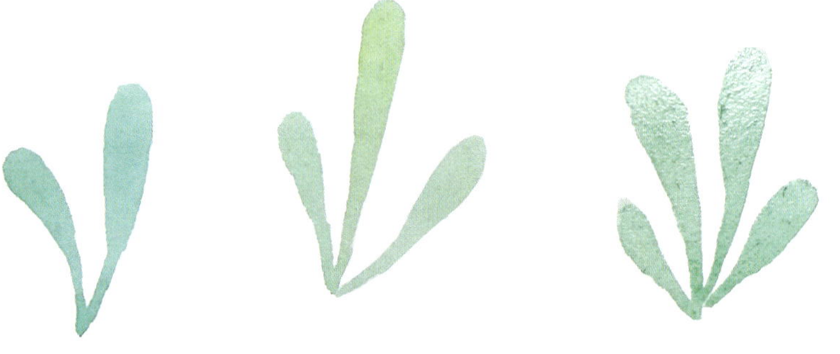

Danach male ich andere Pflanzen darüber, wobei ich Formen und Farbtöne abwandle. Man muss sich nur gedulden, bis die Farbe nach jeder Schicht trocken ist.

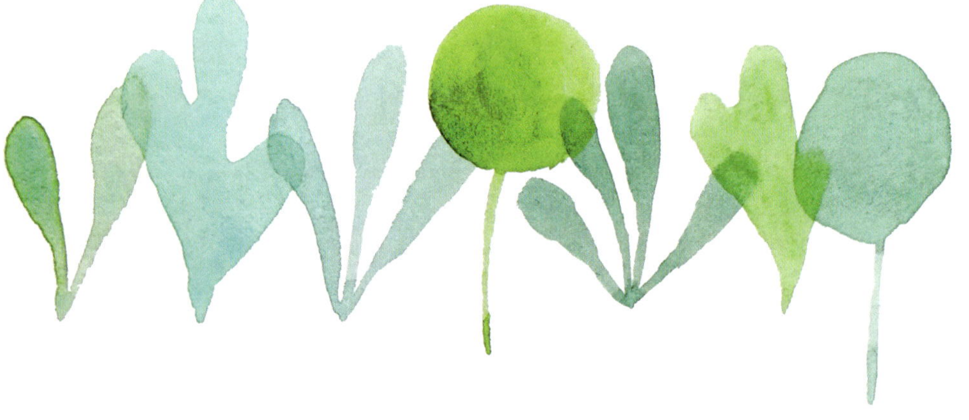

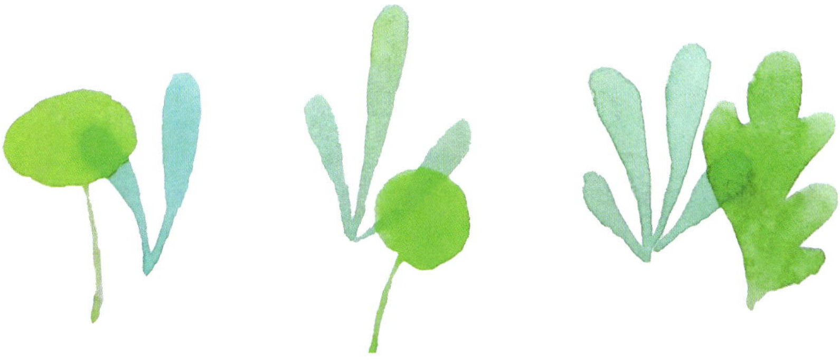

Viel Spaß beim Ausprobieren verschiedener Farbtöne!
Es gibt grenzenlos viele Möglichkeiten.

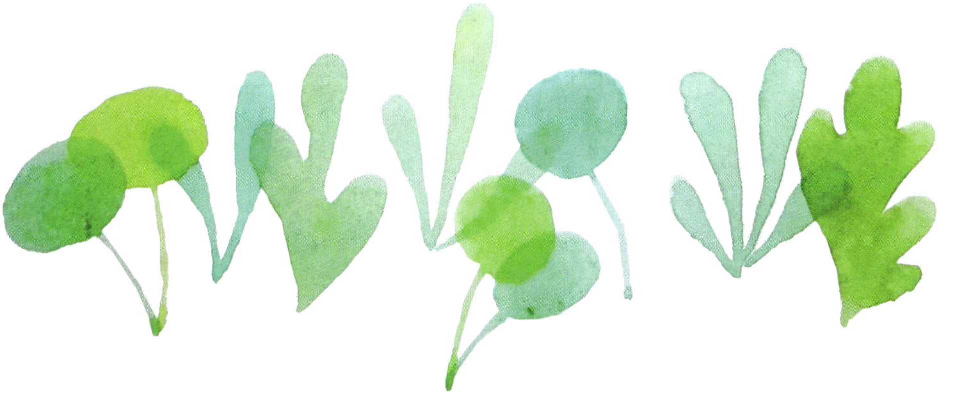

Für die Spiegelungen auf dem Wasser gilt dasselbe: Farbe übereinander auftragen und dabei immer mit den helleren Tönen beginnen.

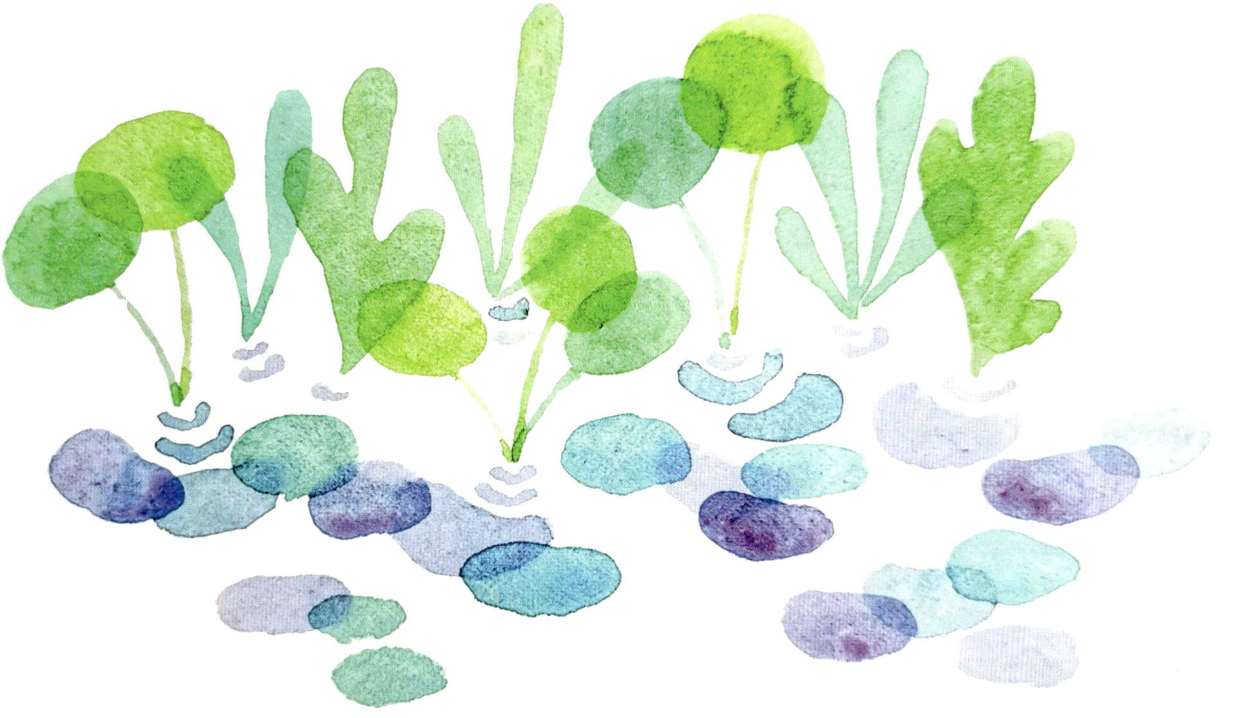

3. Woche

Farbtupfer auf feuchtes Papier auftragen

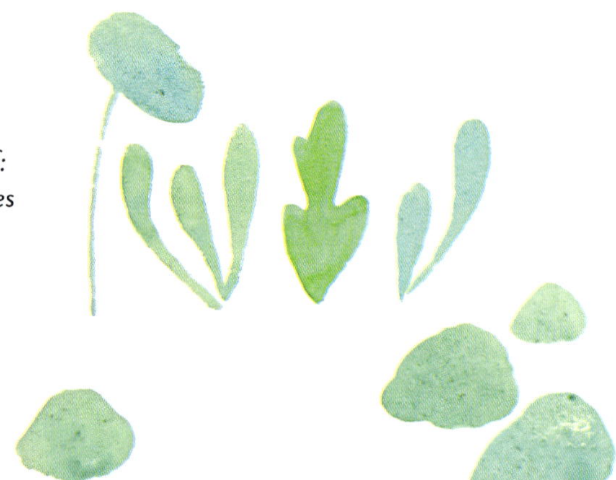

Jetzt nehmen wir das große Thema beim Aquarellmalen in Angriff: das Wasser! In ein paar Wochen wirst du verstanden haben, dass es darum geht, mit Feuchtigkeit zu spielen.

Ich male zunächst Pflanzen und Steine und spiele dabei mit Überlagerungen, wie in den beiden letzten Wochen geübt.

Danach schattiere ich die Steine in Blau und füge auf ihrer Oberseite noch etwas Moos hinzu.

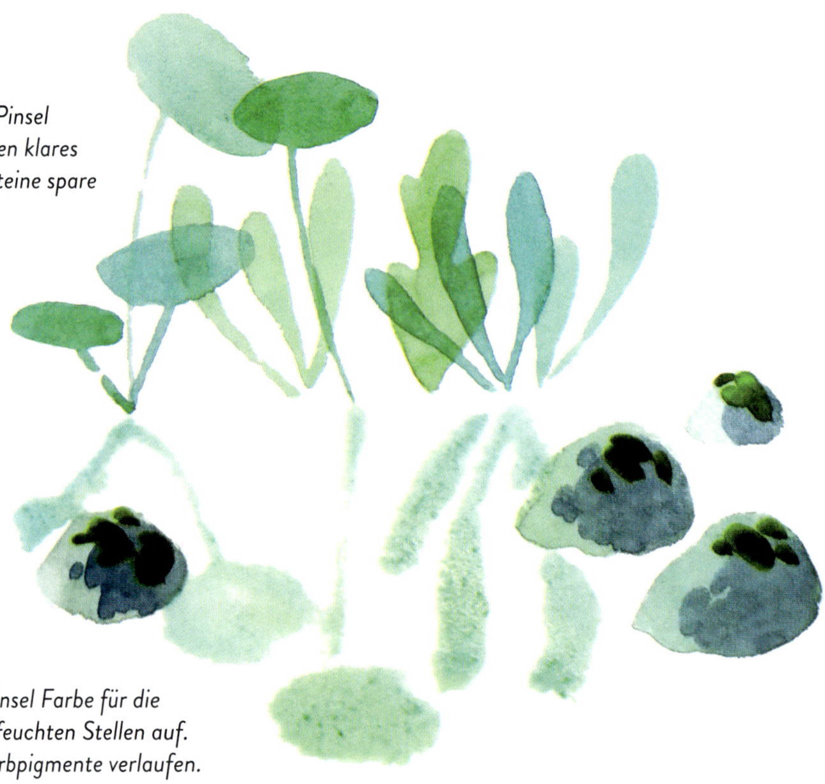

Wenn alles getrocknet ist, wasche ich den Pinsel sorgfältig aus und trage für die Spiegelungen klares Wasser auf das Papier auf. Pflanzen und Steine spare ich dabei aus.

Dann trage ich sofort mit einem Pinsel Farbe für die Spiegelungen der Pflanzen auf die feuchten Stellen auf. Dort verschwimmt alles und die Farbpigmente verlaufen.

Für die Spiegelungen der Steine warte ich, bis das Papier gerade noch ein wenig feucht (und schon fast wieder matt) ist, damit sie mehr Kontur erhalten als die Pflanzenspiegelung.

Diese Übung ist etwas schwieriger als die der letzten Wochen. Du musst bestimmt einige Versuche unternehmen, bis du den Dreh raus hast, die richtige Menge Wasser nimmst und das richtige Timing kennst, um auf feuchtem Papier zu malen. Dabei wird jeder Versuch anders. Das zählt zu den besonderen Reizen der Aquarellmalerei: dass man unmöglich zweimal dasselbe Ergebnis erzielt!

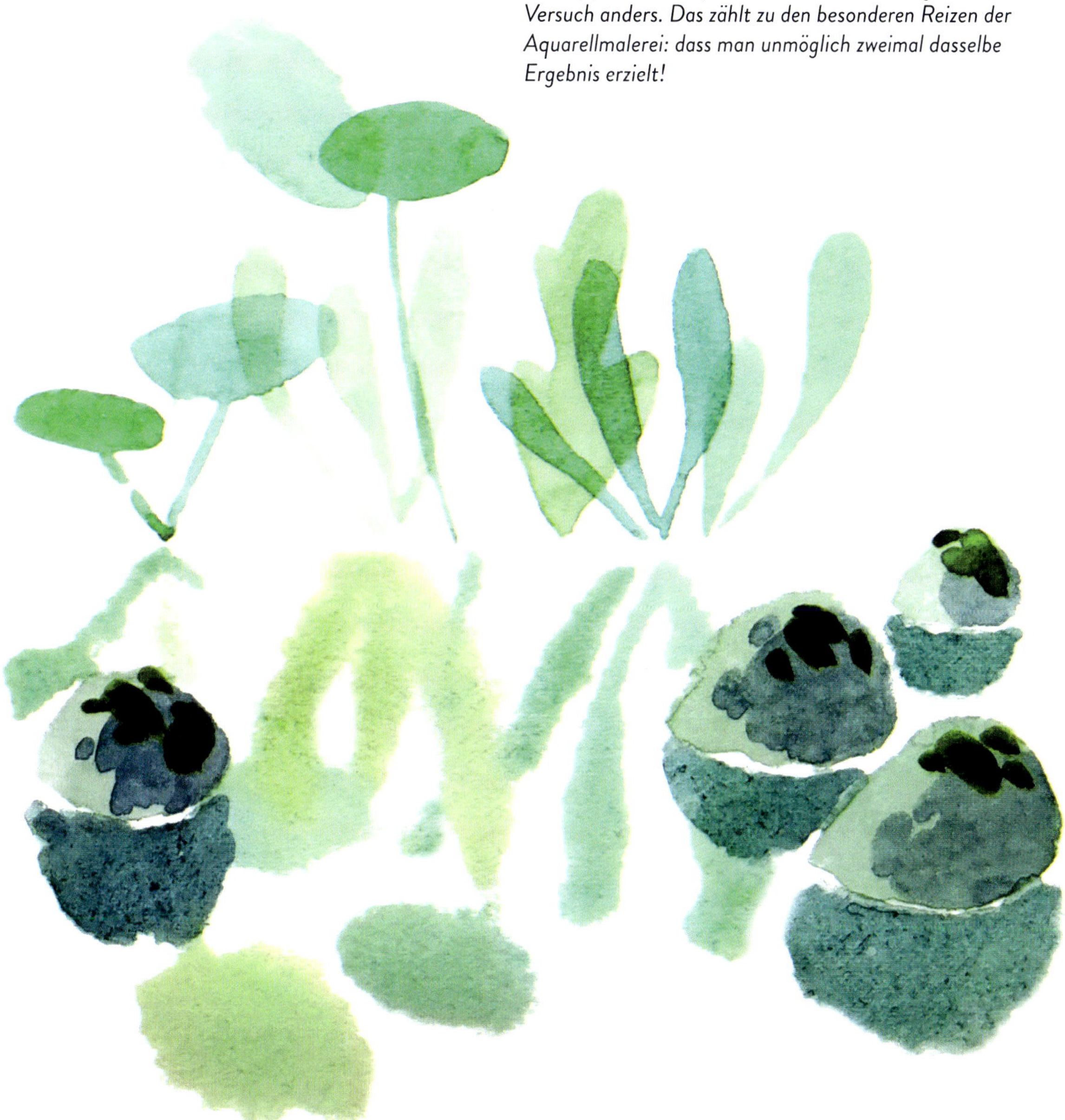

Zusätzliche Übung

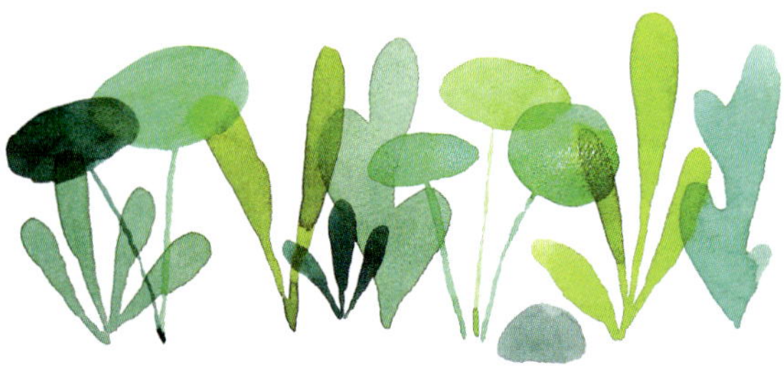

Du willst noch weiter üben? Was hältst du dann von diesem kleinen Teich, der von moosigen Steinen und Pflanzen in grafischen Formen gesäumt ist?

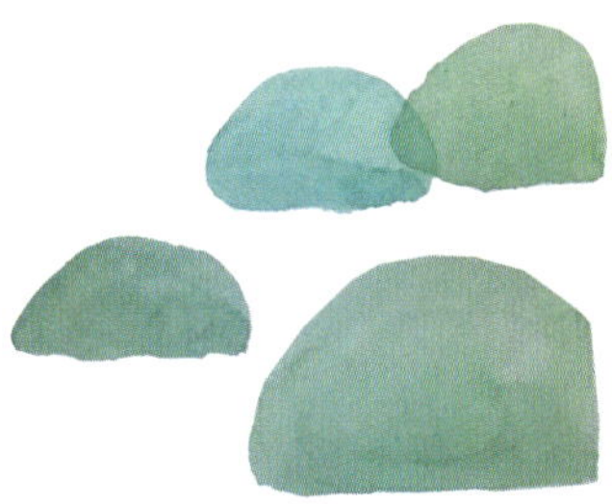

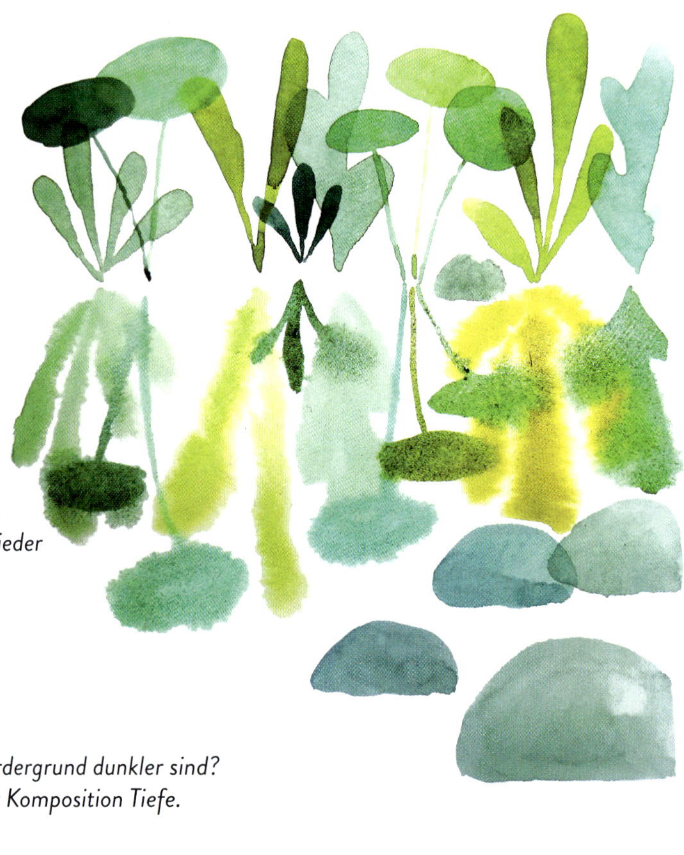

Für die Spiegelungen der Pflanzen habe ich die Farbe auf das schön feuchte Papier aufgetragen ... aber für die Spiegelungen der Steine habe ich gewartet, bis es fast wieder trocken war.

Hast du bemerkt, dass die Steine im Vordergrund dunkler sind? So wirken sie näher und verleihen deiner Komposition Tiefe.

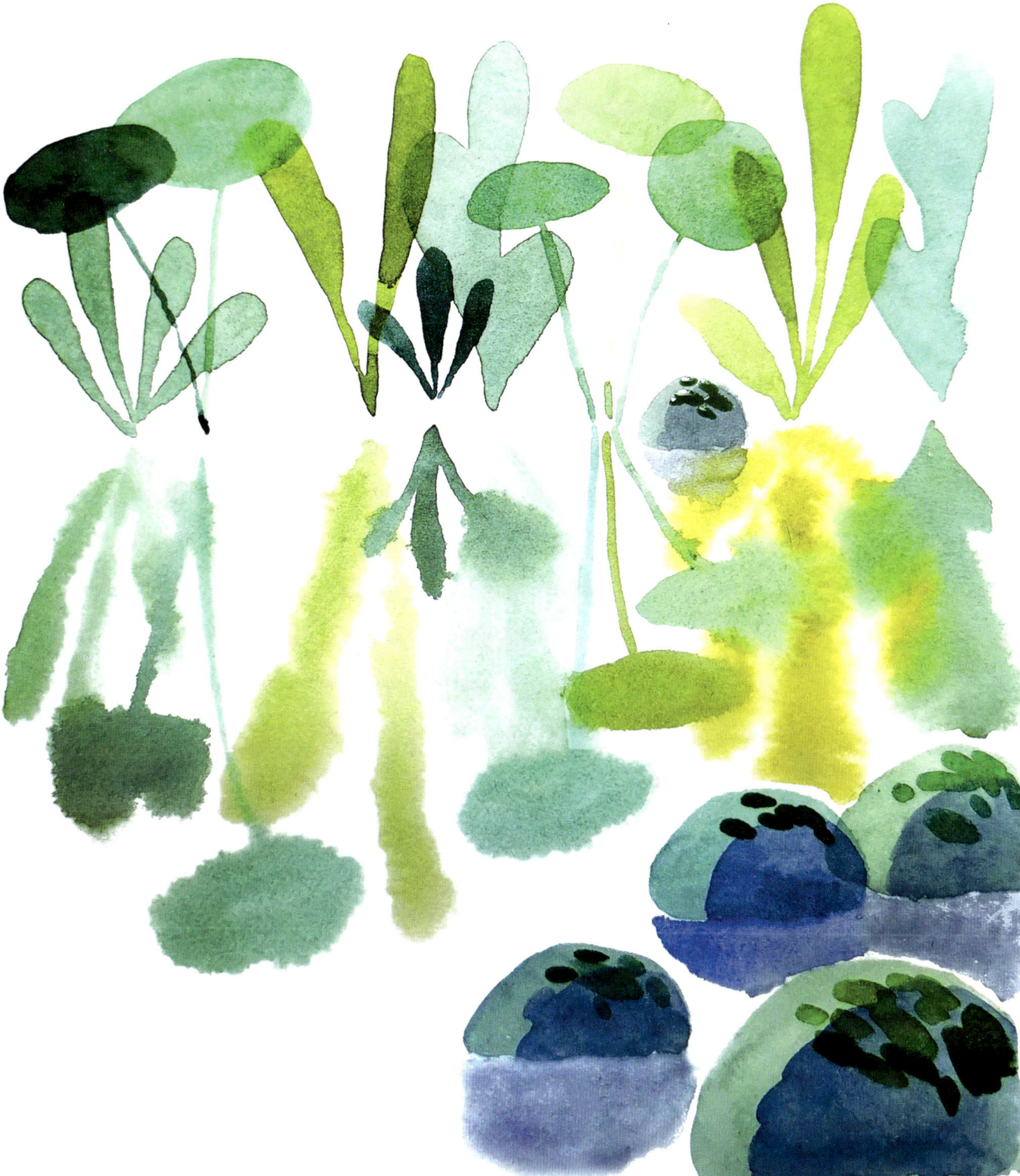

4. Woche

Flächiger Farbauftrag mit der Nass-in-Nass-Technik

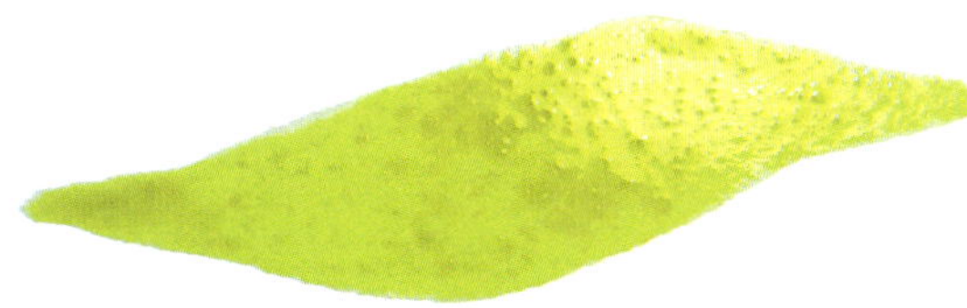

Ich male mit heller, gut verdünnter Farbe die gewünschte Form flächig auf.
Dann mische ich eine ausreichende Menge Farbe in einer kleinen Palette meines Farbkastens an.

Mit dem Pinsel trage ich diese dann auf die feuchte Fläche auf – wundervoll, die Farbe verteilt sich gleichmäßig! Am Ende ist die Farbe heller als die angemischte, weil sie durch die zuerst aufgetragene helle Schicht verdünnt wurde.

Ich fahre mit einer zweiten Fläche fort und lasse dabei zwischen beiden einen weißen Zwischenraum. Das verhindert, dass die Farben ineinander verlaufen.

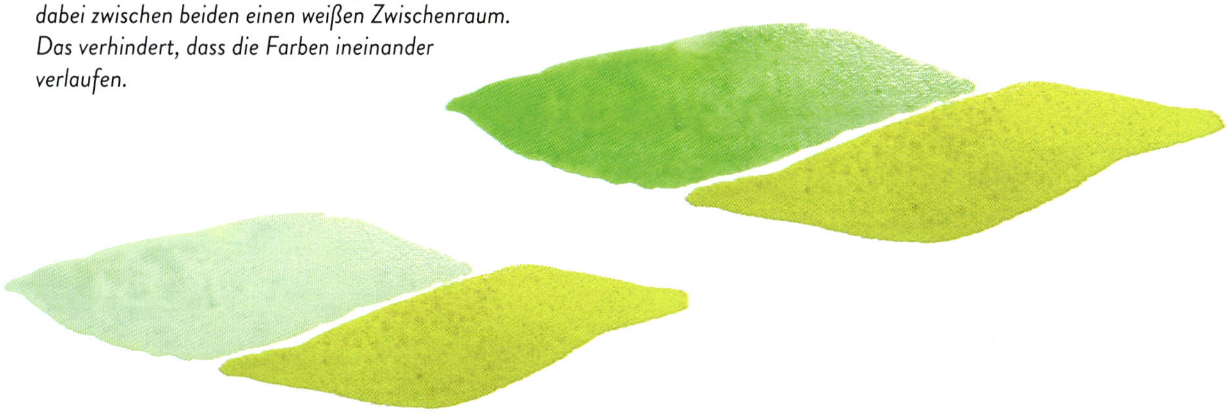

Ich male weitere Flächen auf, wobei ich sie immer kleiner und zerstückelter gestalte. Je weiter sie entfernt sind, desto kleiner sind sie.

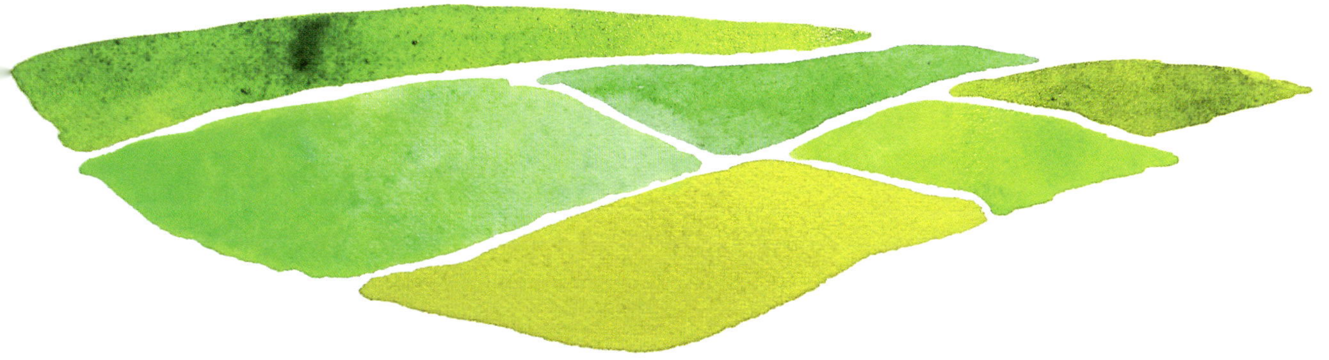

Sind die Wiesen gut getrocknet, fügte ich noch Bäume hinzu … Ihre Silhouetten male ich in groben Umrissen in Grün oder Dunkelbraun. Und fertig! Eine grüne Landschaft breitet sich vor deinen Augen aus.

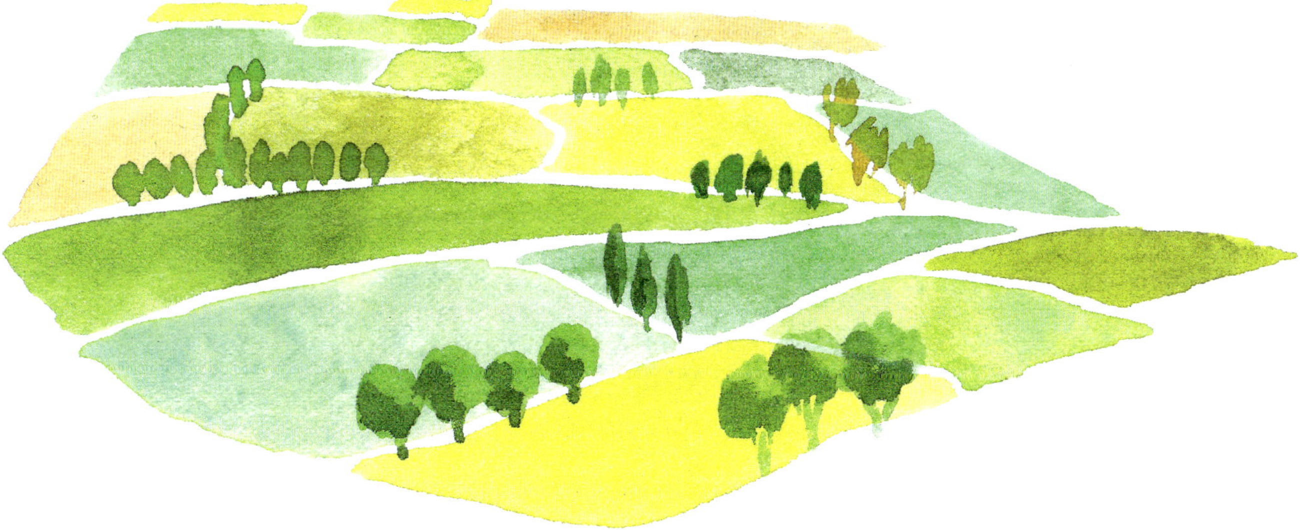

Wiederhole diese Übung und ergänze dabei weitere Felder. Bedecke dein Papier mit Wiesen in unterschiedlichen Farben, ein paar in Braun, einige in unterschiedlichen Grüntönen und in Gelb … Du bist die Landschaftsgestalterin in Aquarell!

5. Woche

Schneller flächiger Farbauftrag mit der Nass-auf-Trocken-Technik

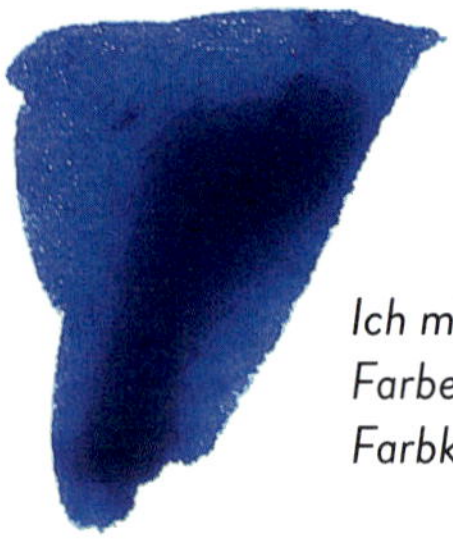

Ich mische eine ausreichende Menge Farbe in einer Palette meines Farbkastens an.

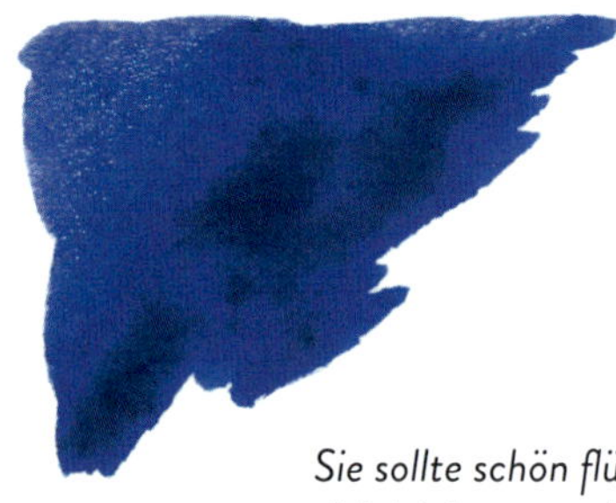

Sie sollte schön flüssig sein, damit sie sich leicht verstreichen lässt.

Diese Farbe trage ich zügig auf das Papier auf. Dabei dürfen die Stellen nicht trocknen, bis der ganze Bereich gefüllt ist.

Indem ich schnell arbeite, vermeide ich, dass sich Ringe und Trennlinien bilden, denn die Aquarellfarbe trocknet rasch. Das erfordert ein wenig Übung!

Diese Technik ist sehr nützlich, ich wende sie immer an. Übe sie, bis du sie beherrschst. Man arbeitet gegen die Zeit, wenn man das Papier bedecken will, bevor die Farbe trocknet.

Diese Technik ist sehr praktisch, wenn man einen wolkigen Himmel gestalten möchte. Ich male mit heller Farbe die Konturen der Wolken auf und verstreiche dann zügig die dunklere Farbe.

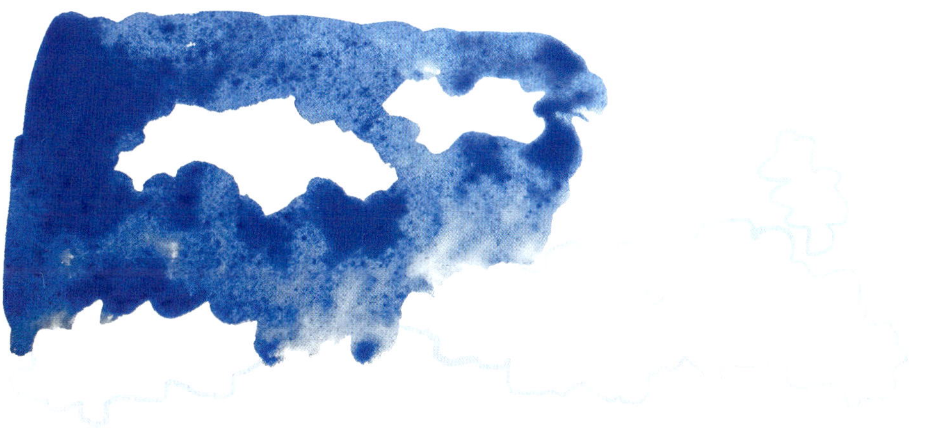

Anders als mit Maltinte wird ein Farbauftrag mit Aquarellfarbe niemals gleichmäßig. Das ist nicht schlimm, sondern gerade besonders hübsch!

Zusätzliche Übung

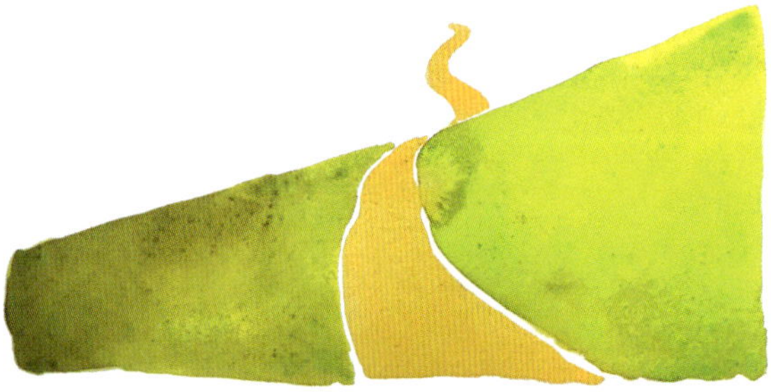

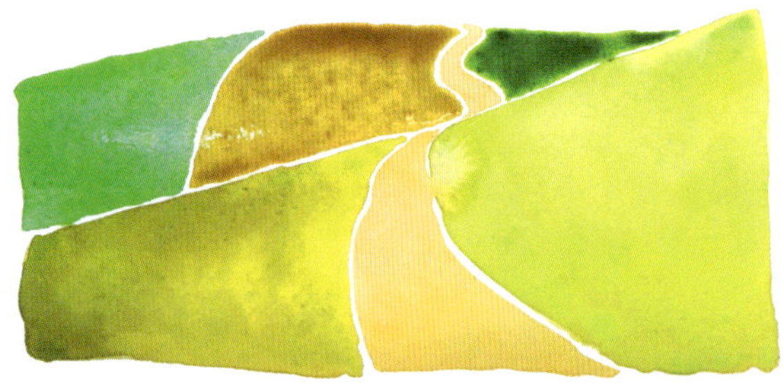

Was für eine wundervolle Landschaft! Felder, soweit das Auge reicht, ein Himmel so blau, dass man froh ist, wenn man noch ein paar Wolken zum Zeichnen findet ... Und ein Weg für einen Spaziergang in trauter Zweisamkeit.

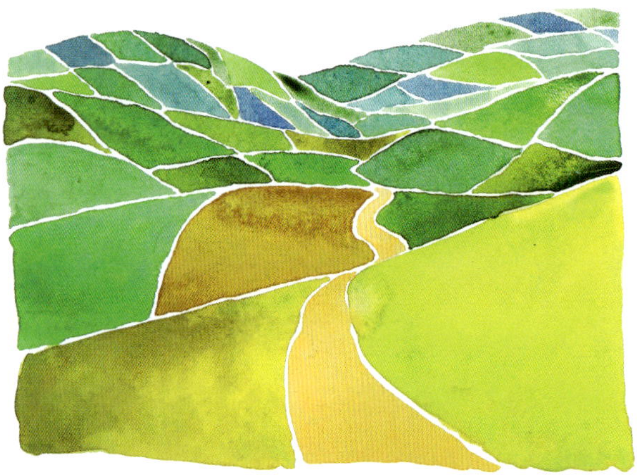

Worauf kommt es hier an? Je weiter die Felder entfernt sind, desto kleiner, zerstückelter und bläulicher sind sie. So scheinen sie weiter entfernt. Und natürlich sind die Bäume im Vordergrund dunkler!

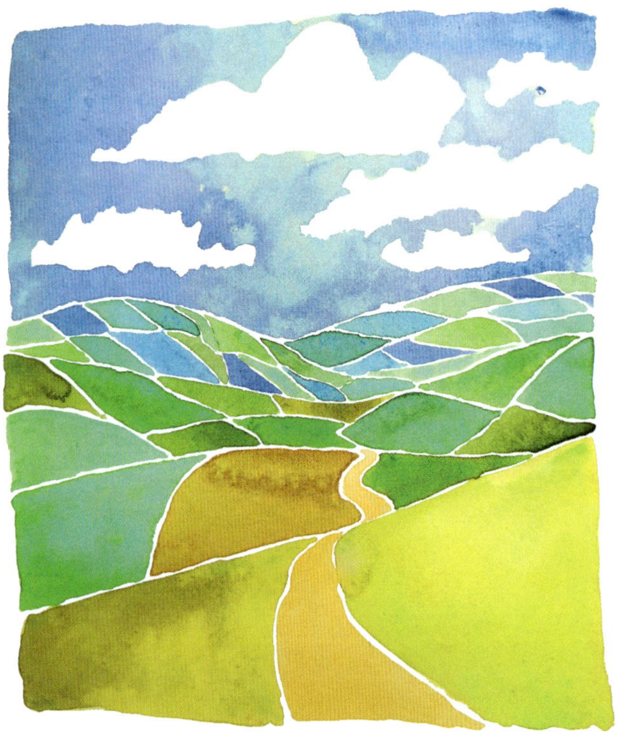

Ganz am Ende habe ich in Blau zwei Silhouetten und einen Zaun hinzugefügt, der den Weg säumt. Keine Sorge, das alles ist so klein, dass dafür ein leichter Pinselstrich genügt.

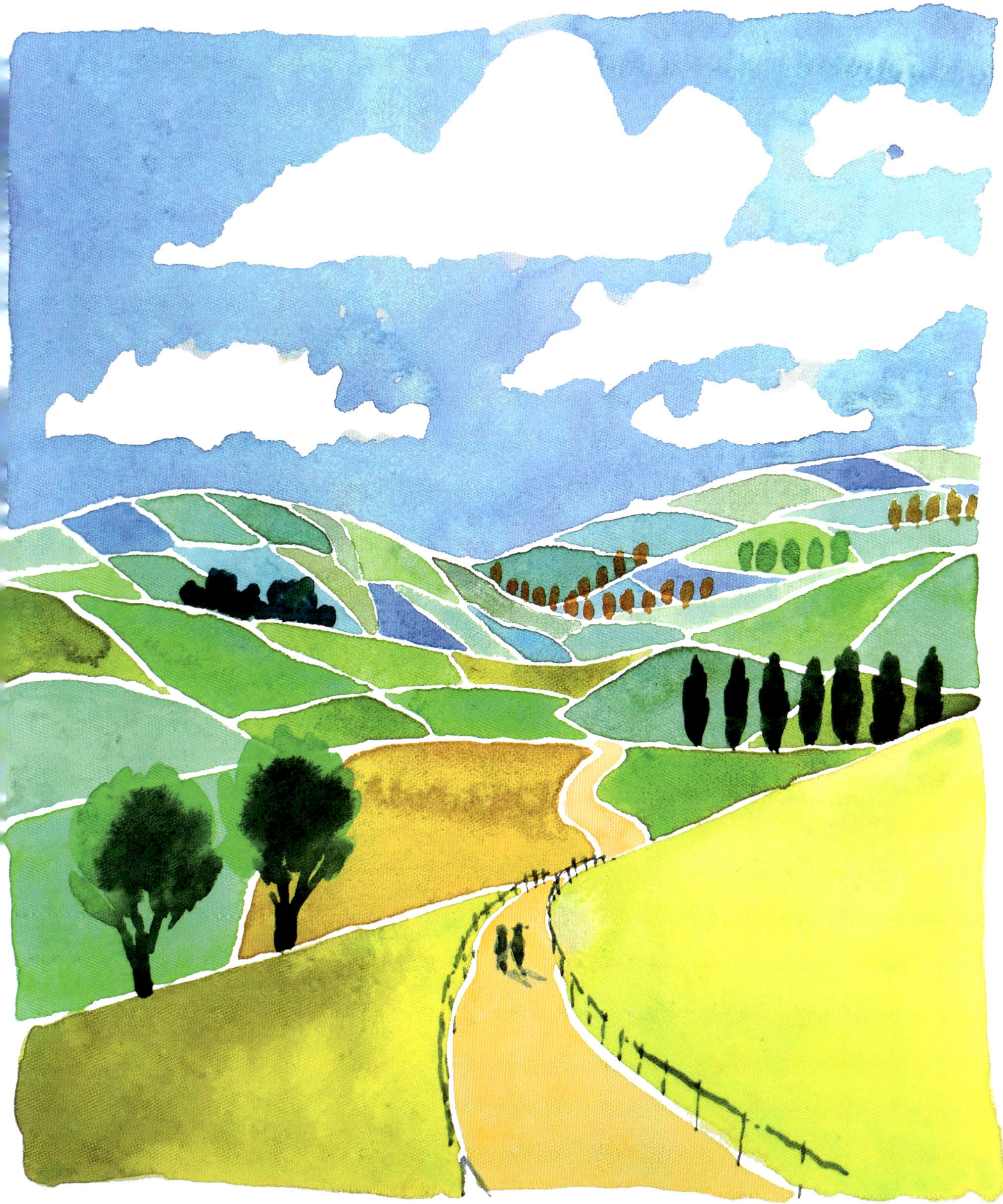

6. Woche

Nass-in-Nass-Technik

Zurück zu meiner Vorliebe, dem feuchten Papier! In einem ersten Schritt feuchte ich das Papier mit einem dicken Pinsel mit klarem Wasser an. Ich lasse es etwas trocknen, bis die Oberfläche nicht mehr glänzt, aber auch noch nicht matt ist, sondern nur etwas feucht. Dann male ich ein paar verschwommene Bäume auf.

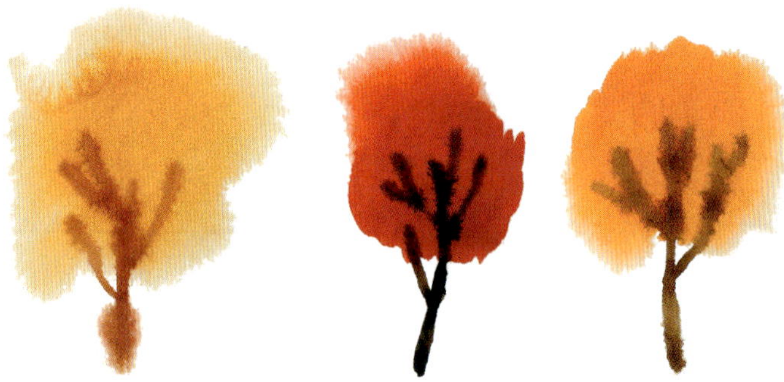

Dies sind feucht aufgemalte Herbstbäume. Da die Aquarellfarbe auf feuchtes Papier aufgetragen wurde, verläuft die Farbe und wirkt lebendig.

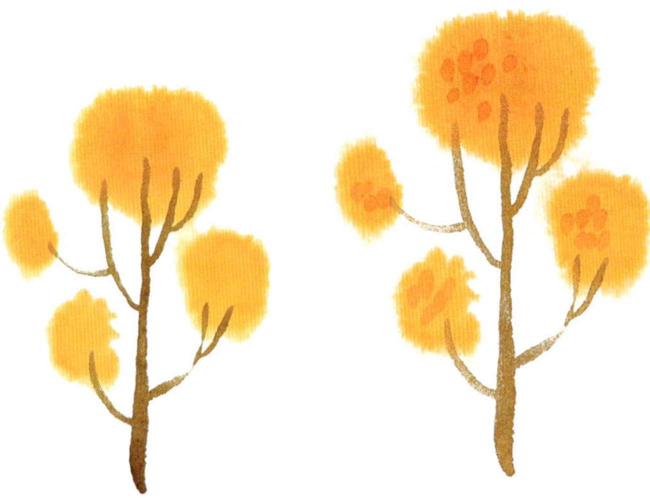

Manchmal lasse ich das Papier trocknen und male dann den Stamm und ein paar rötliche Blätter in die Baumkrone. Manchmal auch nicht!

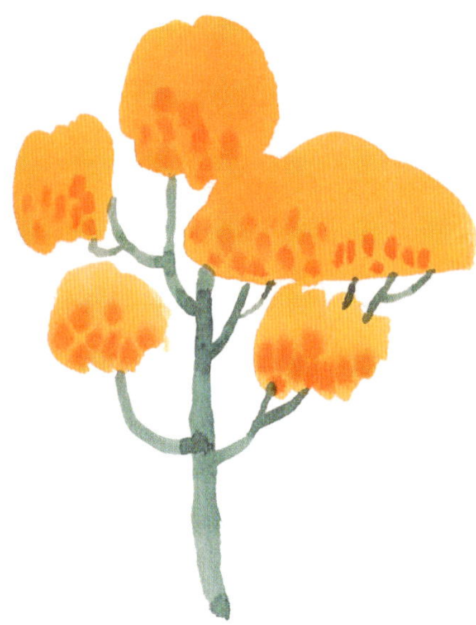

Bei diesem Baum habe ich die Baumkrone auf trockenes Papier gemalt und dann sofort in die feuchte Farbe ein paar rote Blätter gesetzt.

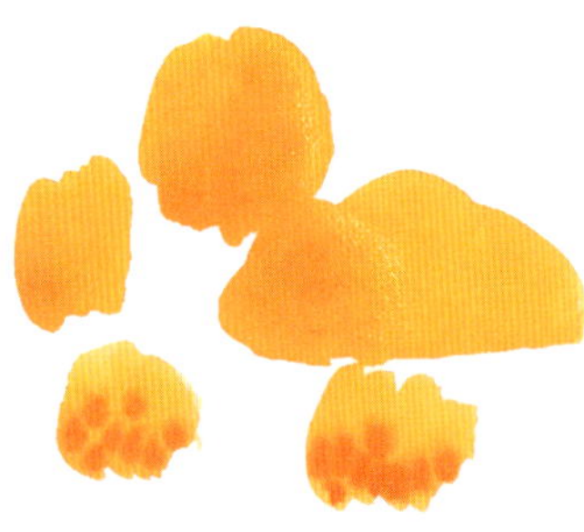

Ich liebe die verschwommenen Effekte, die sich bilden, wenn man auf feuchtes Papier malt. Dabei habe ich nicht alles in der Hand, es ist das Wasser, das hier entscheidet, wie es aussieht.

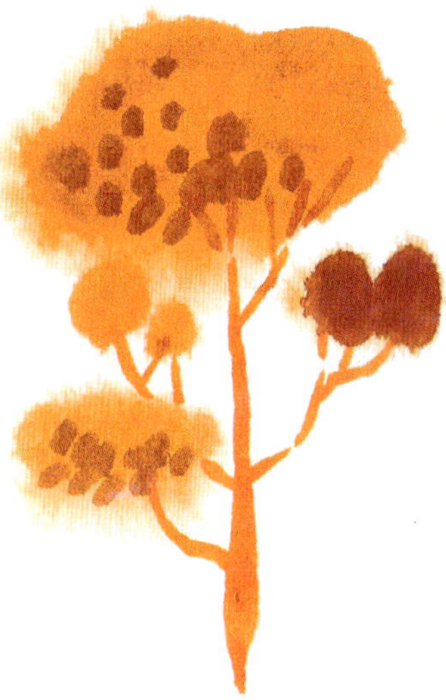

Damit die Bäume in der Ferne verschwinden, male ich sie einfarbig auf feuchtes Papier. Wenn alles trocken ist, füge ich die Bäume im Vordergrund hinzu. Die verschwommenen Bäume verblassen, die deutlichen und dunkleren erscheinen näher. So lässt sich sehr gut Tiefenwirkung erzeugen.

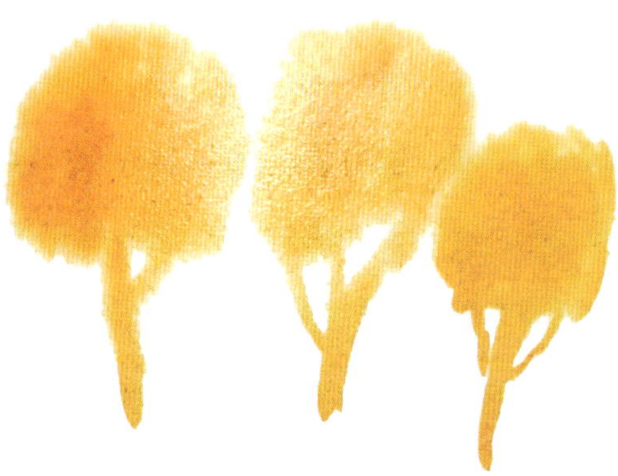

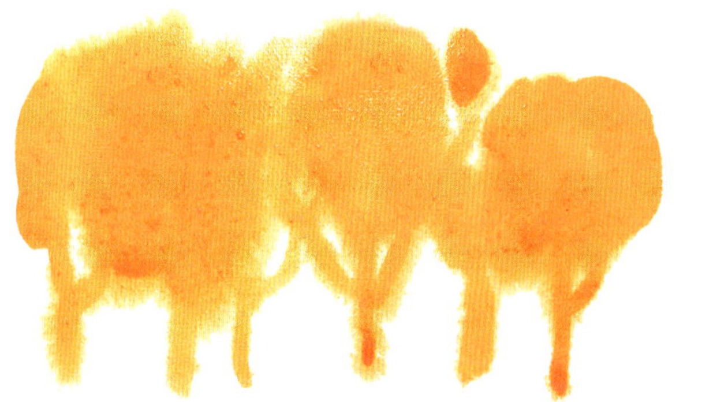

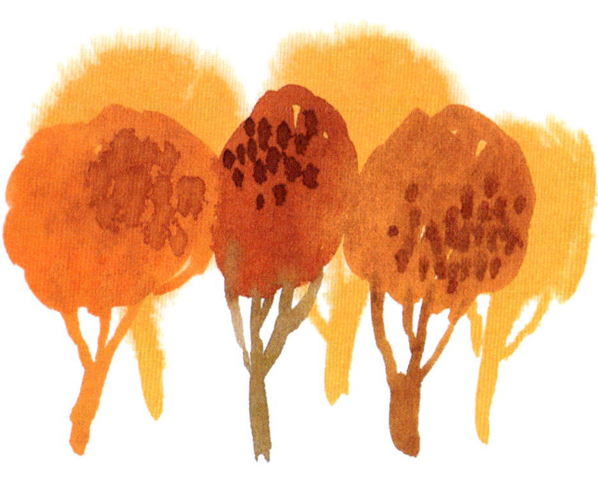

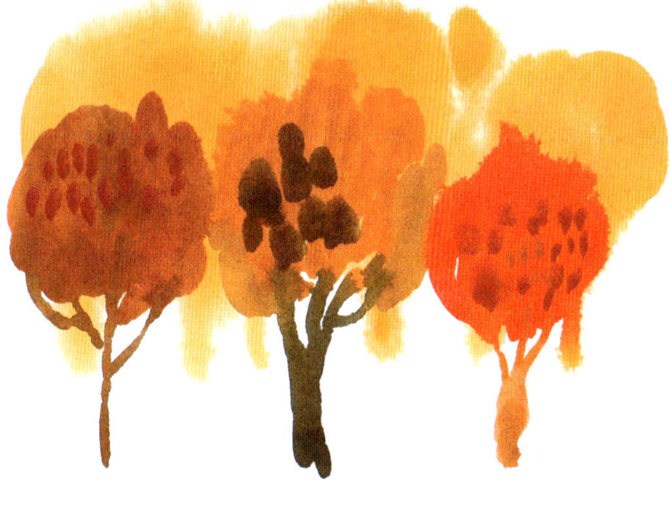

7. Woche

Farbtupfer auf feuchte Aquarellfarbe setzen

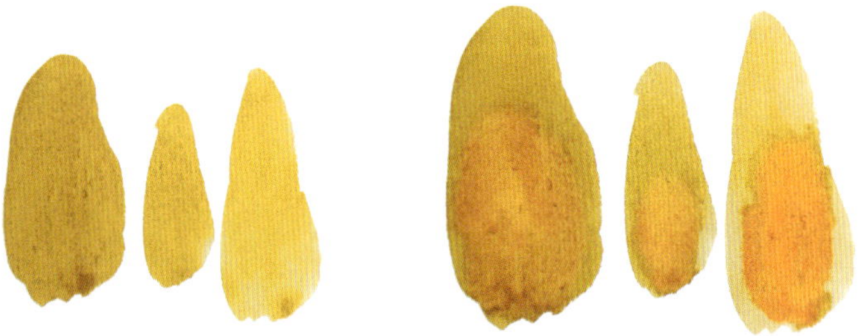

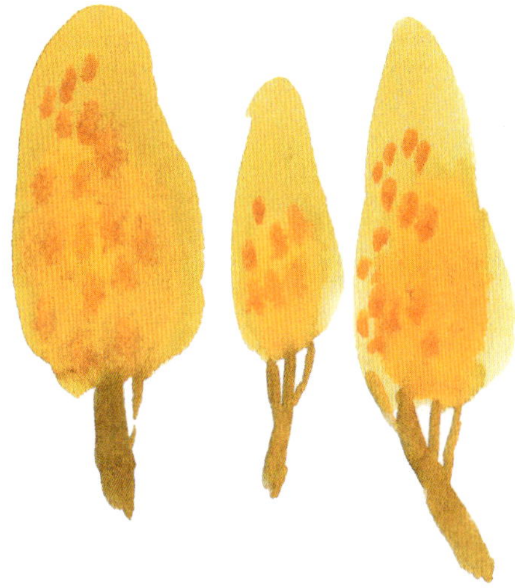

Diese Woche geht es mit einer neuen Flut von Herbstbäumen weiter, wir malen dabei auf feuchter Aquarellfarbe.

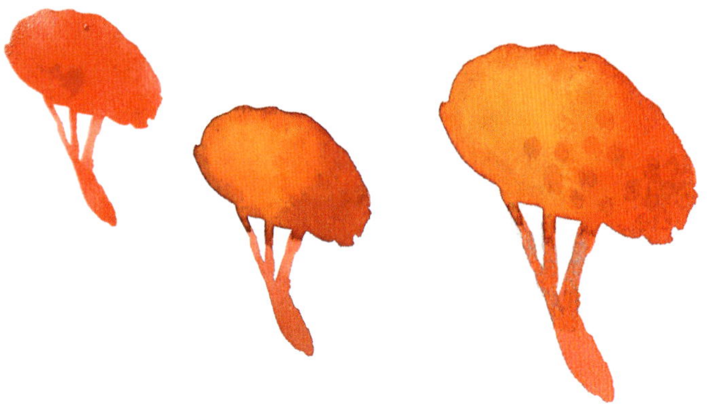

Ich lasse das Rot nicht trocknen, sondern setze einen gelben Akzent darauf. So erzeuge ich ein schönes Volumen. Wenn alles getrocknet ist, füge ich noch ein paar rote Farbtupfer hinzu.

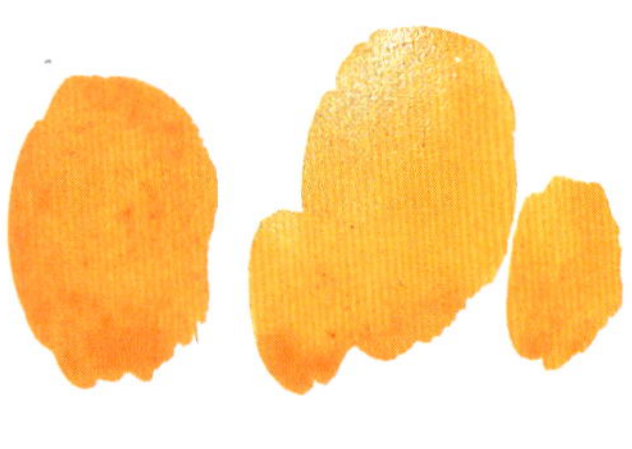

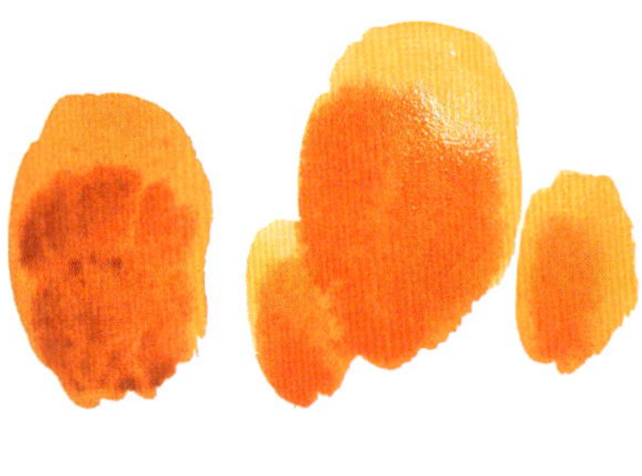

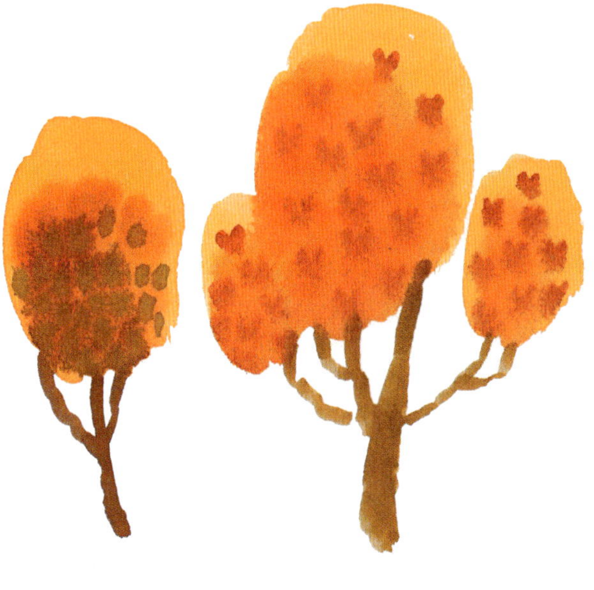

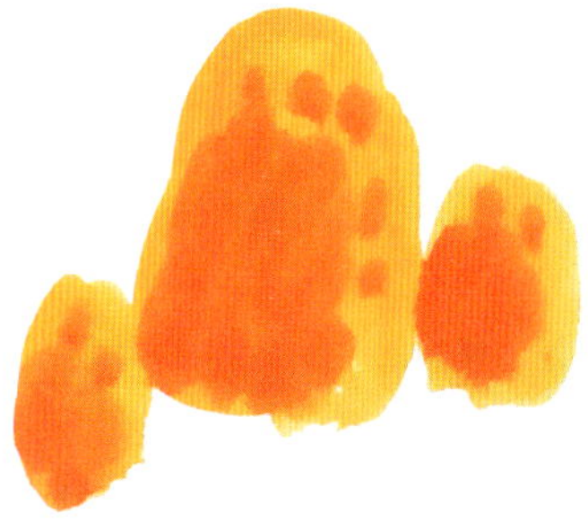

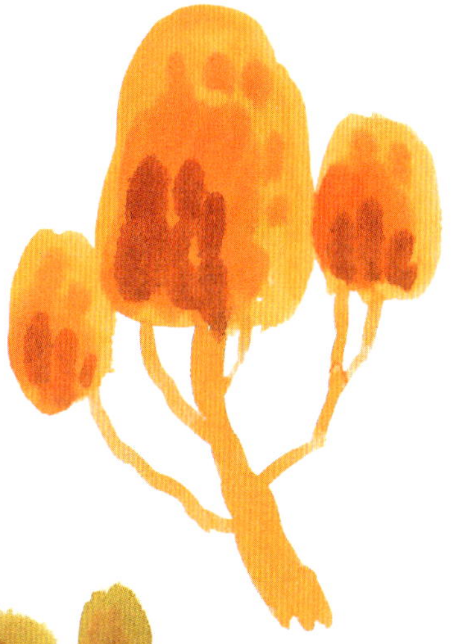

Du wirst sehen, wie schön es ist, mit dem Pinsel eine ganze Schar flammend roter Bäume zu malen!

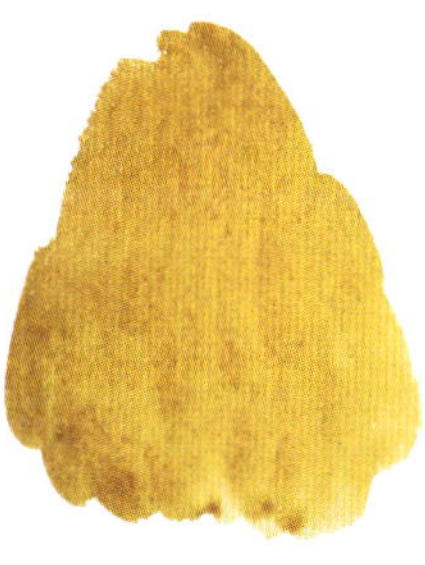

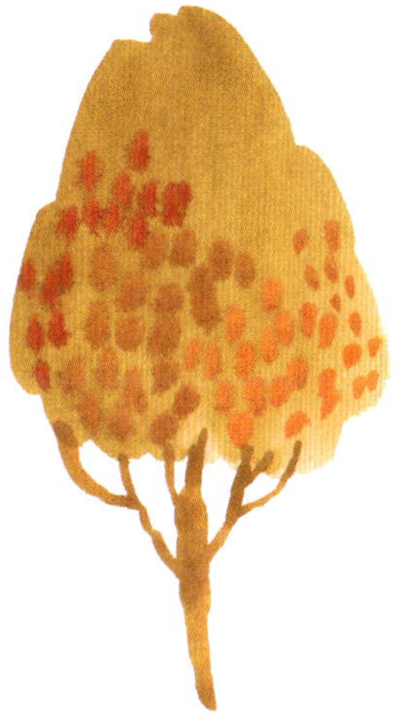

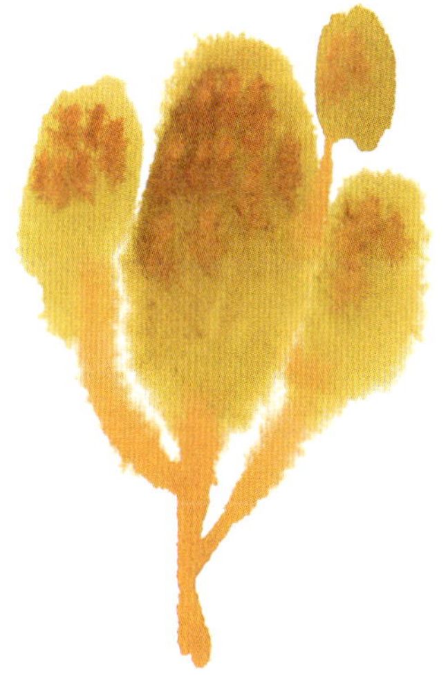

Dadurch, dass ich etwas Blau auf den noch feuchten Baum auftrage, wirkt er massiger. Die kleinen Tupfen in Orange sorgen für eine buschige Textur.

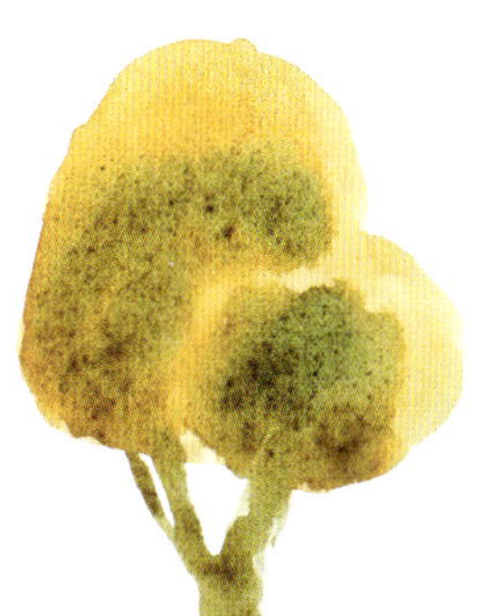

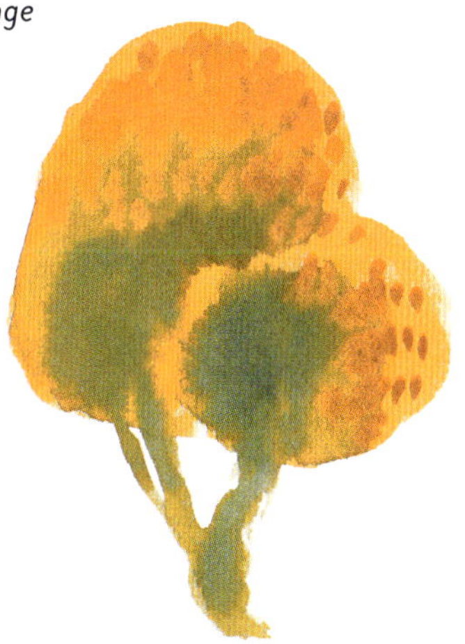

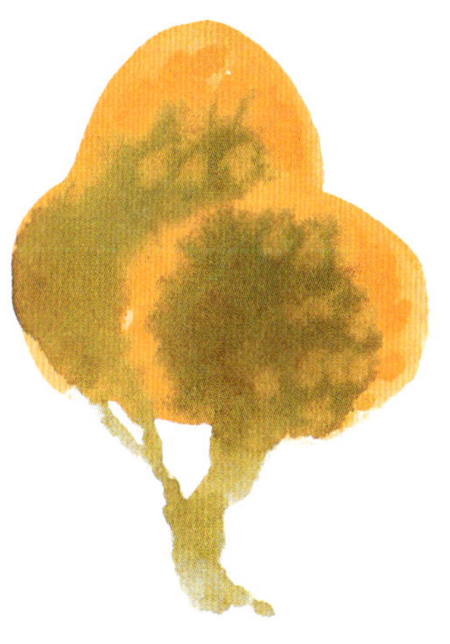

Zusätzliche Übung

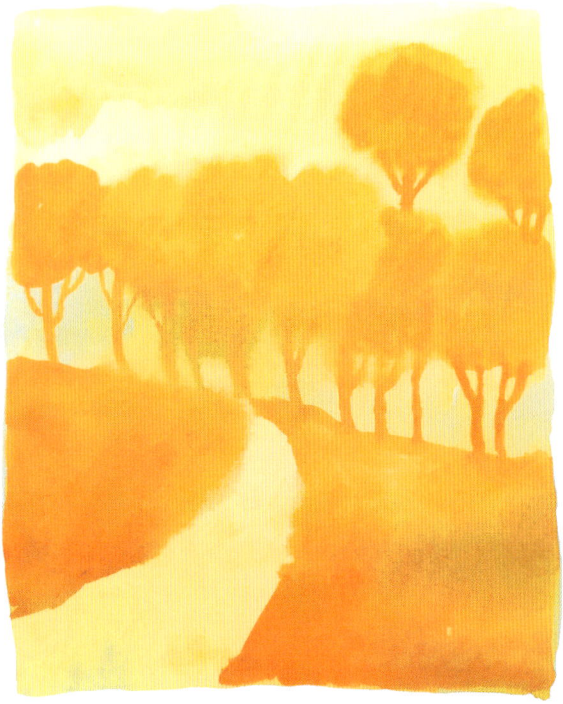

Für diesen Spaziergang, der an den Song „Autumn Leaves" erinnert, trage ich zunächst flächig gelbe Farbe auf, wie du es in der 5. Woche gelernt hast.
Ohne sie trocknen zu lassen, grenze ich einen Weg ein und male mit nur einer Farbe eine entfernte Baumgruppe dazu.

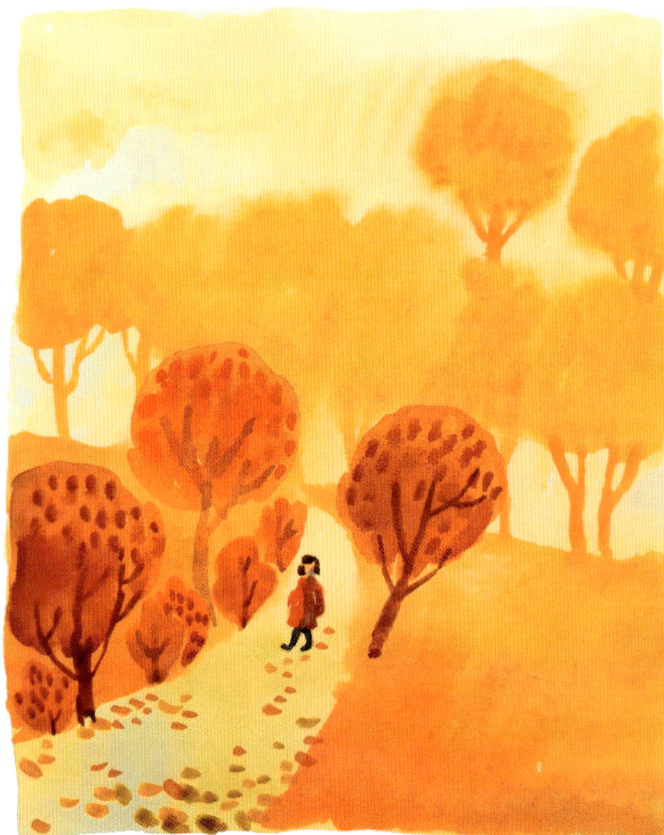

Wenn der Indian-Summer-Hintergrund trocken ist, füge ich ein paar dunklere Bäume, die Silhouette einer kleinen Figur und ein paar welke Blätter hinzu. Dann viel Spaß beim Ankleiden dieser Bäume mit Blättern, Farben und Texturen, die du – wie in der 7. Woche gelernt – auf die feuchte Farbe malst.

Jetzt musst du nur noch ein paar noch dunklere und kontrastreichere Zweige und etwas Laub hinzufügen, um den Vordergrund zu gestalten und dem Bild Perspektive zu verleihen. Ich habe dann noch knallrote, durch die Luft segelnde Blätter aufgemalt, die eine noch intensivere Stimmung zaubern.

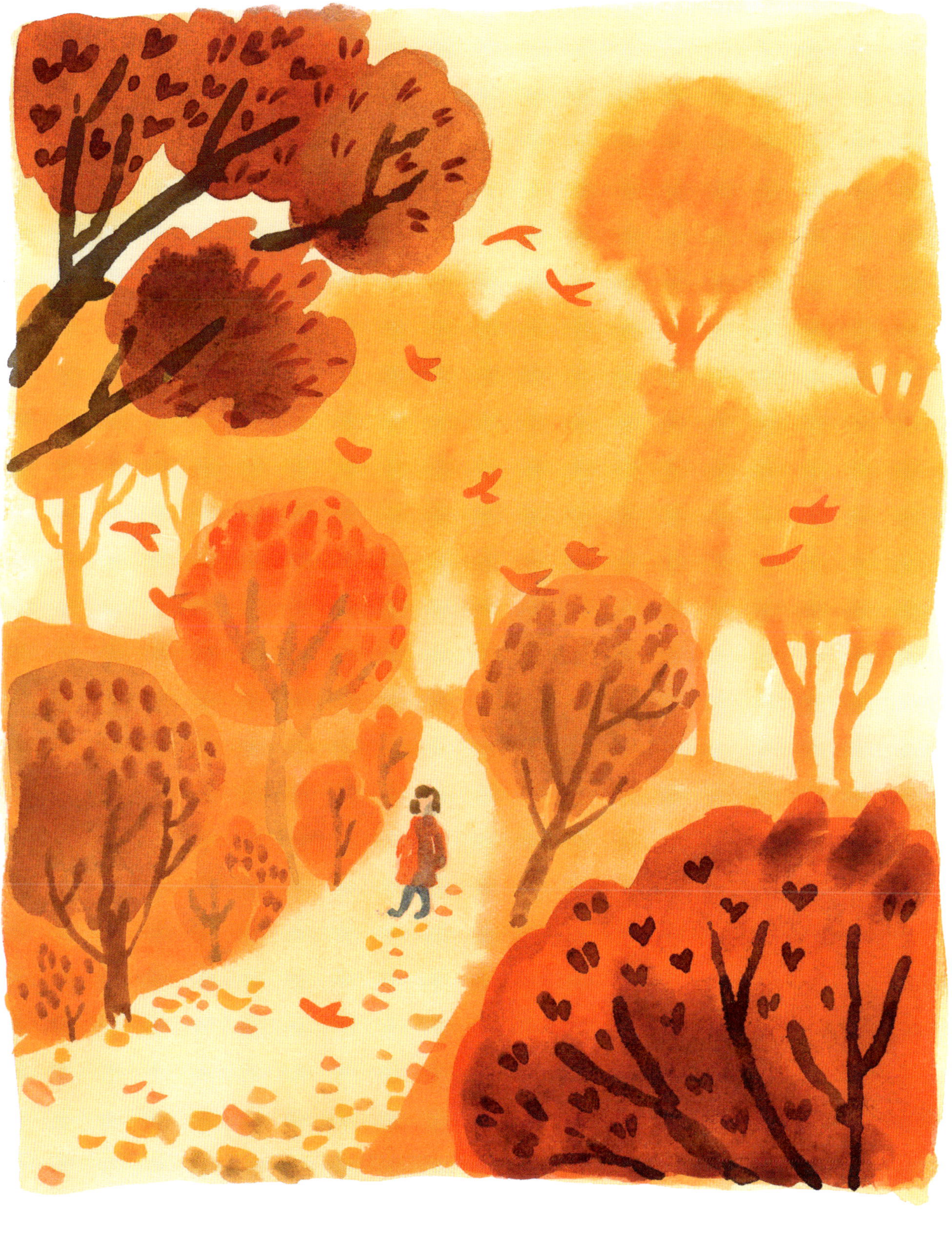

8. Woche

Intensive Farbe im Nassen verlaufen lassen

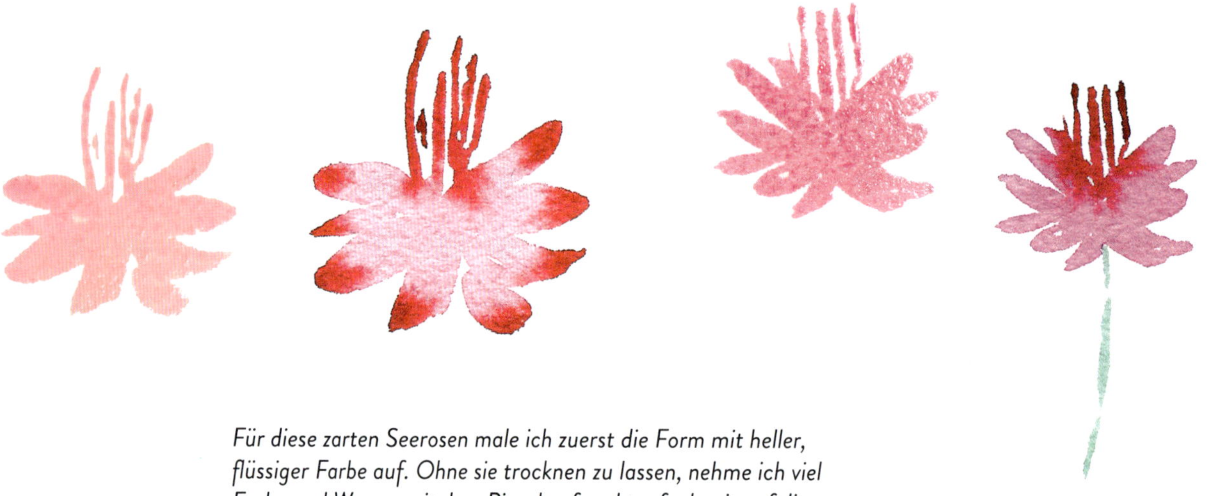

Für diese zarten Seerosen male ich zuerst die Form mit heller, flüssiger Farbe auf. Ohne sie trocknen zu lassen, nehme ich viel Farbe und Wasser mit dem Pinsel auf und tupfe damit auf die Ränder. So folgt die Farbe der Form, dringt ein und verteilt sich.

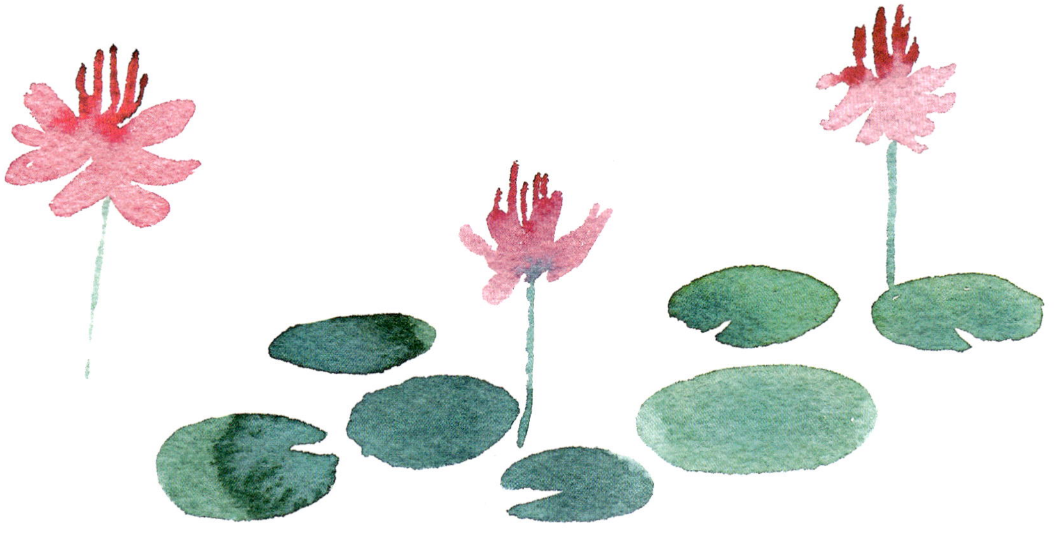

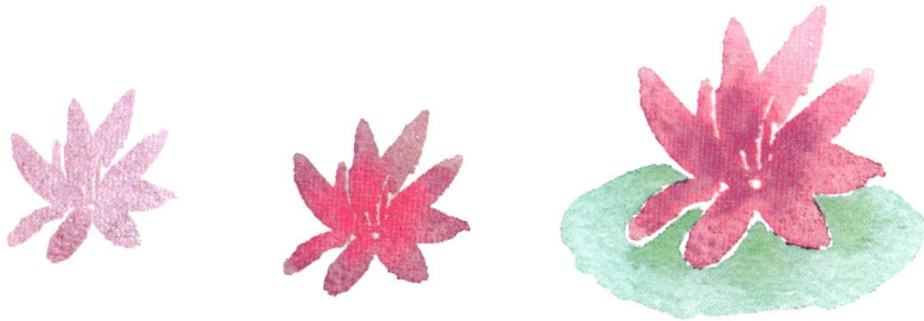

Manchmal setze ich die Farbtupfer mittig auf die Blüte, um die Mitte mehr zu gestalten.

Mit den Blättern warte ich, bis die Blüte vollständig getrocknet ist. Dann male ich ganz exakt um diese herum ein grünes Blatt, wobei ich einen kleinen weißen Zwischenraum frei lasse. Das nennt man Reservetechnik. Ohne die grüne Farbe trocknen zu lassen, trage ich noch weitere darüber auf, um das Blatt auszugestalten und ihm Tiefe zu verleihen.

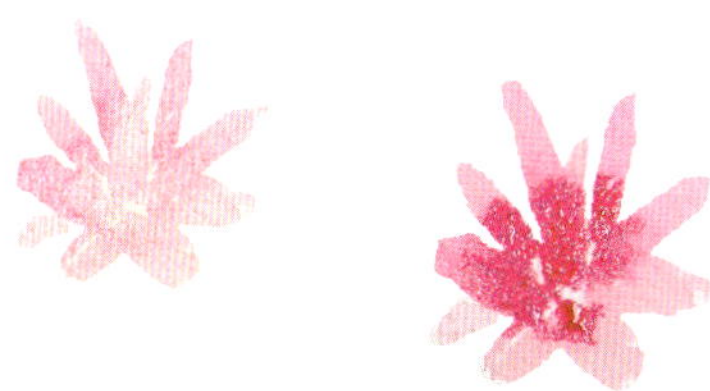

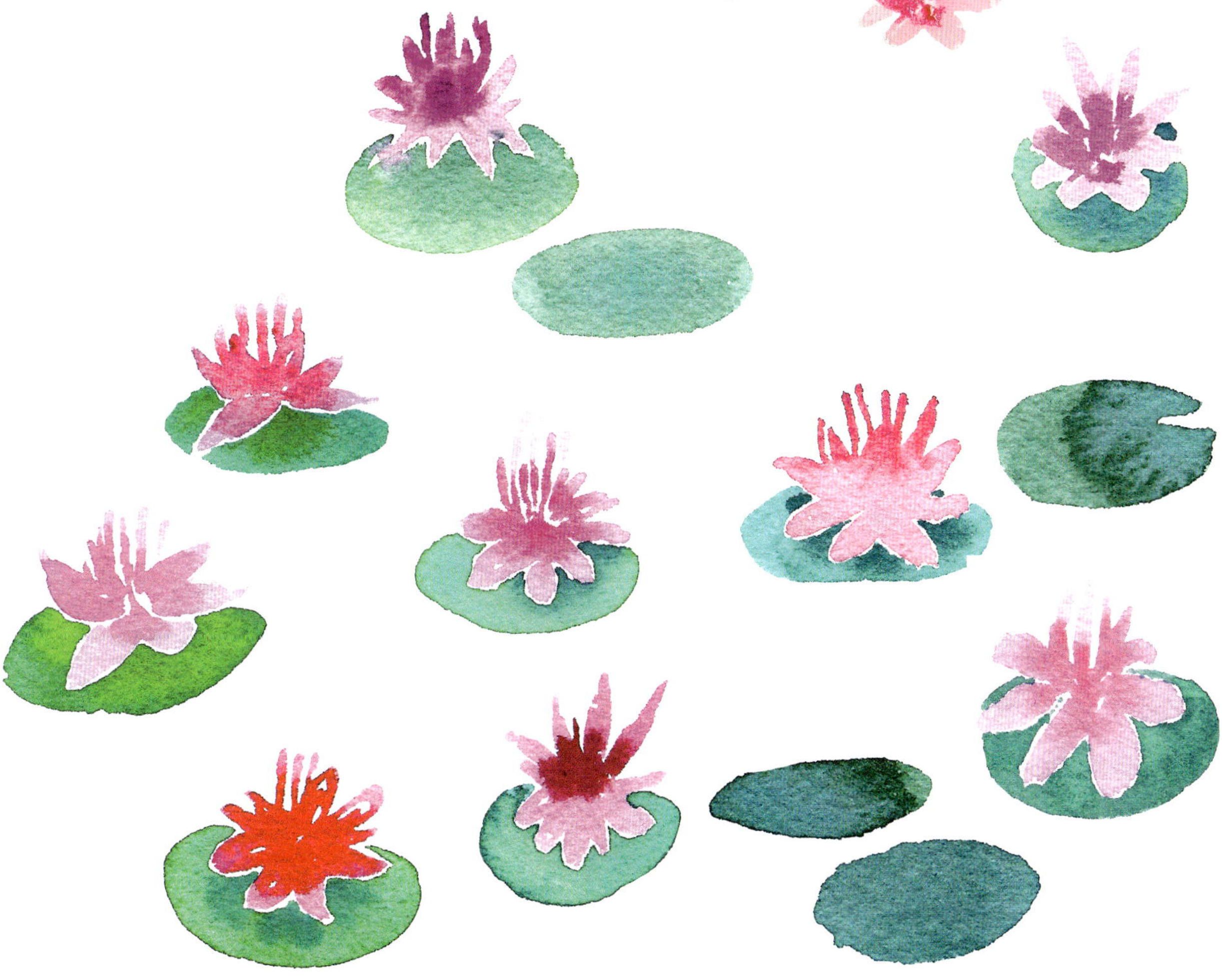

9. Woche

Zwei feuchte Farben ineinanderlaufen lassen (Lavieren)

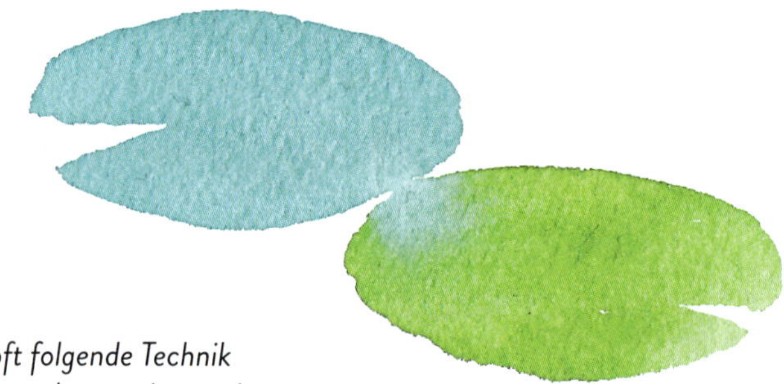

Damit meine Werke lebendiger werden, wende ich oft folgende Technik an: Ich male zunächst eine Fläche mit viel Farbe aus und setze eine zweite in einer anderen Farbe daneben. Die kleine Kontaktstelle zwischen beiden Flächen dient als Brücke zwischen den Farben. Die eine vermischt sich mit der anderen.

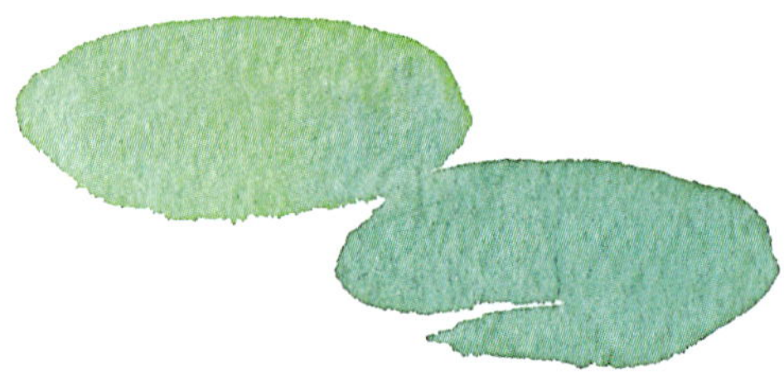

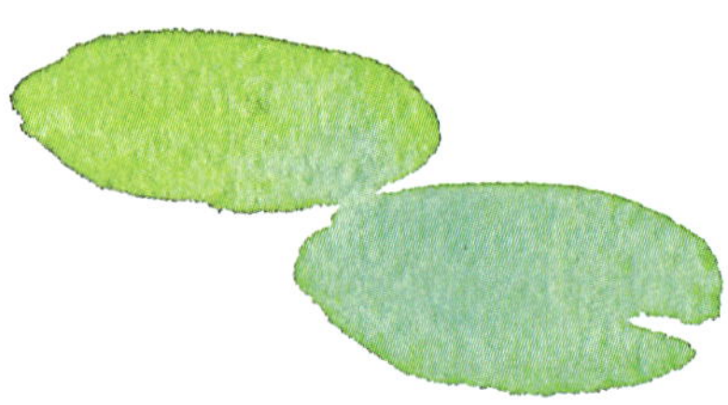

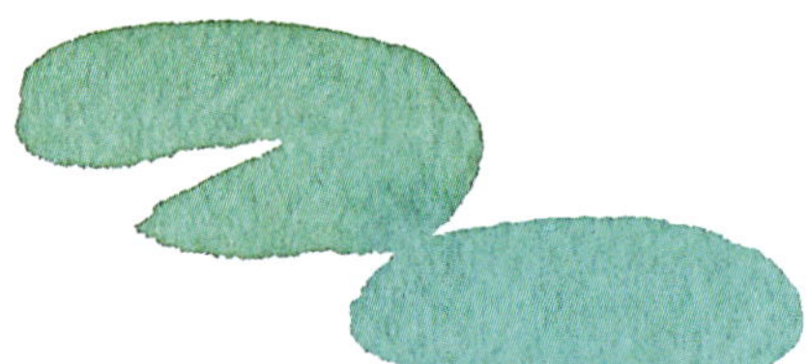

Es ist schwer vorauszusagen, welche Farbe in welche verläuft, das ist eine Überraschung! Es hängt davon ab, wie flüchtig, schwer oder opak die Pigmente sind ...

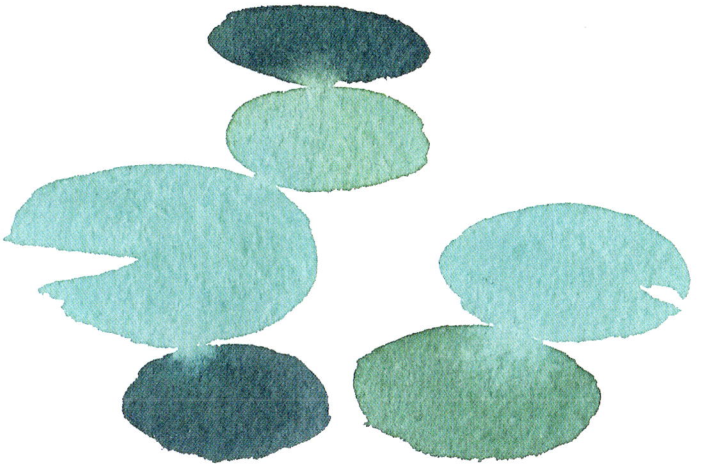

Viel Spaß dabei, Wasserpflanzen in verschiedenen Farbtönen zu kreieren ...

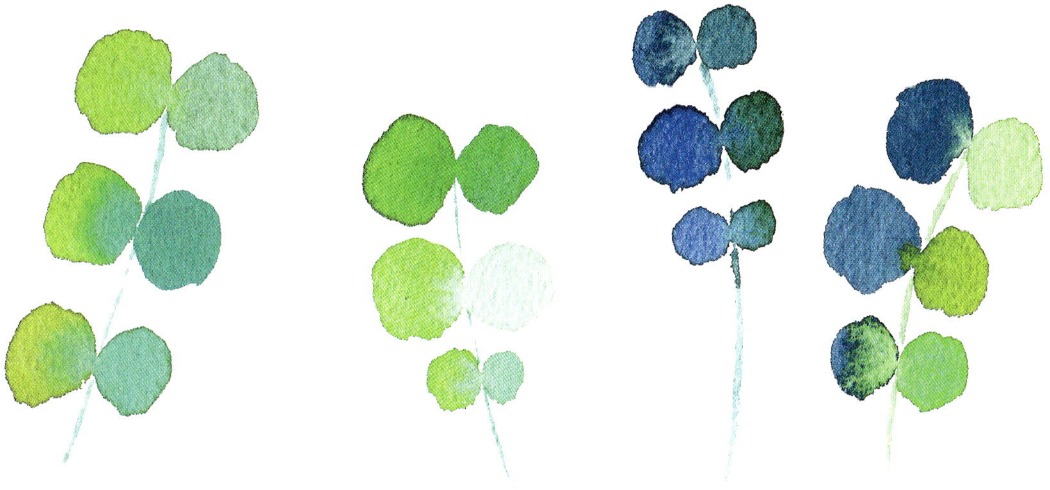

Zusätzliche Übung

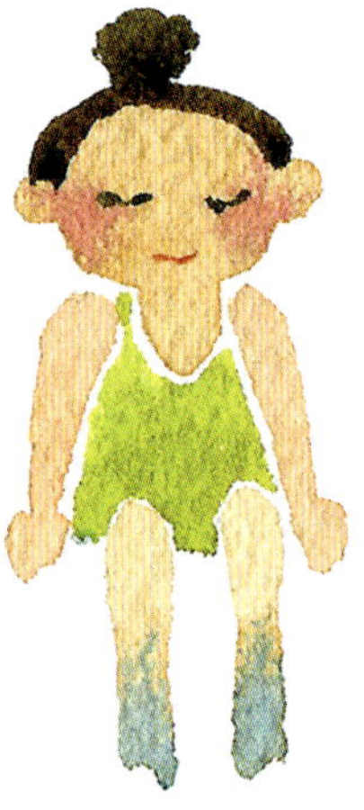

Ich würde mich selbst dorthin wünschen, in dieses kleine Gewächshaus an dem hübschen Teich ... Für den Körper meiner glücklichen Heldin habe ich in einem Hautton einfache Formen gemalt. Dann habe ich auf die noch feuchte Farbe mit Blau die Füße angemalt, um zu verdeutlichen, dass sie im Wasser hängen, und die Wangen rosa gefärbt.
Anschließend habe ich ihr ein grünes Kleid angezogen, einen braunen Dutt gemacht und Wimpern und Mund aufgemalt!

Übe nun, mit schnellem flächigem Farbauftrag, wie in der 5. Woche erklärt, den blauen Hintergrund des Wassers zu malen, und dabei um die Seerosen einen schmalen weißen Zwischenraum zu lassen.

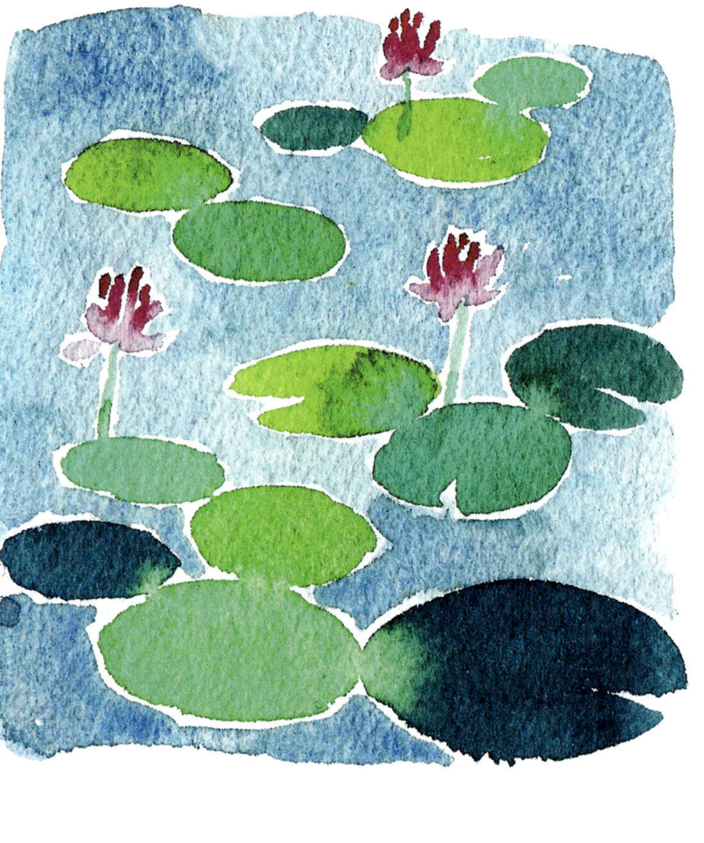

Damit man die Struktur des Gewächshauses im Hintergrund erahnt, habe ich, wie beim Teich, Flächen von blauen Rechtecken mit ausgesparten Rändern dazwischen gemalt.

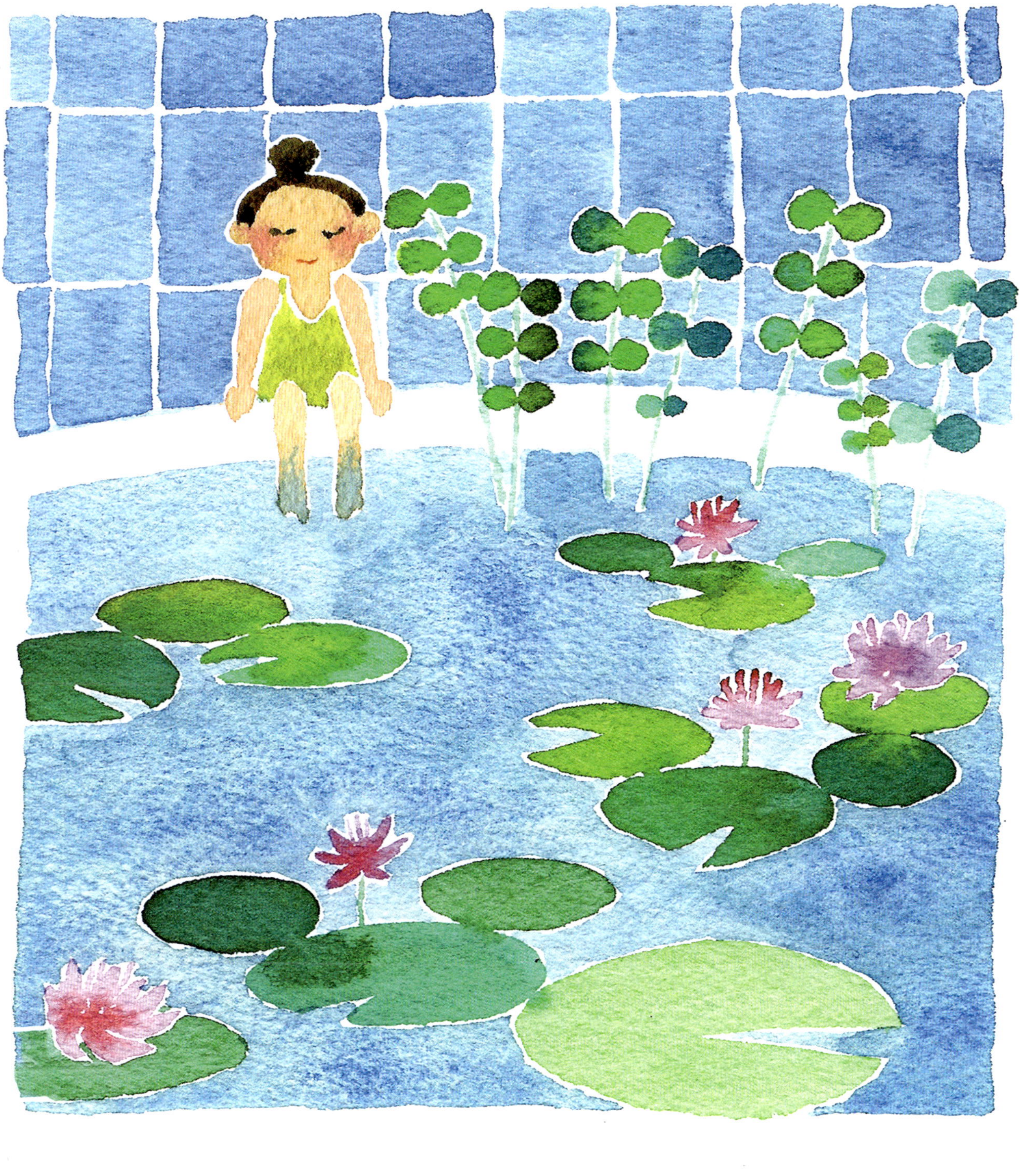

10. Woche

Feuchte Farbpigmente mit klarem Wasser verschieben

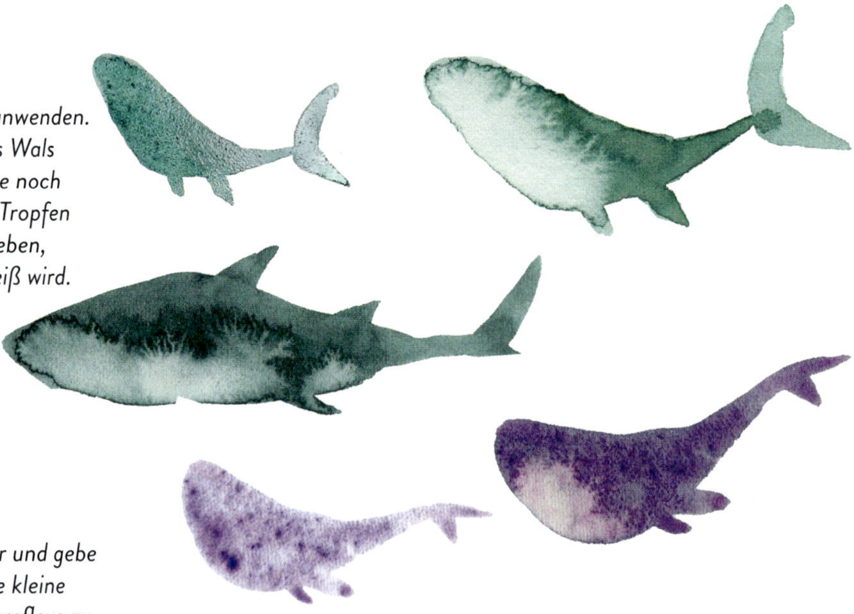

Diese Technik wirst du noch häufig anwenden. Zunächst male ich die Silhouette des Wals mit Farbe auf. Dann setze ich auf die noch feuchte Farbe mit dem Pinsel einen Tropfen Wasser, um die Pigmente zu verschieben, damit der Bauch des Wals wieder weiß wird.

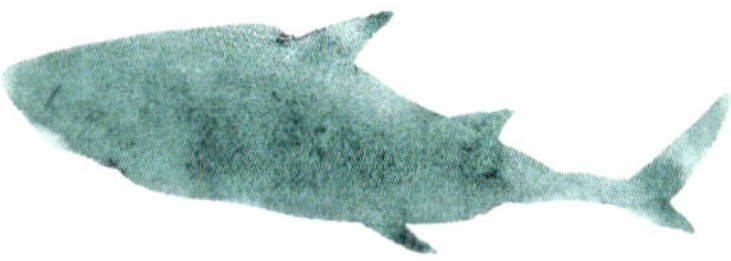

Bei den Quallen gehe ich ähnlich vor und gebe entweder einen großen oder mehrere kleine Tropfen Wasser darauf, um die Lichtreflexe zu erzeugen oder mehr Volumen zu modellieren.

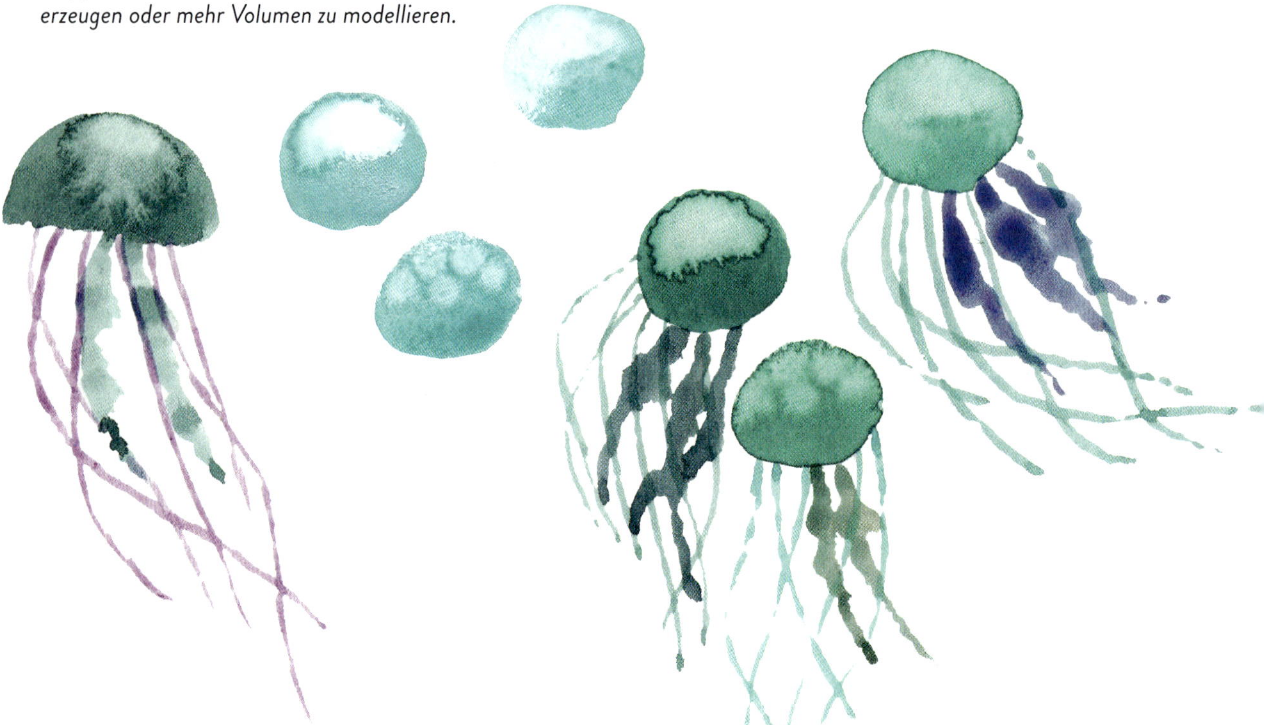

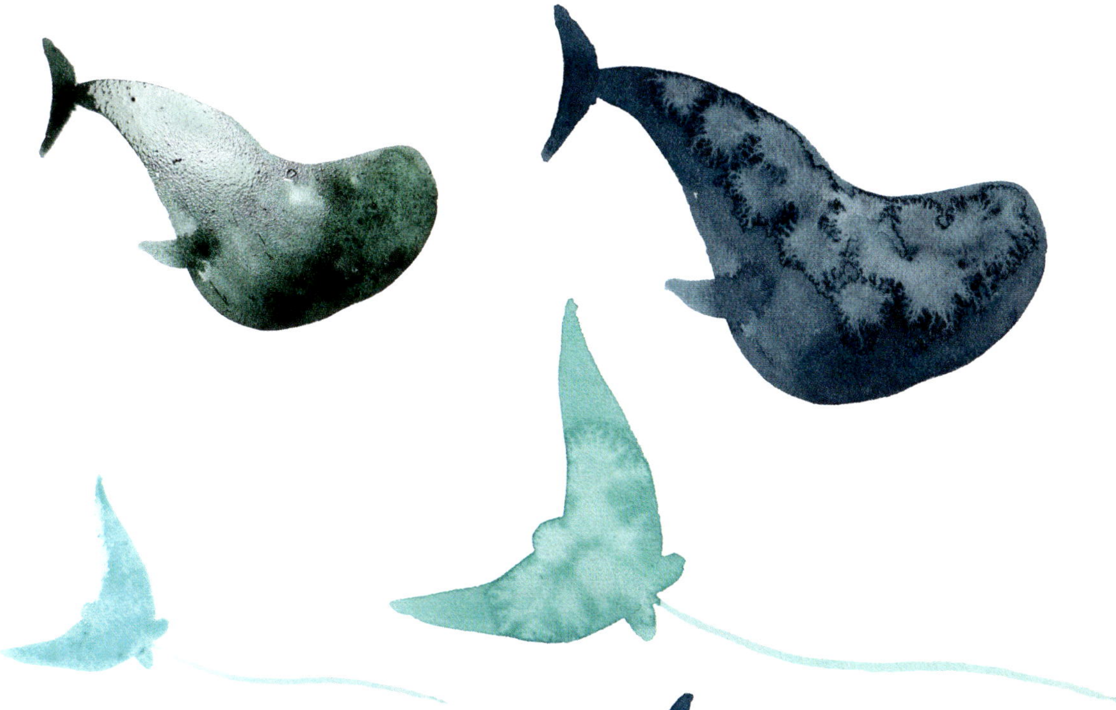

Bei diesen eleganten Rochen und spektakulären Walen erzeugen viele kleine, sorgfältig platzierte Wassertropfen die Struktur der Haut.

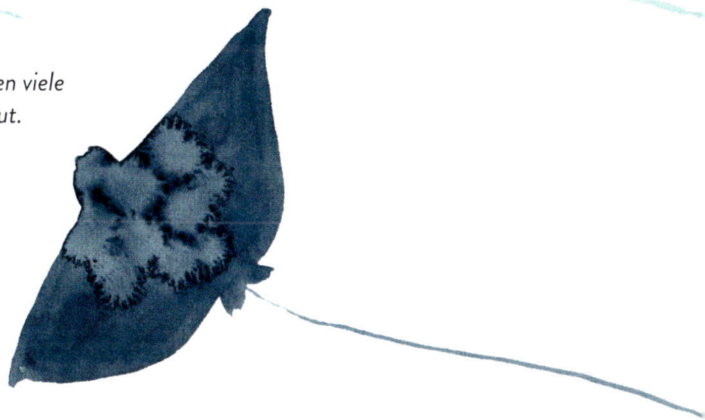

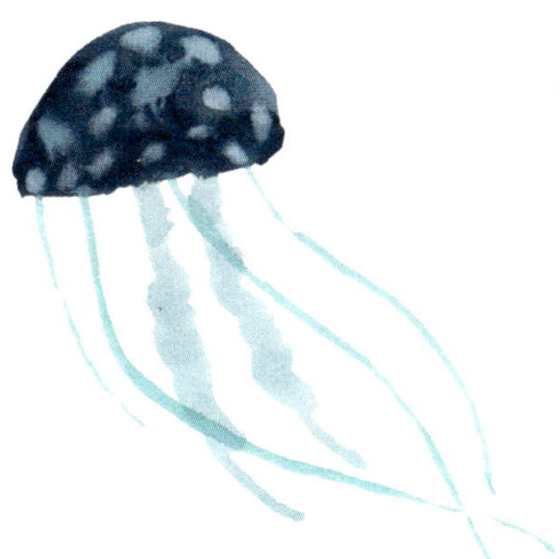

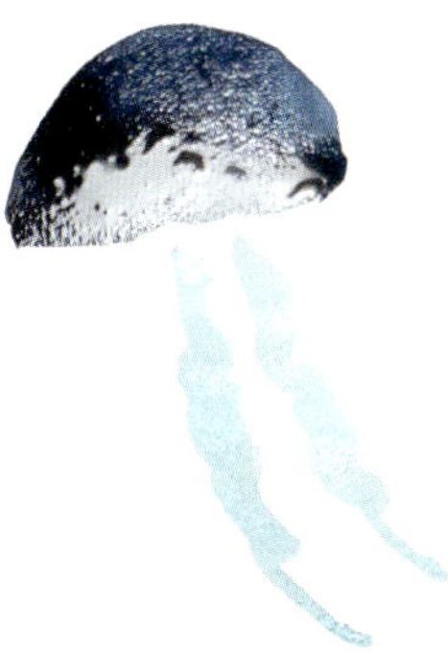

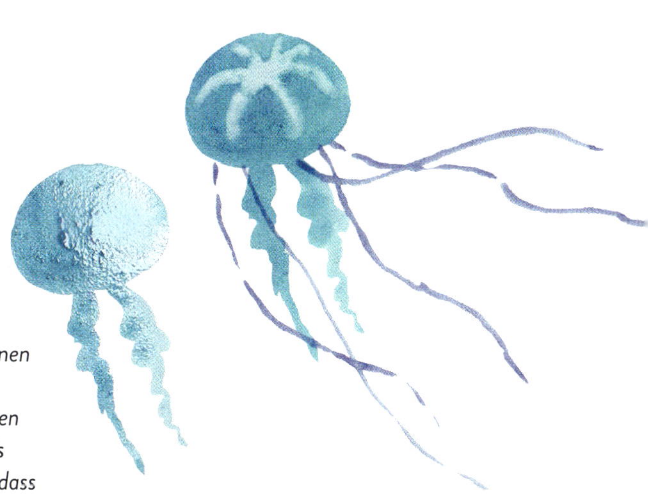

Hier lasse ich den Körper der Quallen trocknen und male dann, mit dem in klares Wasser getauchten Pinsel, in der zuvor aufgetragenen Farbe. Man nimmt diese dadurch zurück. Es entsteht ein verschwommener Effekt, ohne dass die Farbe Kränze bildet.

11. Woche

Feuchte Pigmente mit feuchten Pigmenten verschieben

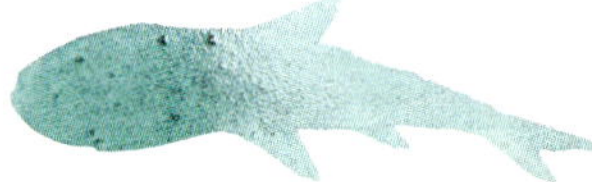
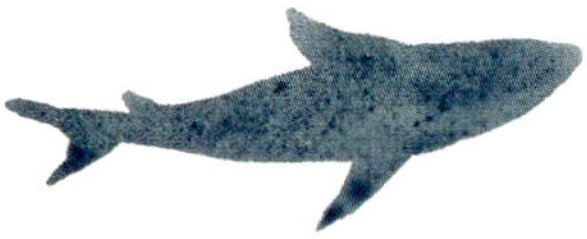
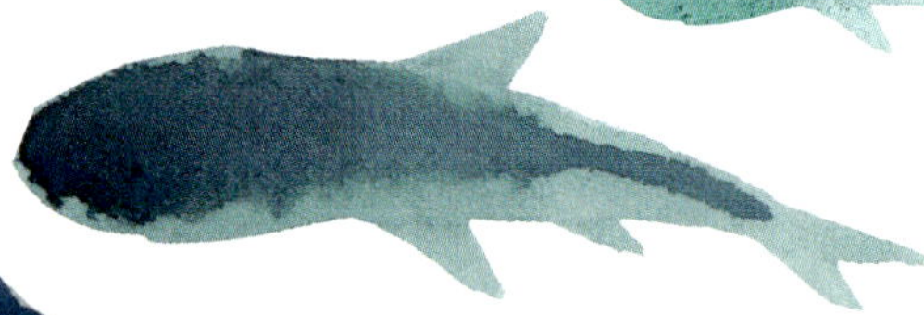
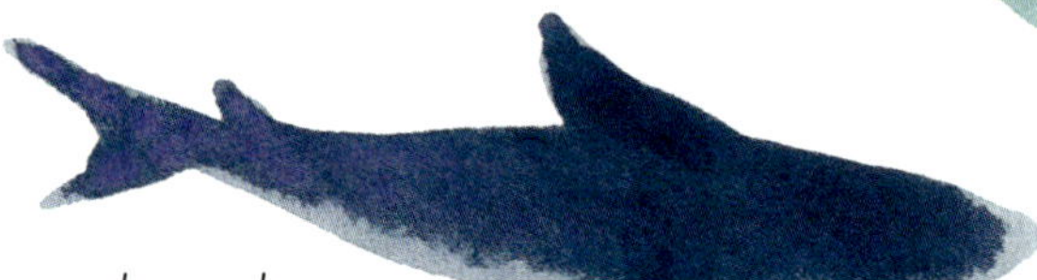

Um diese Haie zum Leben zu erwecken, male ich ihre Silhouette in heller Farbe auf und gebe dann etwas dunklere Töne auf den noch feuchten Rücken. Wie durch Zauberhand wirken sie voluminöser!

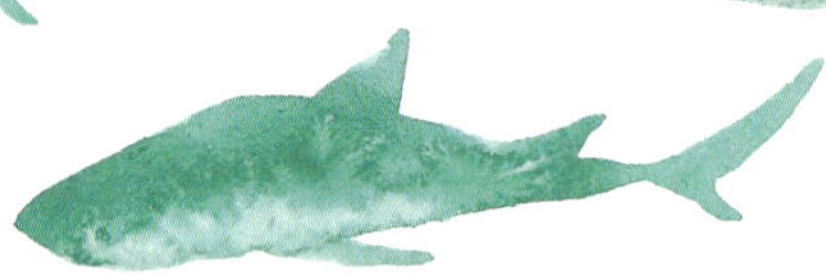

Dieser graugrüne Hai hat mit einem Tropfen klarem Wasser auf dem feuchten Körper einen weißen Bauch bekommen ... Dann hat er noch nasse Streifen erhalten.

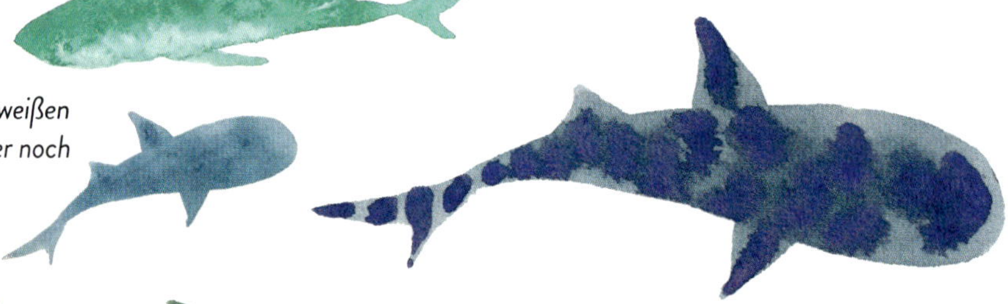
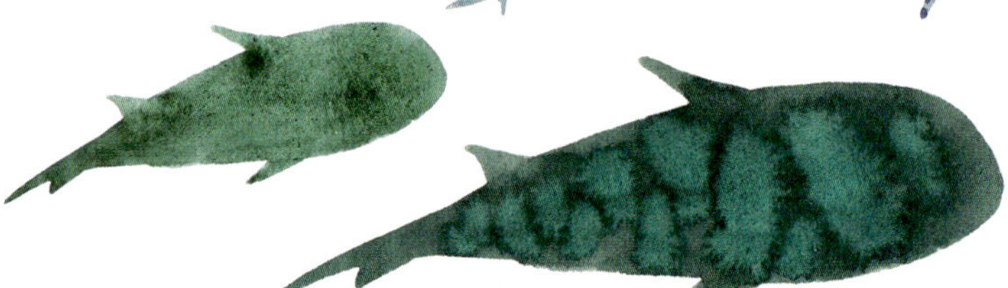
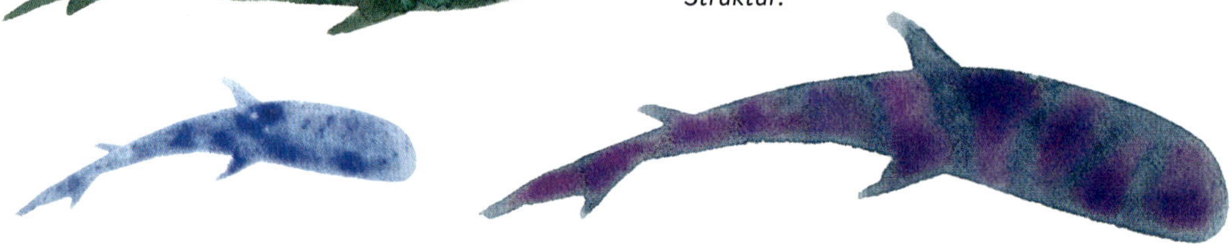

Ich lege farbige Tropfen auf seinen feuchten Rücken: Die Farbpigmente verschieben sich, verlaufen, und die Kränze geben der Haut Struktur.

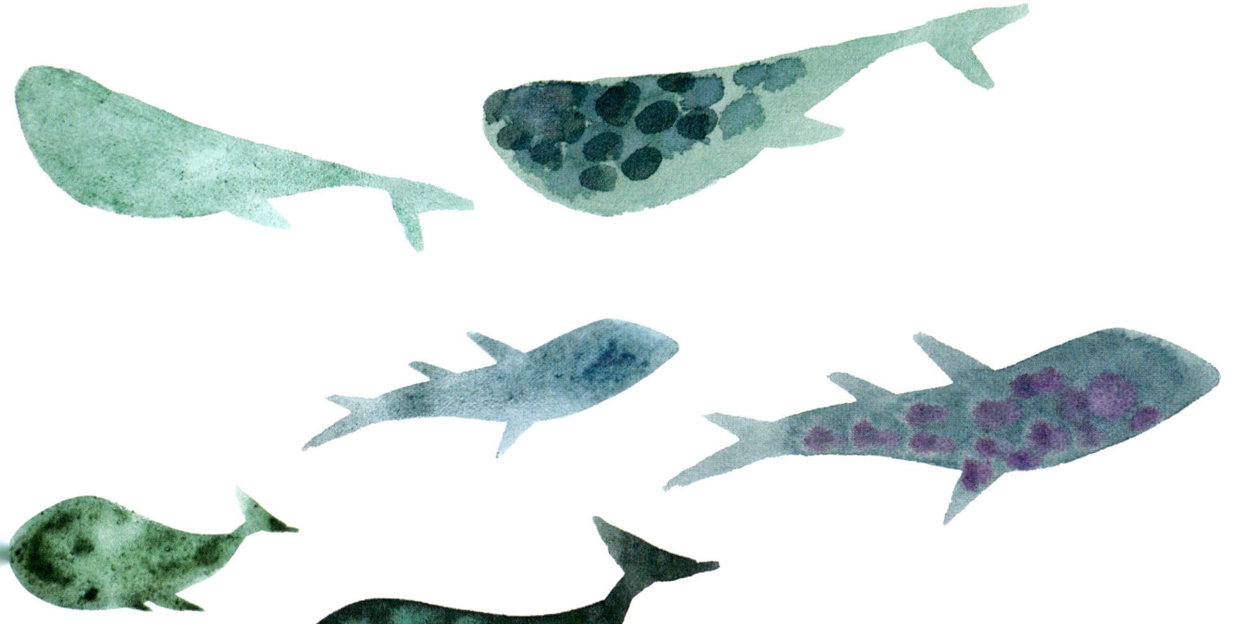

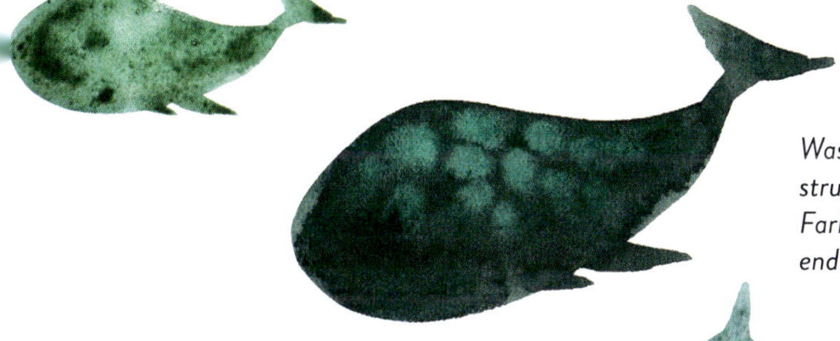

Was für ein Fest der Meerestiere mit Streifen, Flecken und strukturierter Haut! Ich habe mit Nässe gespielt, für manche Farbtupfer aber gewartet, bis die Farbe trocken war. Es gibt endlos viele Kombinationsmöglichkeiten.

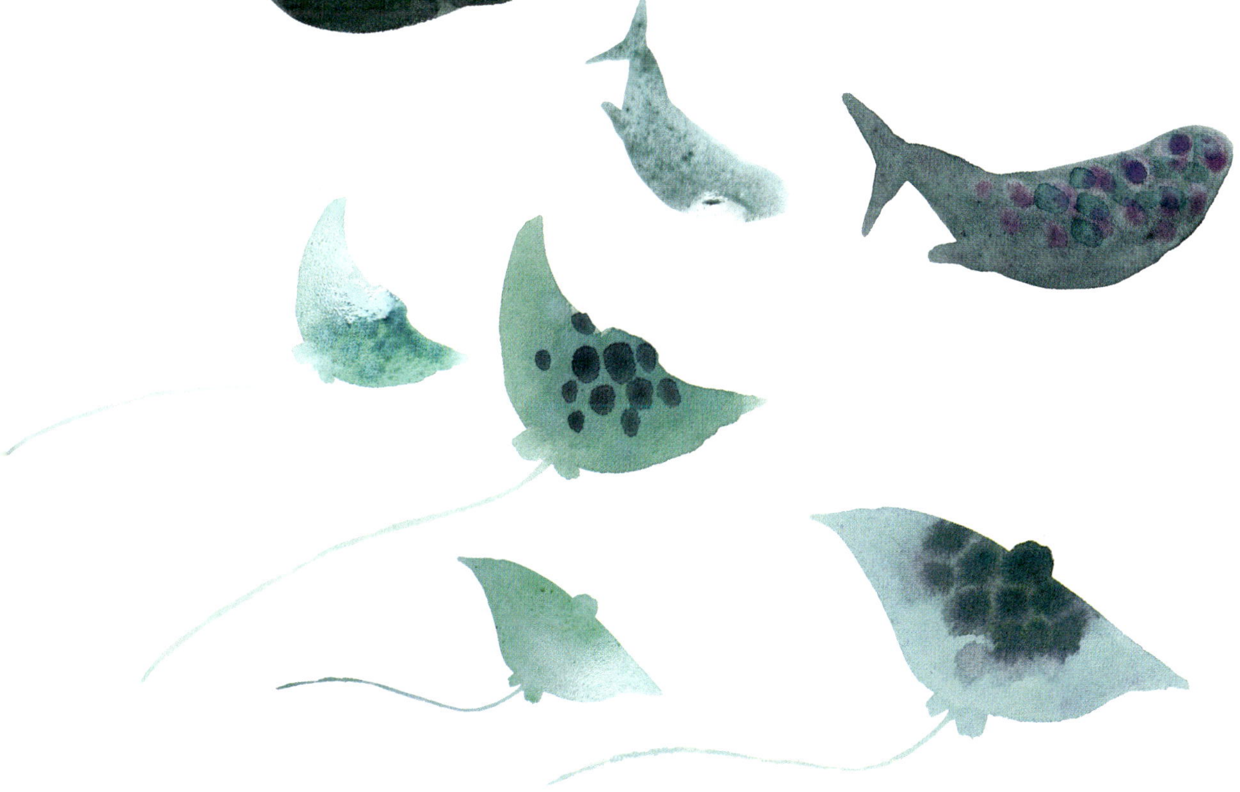

Zusätzliche Übung

Wie wäre es mit einem Tauchgang in die Tiefsee? Zuerst male ich einen Schwarm Quallen und Mantarochen auf feuchtes Papier. Verschwommen und blass verschwinden sie in der Ferne.

Ein Taucher mischt sich unter sie und schwimmt mitten unter Walen, Haien, Quallen und Mantarochen, denen alle mit den in der 10. und 11. Woche erlernten Techniken Struktur verliehen wurde.

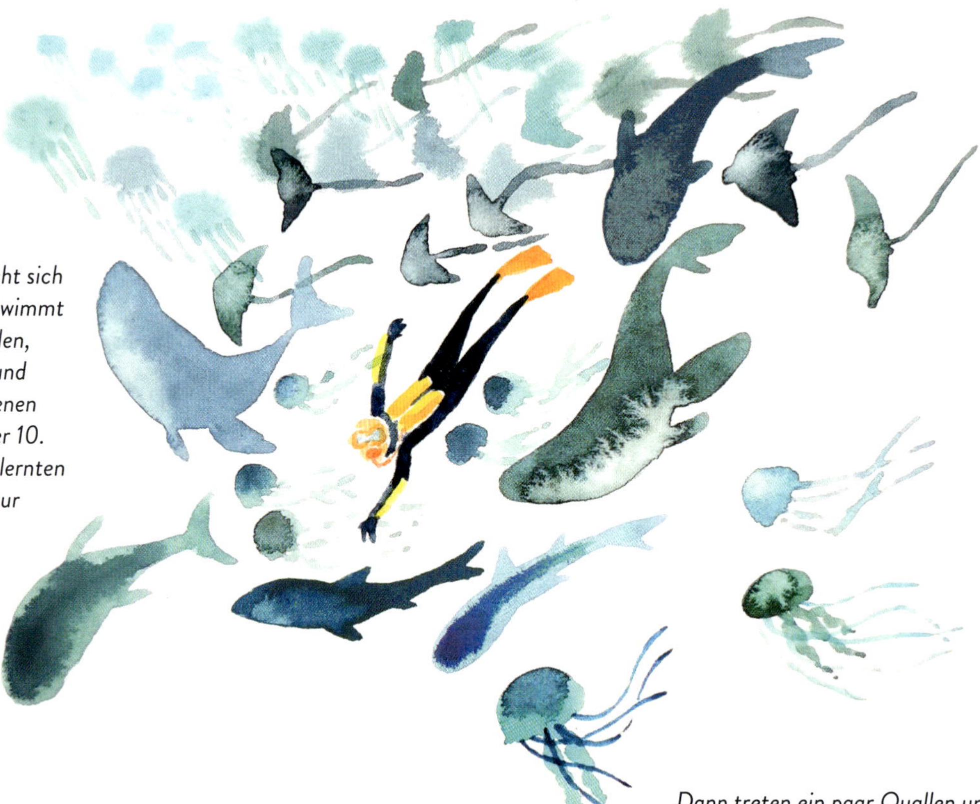

Dann treten ein paar Quallen und Rochen in den Vordergrund, sie sind alle kontrastreicher und dunkler als die anderen.

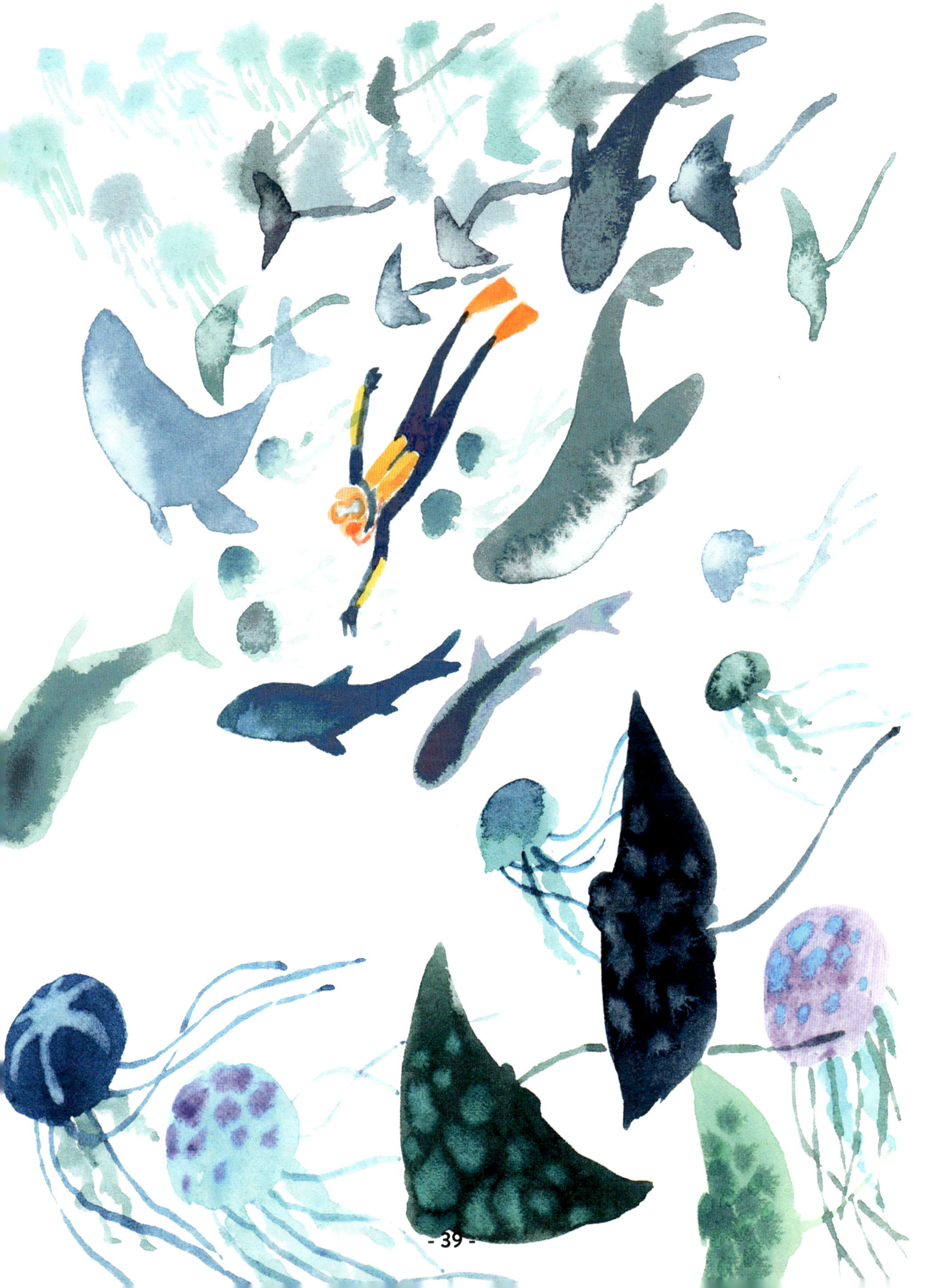

12. Woche

Farbverlauf durch Anfeuchten des Papiers

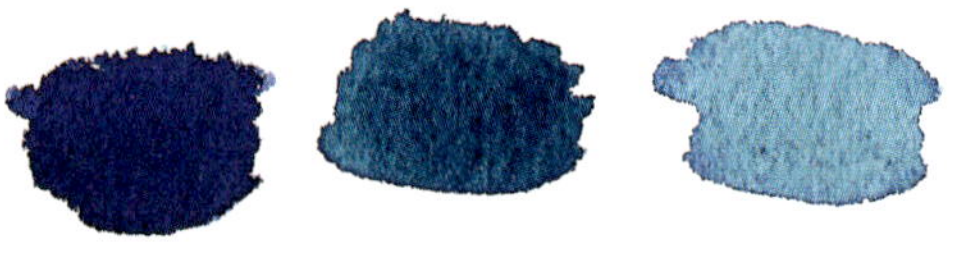

Um einen gleichmäßigen Farbverlauf zu erzielen, entscheide ich zuerst, zwischen welchen beiden Farben ich ihn erzeugen möchte. Ich mische meine gut verdünnten Farben in den Paletten des Farbkastens an: helles Cyanblau, Indanthronblau und eine dritte Übergangsfarbe, eine Mischung aus den beiden ersten. Außerdem mische ich eine vierte Farbe, ein sehr helles Blau, an.

Zuerst male ich mit der sehr hellen Farbe die endgültige Form aus. Ohne die Farbe trocknen zu lassen, trage ich dann mit dem Pinsel die hellste Farbe auf. Ich wasche den Pinsel aus, nehme damit die Übergangsfarbe auf und male weiter. Das wiederhole ich dann mit der dunkelsten Farbe ... Die Farben vermischen sich auf harmonische Weise und es bilden sich sanfte Übergänge.

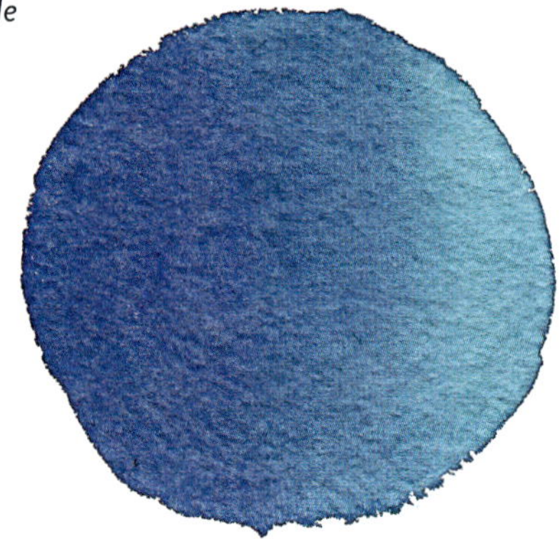

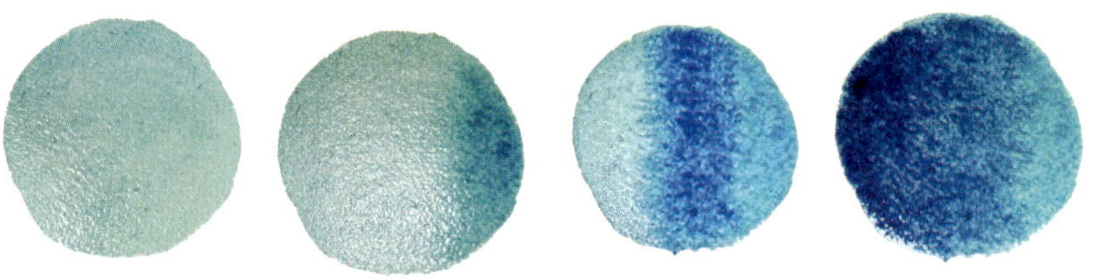

Diese Technik des Farbverlaufs kannst du in alle Richtungen anwenden, zum Beispiel in konzentrischen Kreisen, Wellen, Diagonalen etc., auch mit mehr als drei Farben. Solange du mit der hellsten Farbe beginnst und auf nassem Untergrund malst, ist alles möglich!

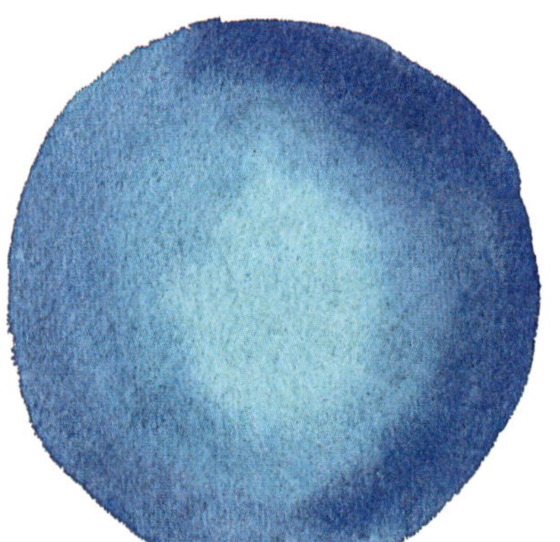

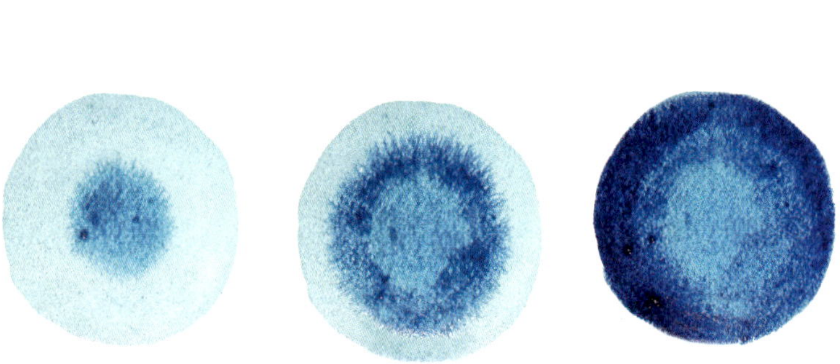

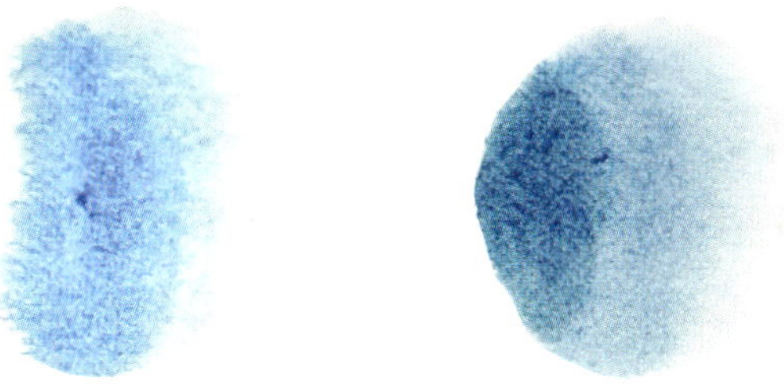

Für einen Verlauf von Weiß zu Farbe bereite ich in den Paletten des Farbkastens zwei Farben vor: eine bunte und eine Übergangsfarbe zwischen dieser und reinem Wasser. Ich male dann die endgültige Form mit einem feuchten Pinsel ohne Farbe auf, nur mit Wasser. Ohne das Papier trocknen zu lassen, tauche ich den Pinsel in die Übergangsfarbe und dann in die bunte Farbe.

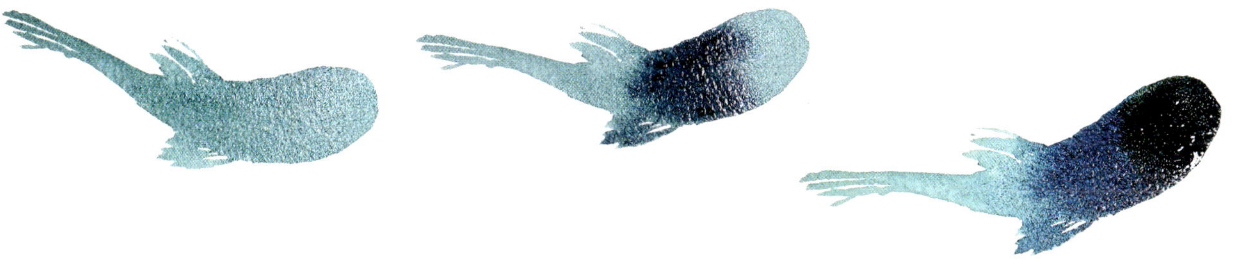

Hier ein paar zappelnde Fische mit Farbverläufen zum Üben.

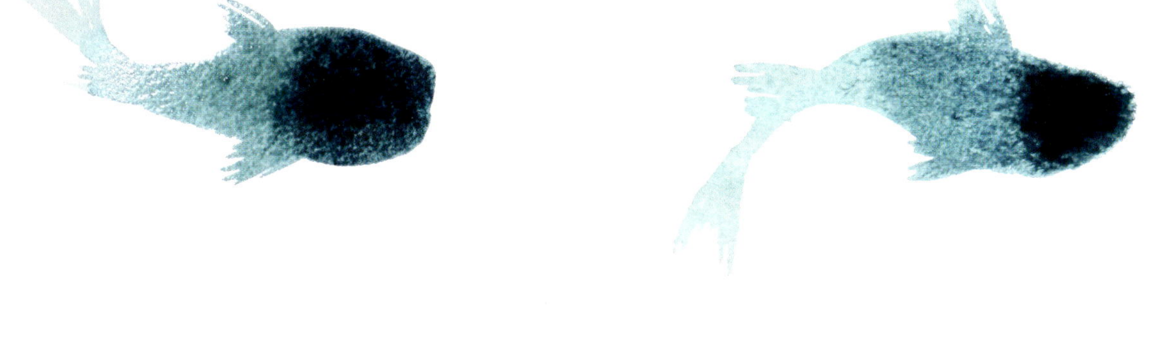

13. Woche

Farbverlauf durch feuchte bunte Tupfer

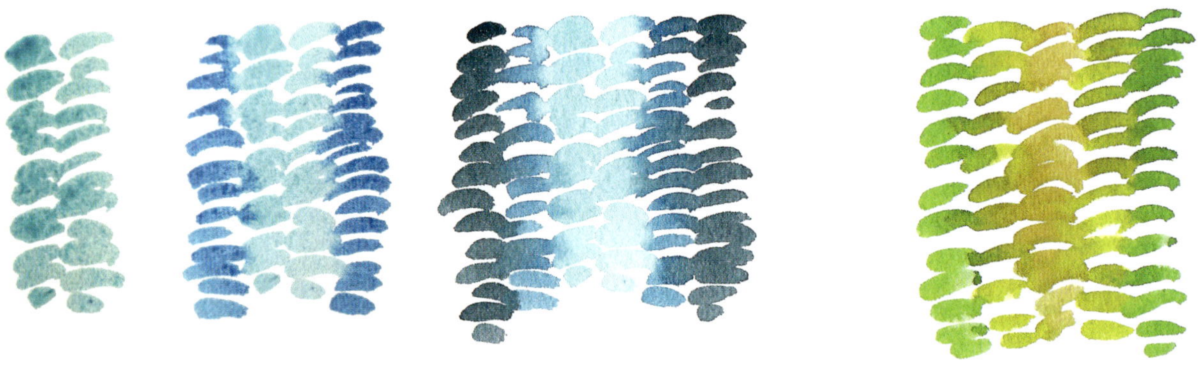

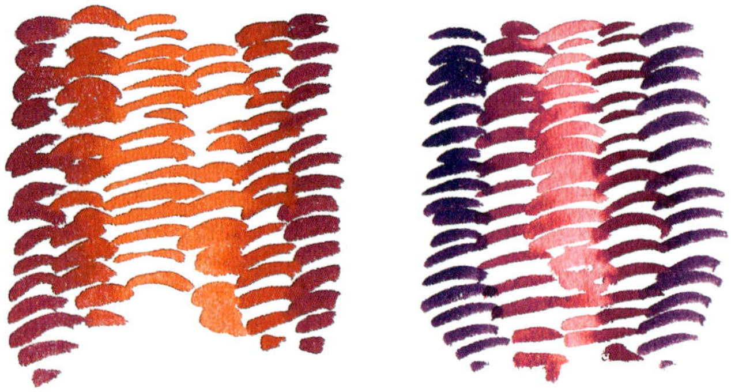

Diese Woche machen wir mit einer anderen Farbverlaufstechnik weiter, bei der kleine bunte Tupfen aufgetragen werden. Ich bereite dafür mehrere Farben vor, von dem hellsten bis zum dunkelsten Ton mit ein paar Abstufungen dazwischen. Dann zeichne ich verschwommene Schuppen auf und warte dabei nicht, bis die Farben getrocknet sind, damit sie sich mischen.

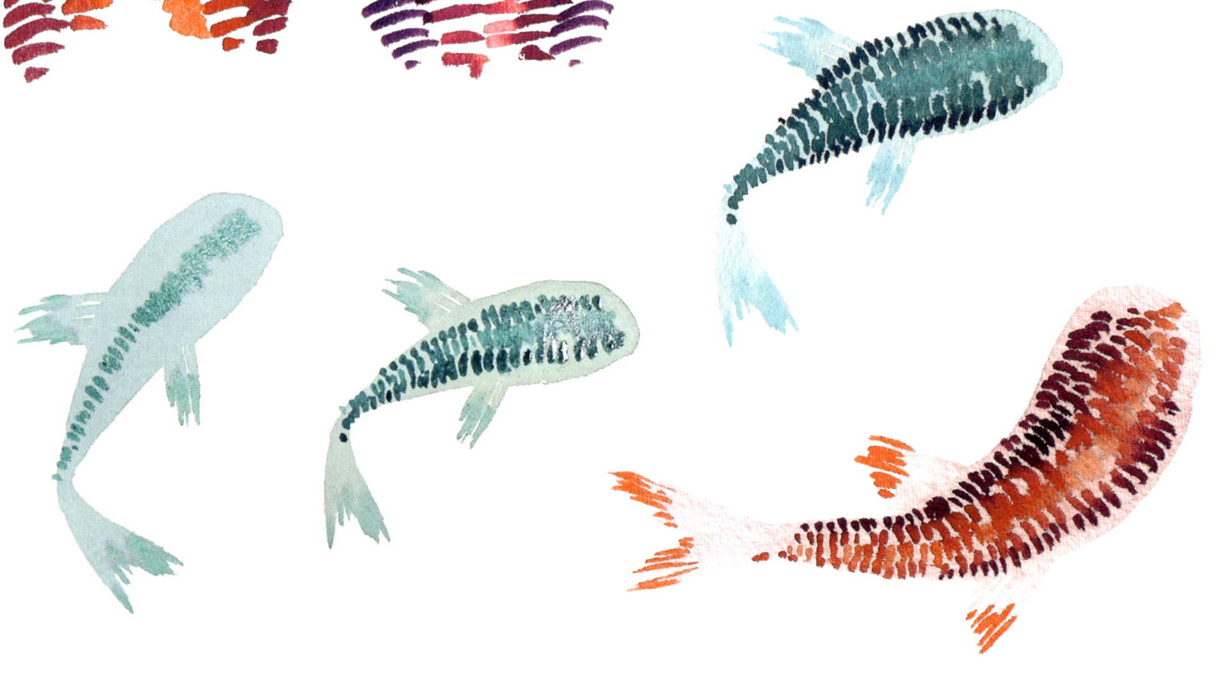

Für diesen Fischschwarm mit lebendigen Lichtreflexen male ich die Körper mit heller Farbe.

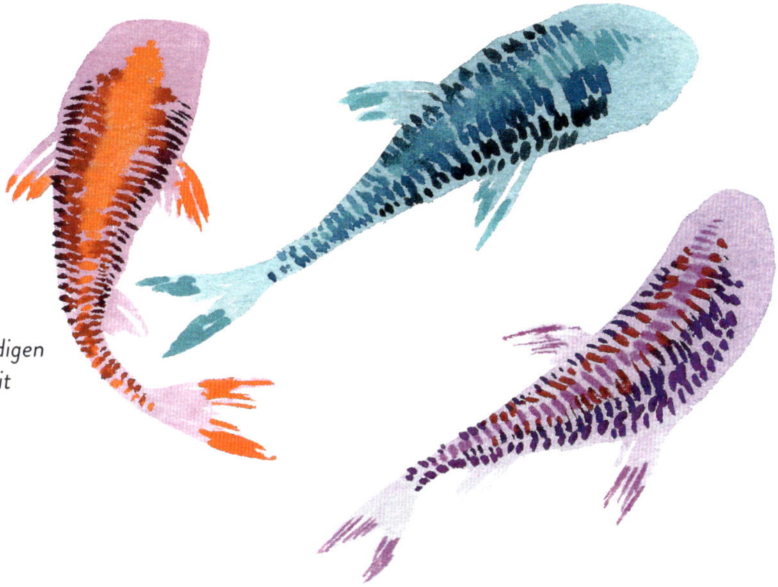

Auf die noch nasse Farbe male ich farblich abgestufte Schuppen auf, die dann verlaufen.

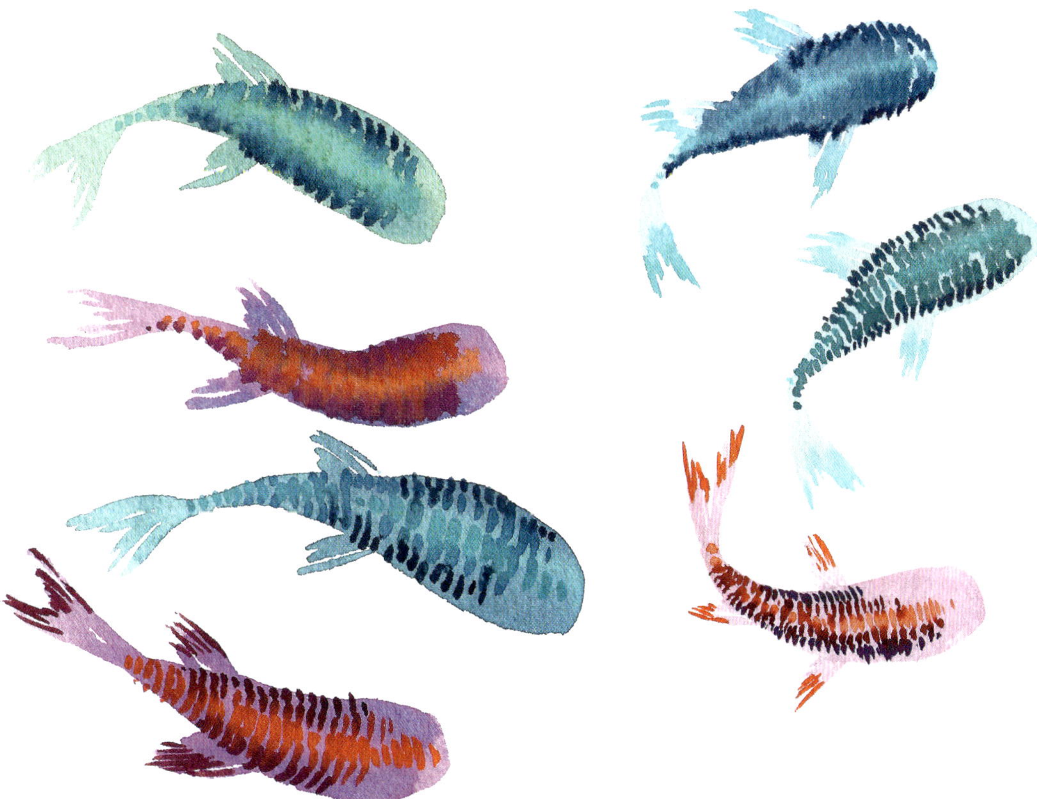

Wenn ich auf die getrocknete Farbe farblich abgestufte Schuppen aufmale, behalten sie deutlich mehr Kontur.

Zusätzliche Übung

Um diesen wundersamen Fischschwarm zu malen, der eines japanischen Holzschnitts würdig ist, habe ich für das Meer mit einem Farbverlauf vom Weiß des Papiers zu Blau angefangen.

Nachdem der Farbverlauf getrocknet ist, habe ich ein paar Karpfen mit jeweils zwei Farben gemalt: mit einer hellen Farbe male ich den Körper, ohne sie trocknen zu lassen, mit einer dunkleren Farbe verleihe ich den Körpern noch etwas Volumen.

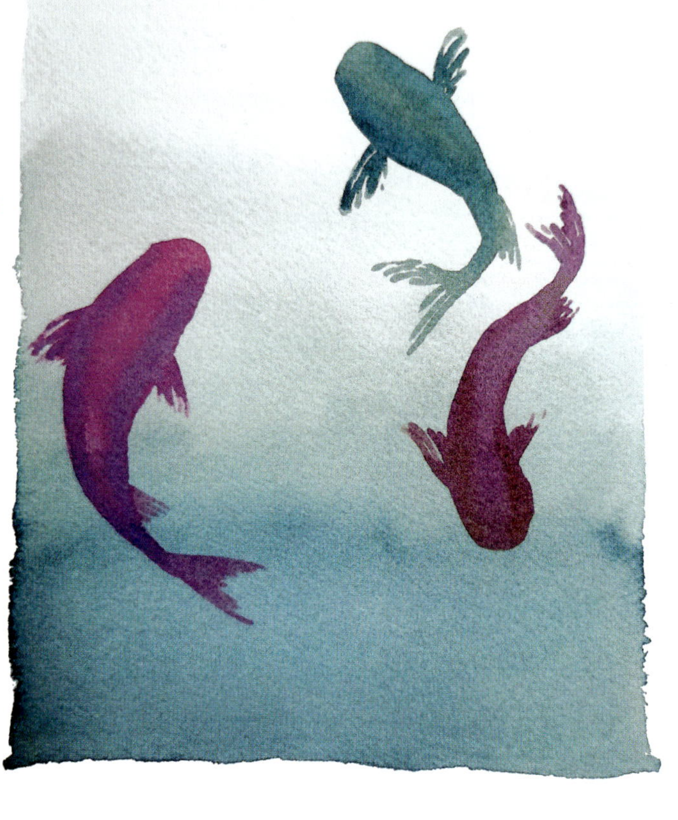

Anschließend habe ich noch ein paar kleinere und weniger ausgearbeitete Karpfen hinzugefügt, die durch Farbverläufe in drei Farben lebendig erscheinen. Er ist frisch, mein Fisch, er ist frisch!

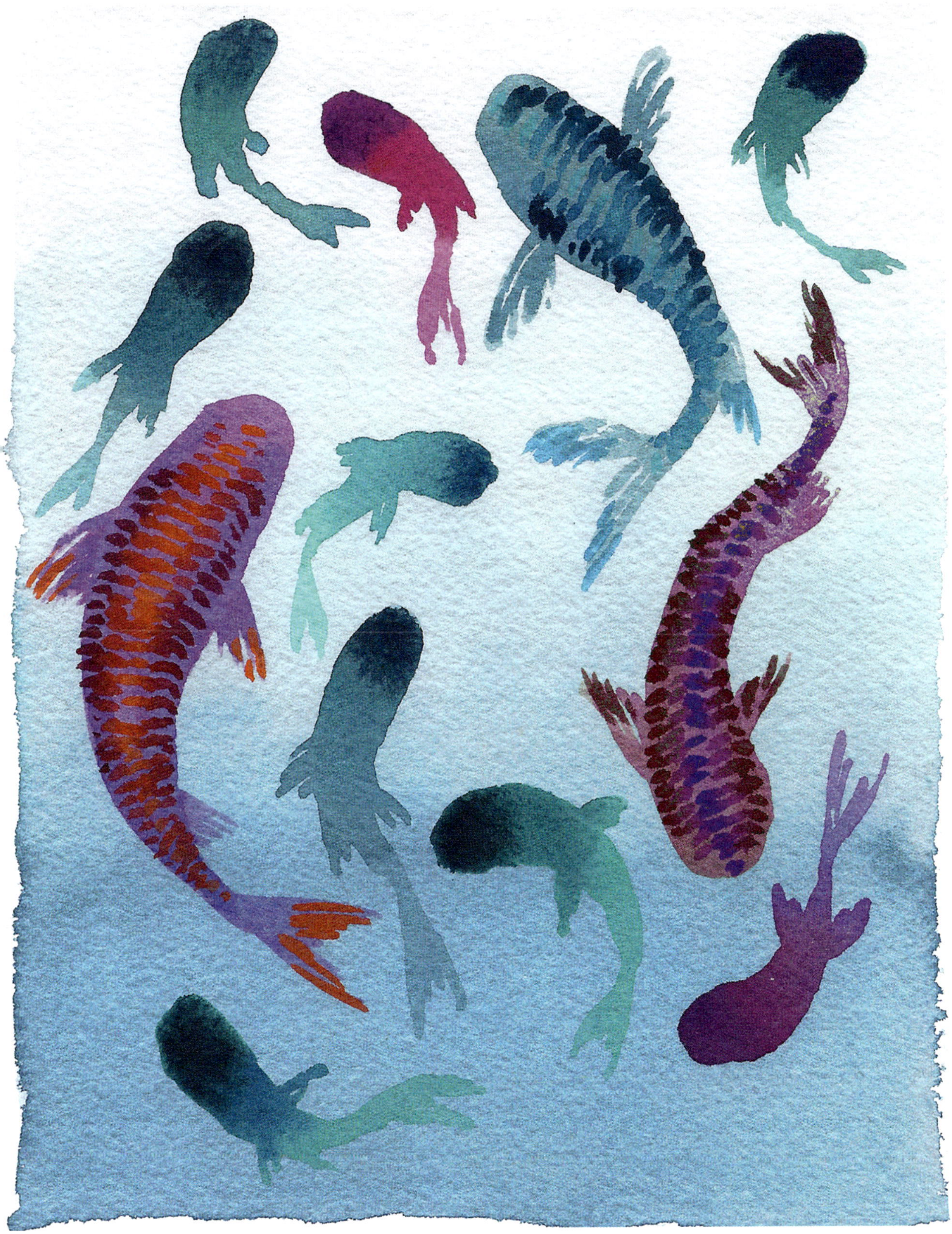

14. Woche

Farbverlauf auf trockenem Papier 1

Zuerst entscheide ich, zwischen welchen beiden Farben ich einen Farbverlauf erzeugen möchte. Ich bereite meine gut verdünnten Farben in den Paletten des Farbkastens vor: Gelb, Türkis und eine Übergangsfarbe, eine Mischung aus den beiden.

Türkis

Gelb

Gelb + Türkis = dieses Grün!

Ich trage meine erste Farbe auf.

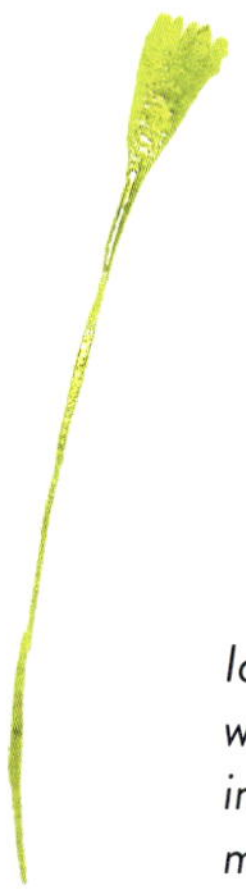

Ich lasse die Farbe nicht trocknen, wasche meinen Pinsel aus, tauche ihn in meine Übergangsfarbe und beginne mit dem Farbverlauf, indem ich ein paar Tropfen der vorherigen Farbe auf die Pinselspitze nehme. So vermeide ich klare Abgrenzungen und der Übergang wird schön weich.

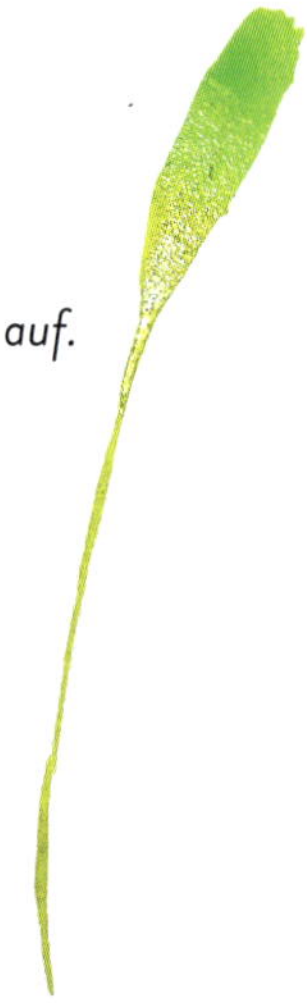

Ich trage die letzte Farbe auf dieselbe Weise wie zuvor auf, immer ohne die Farbe trocknen zu lassen.

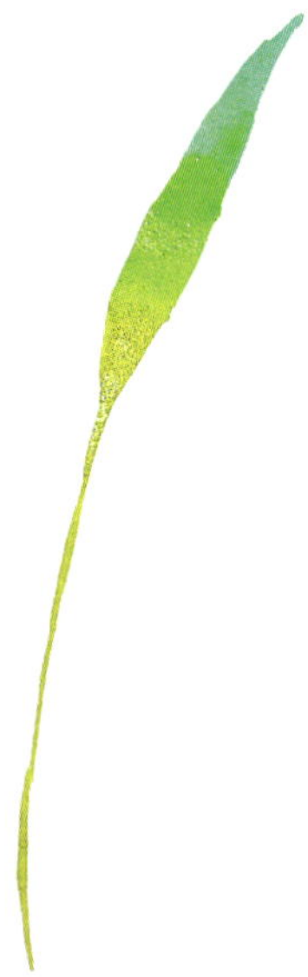

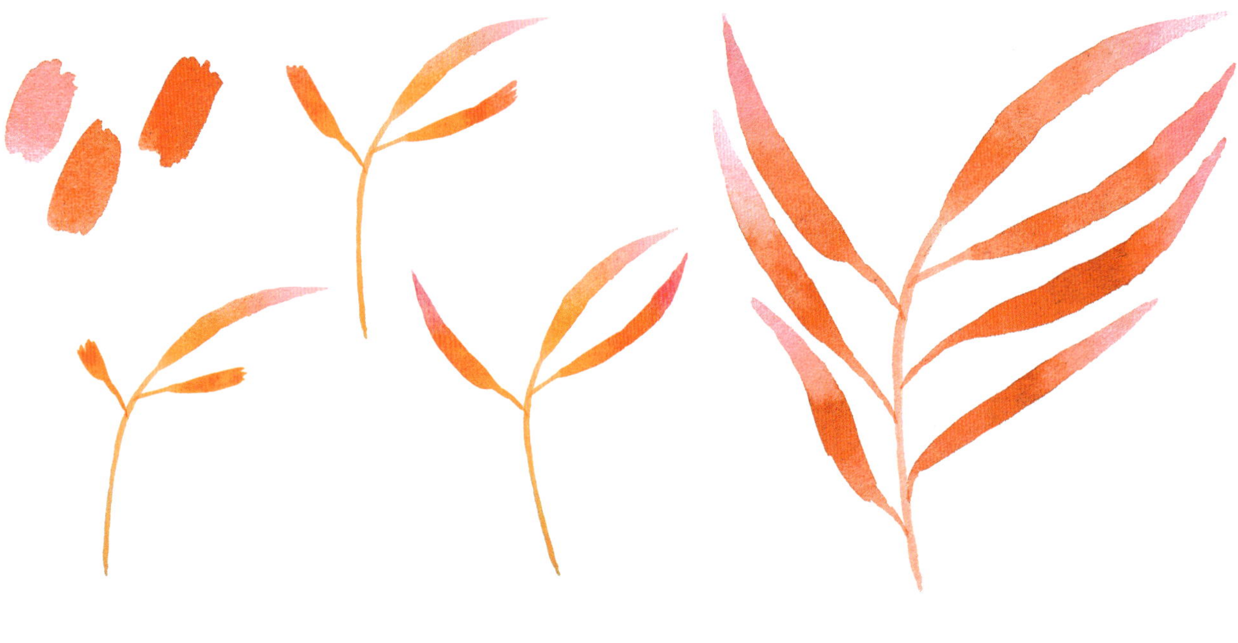

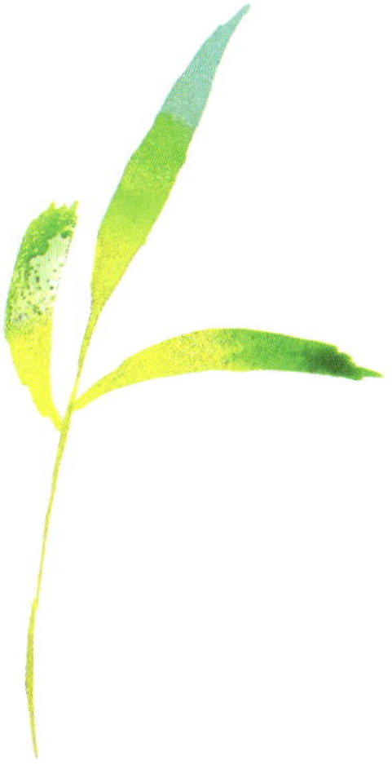

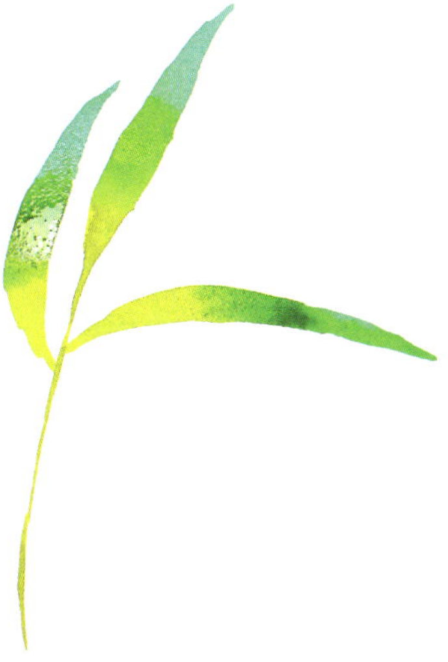

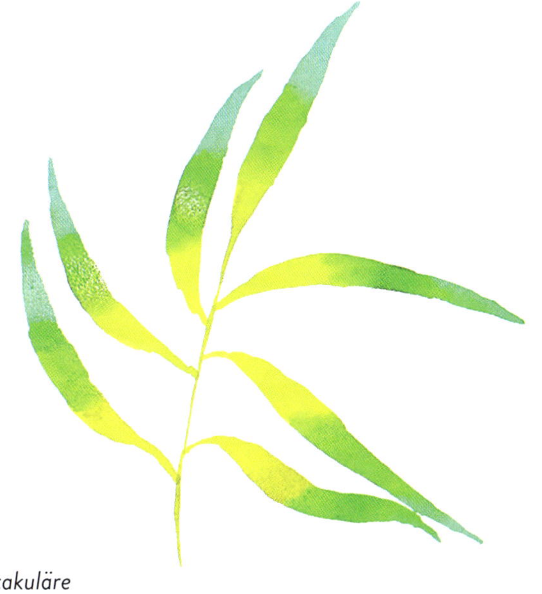

Ich mag diese zugleich einfache wie spektakuläre Technik sehr: Der Wow-Effekt ist garantiert!

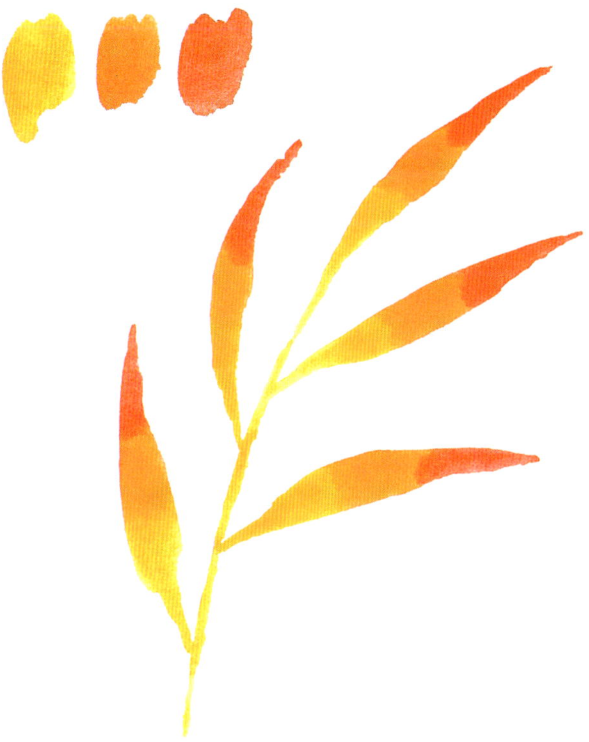

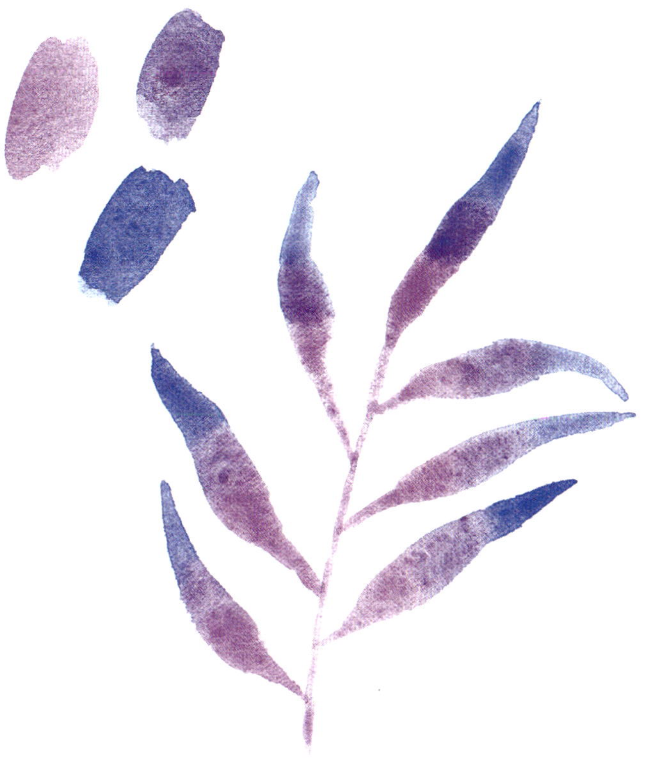

15. Woche

Farbverlauf auf trockenem Papier 2

Lass uns weiter Farbverläufe üben! Ich beginne damit, meine Farben für den Schnabel dieses leuchtenden Tukans vorzubereiten. Erst nehme ich den Schnabel in Angriff ...

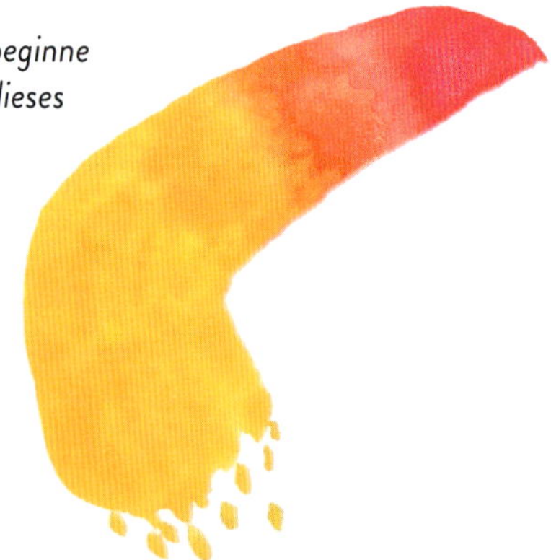

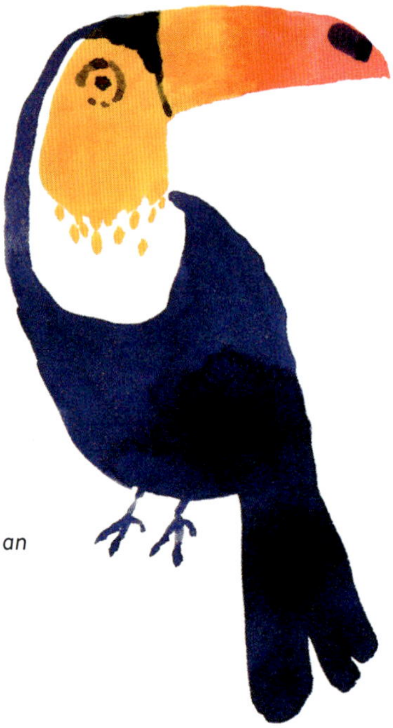

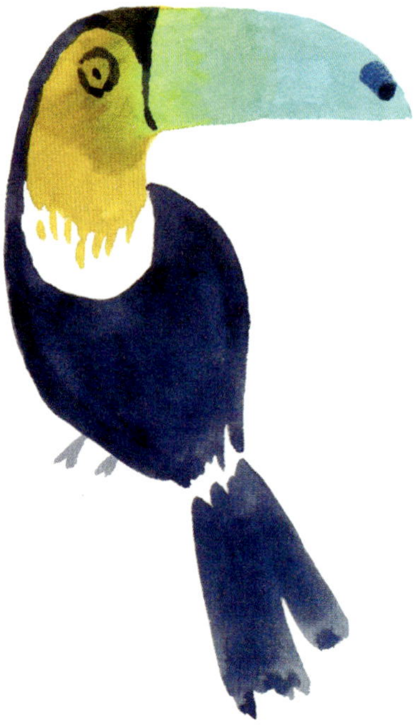

Wenn er trocken ist, entstehen aus Dunkelblau oder tiefem Violett der Körper des Vogels, zwei Füße, ein einfaches Auge und ein kleiner Fleck an der Schnabelspitze.

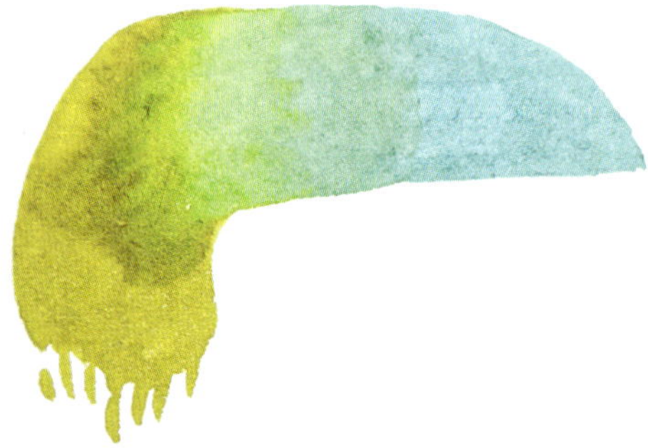

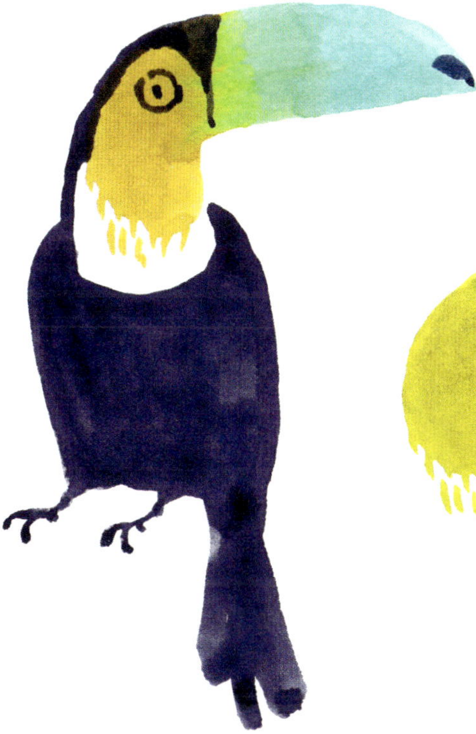

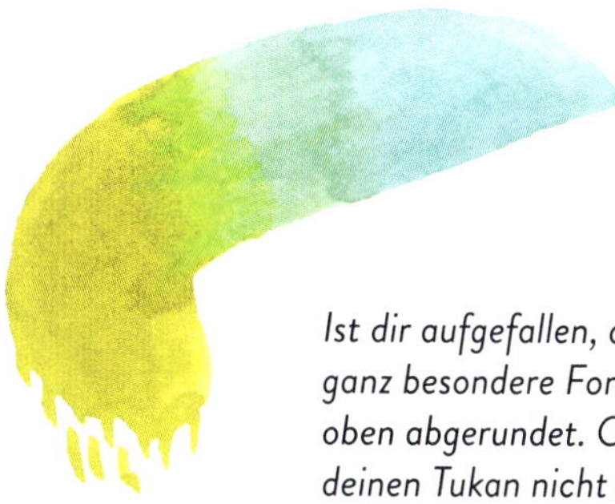

Ist dir aufgefallen, dass der Schnabel des Tukans eine ganz besondere Form hat? Unten kantig und gerade, oben abgerundet. Ohne diese Merkmale kann man deinen Tukan nicht so gut erkennen.

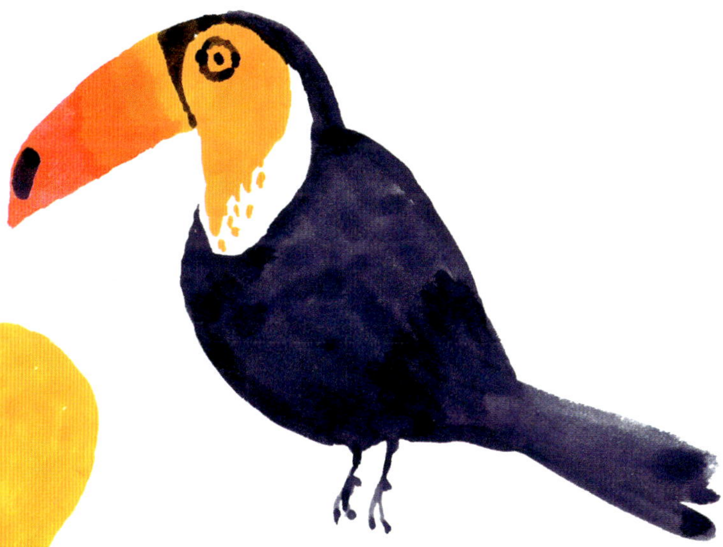

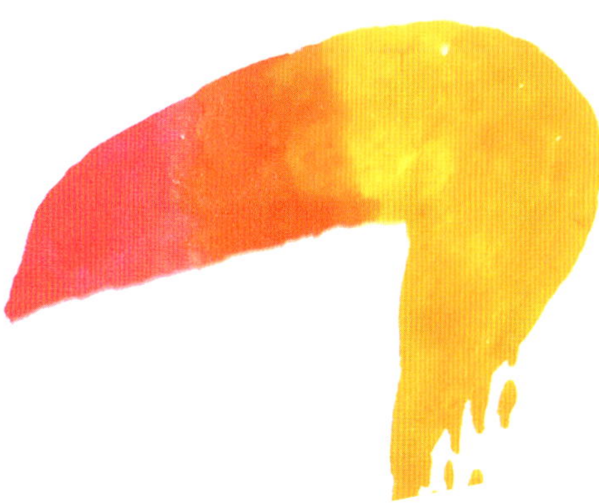

Zusätzliche Übung

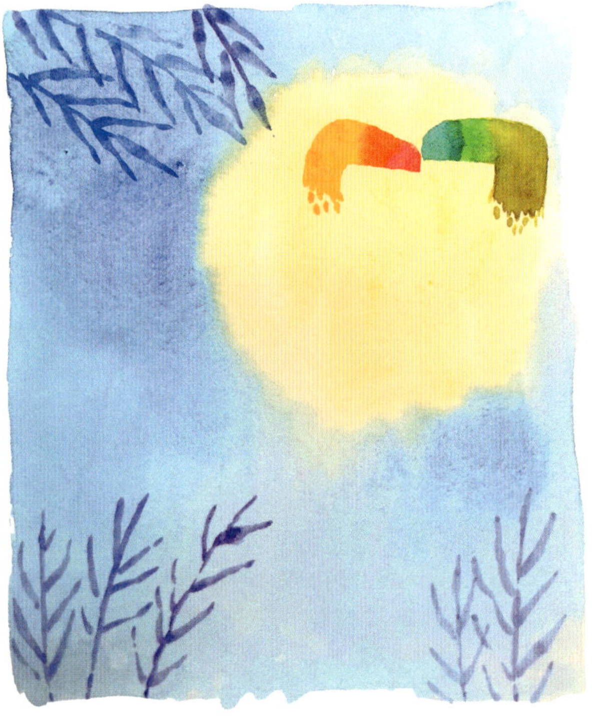

Für diese Tropen-Szene feuchte ich zunächst das Papier an. Dann bestreiche ich es mit Hellblau und spare dabei einen Kreis aus. Ich male ihn mit Gelb aus, bevor das Ganze trocknet. Wenn alles trocken ist, male ich ein paar bläuliche Palmen und die Schnäbel meiner verliebten Tukane dazu.

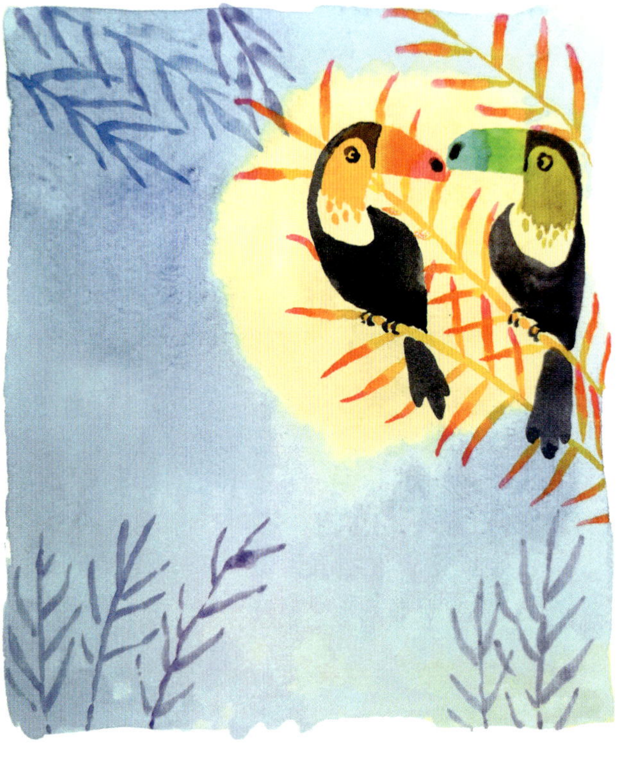

Danach male ich die Körper der Tukane, die sich auf Palmen, die mit Farbverlauf gemalt sind, niedergelassen haben, auf den gut getrockneten Hintergrund.

Schließlich male ich um die Tukane herum dunklere und größere Palmen mit Farbverlauf, um das kleine Liebesnest zu vollenden!

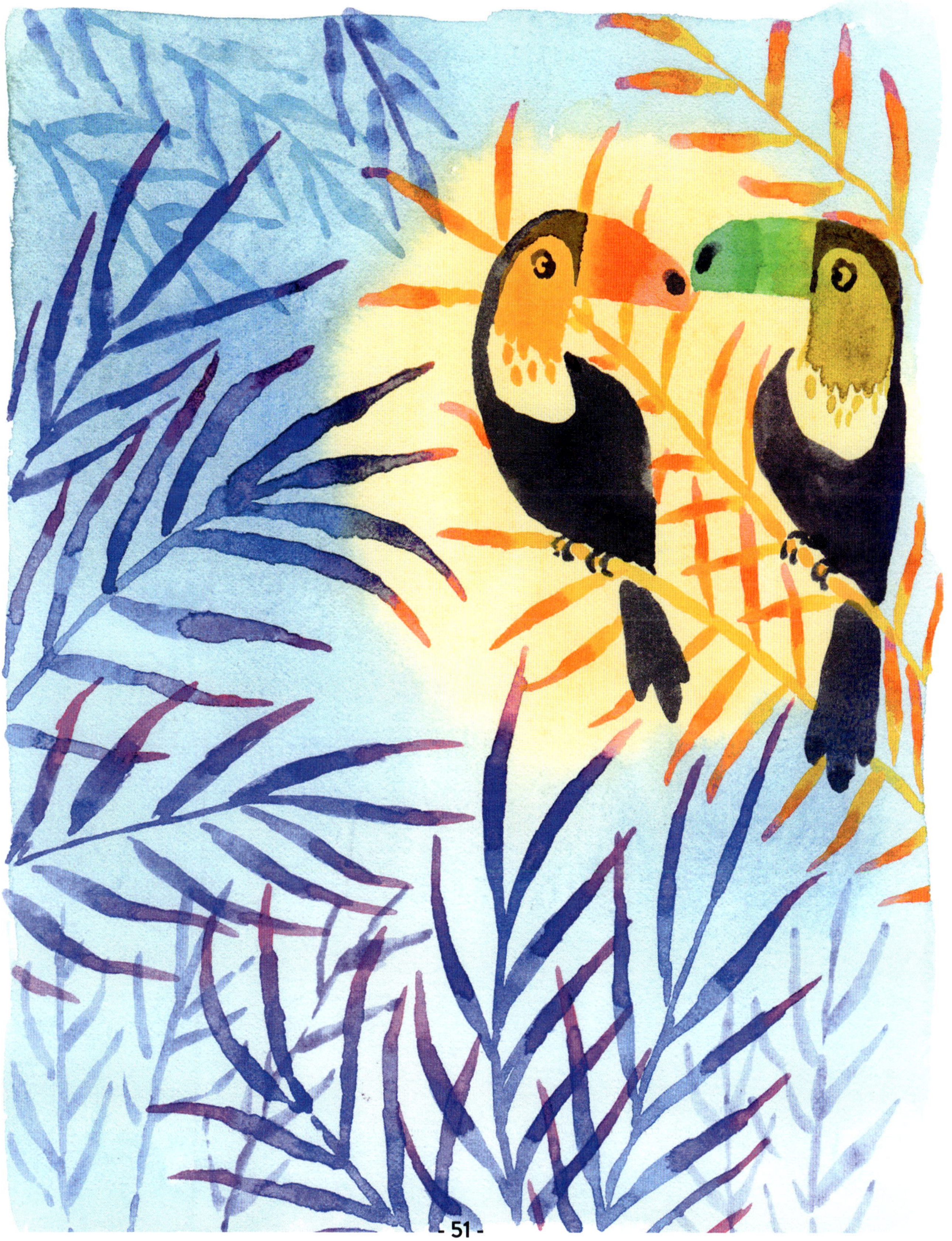

16. Woche

Tiefe durch Unschärfe und Kontur

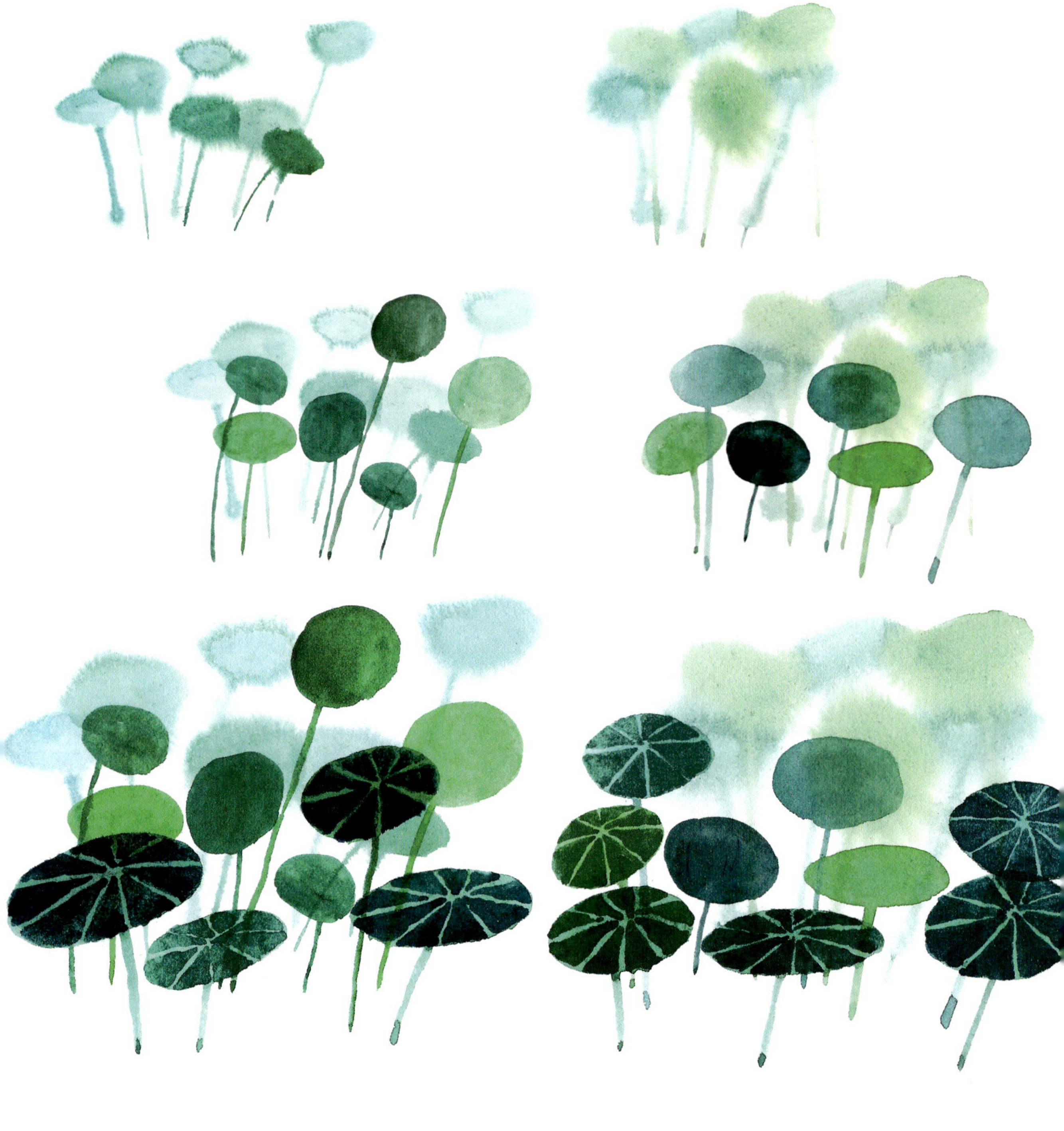

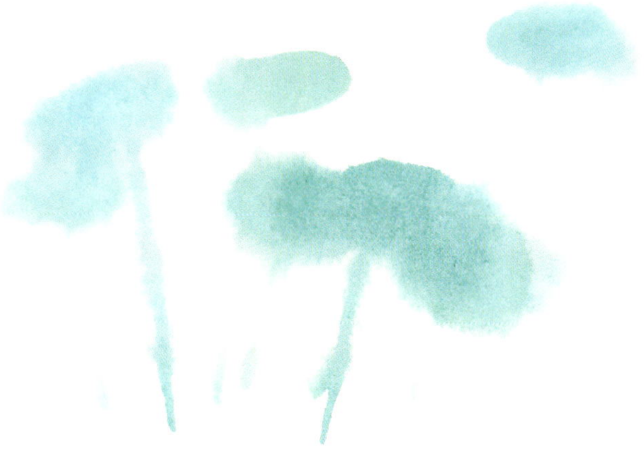

Um einer Komposition Tiefe zu verleihen, gibt es nichts Besseres als das Spiel mit Kontur und Unschärfe! Ich feuchte das Papier an und male die ersten Seerosen in hellen Farben auf.

Wenn die erste Reihe trocken ist, male ich die nächste in dunklerer Farbe auf das trockene Papier: Diese sind schön scharf und wirken näher.

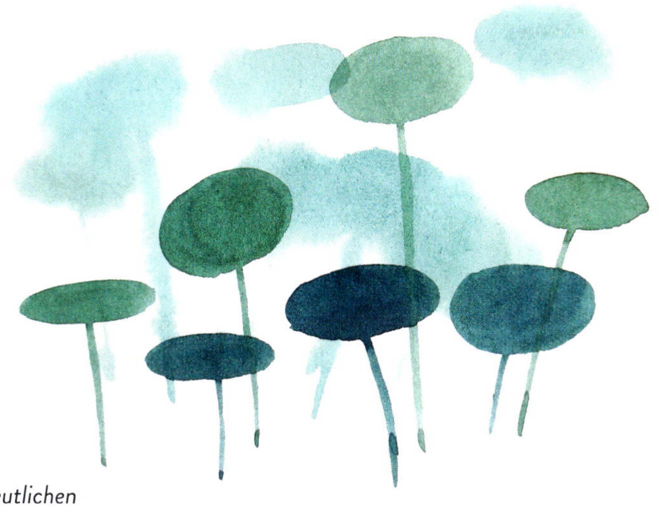

Zum Schluss male ich die Seerosen ganz vorne mit deutlichen Kontrasten. Sie werden in heller, leuchtender Farbe gemalt und dann mit dunkler Farbe strukturiert.

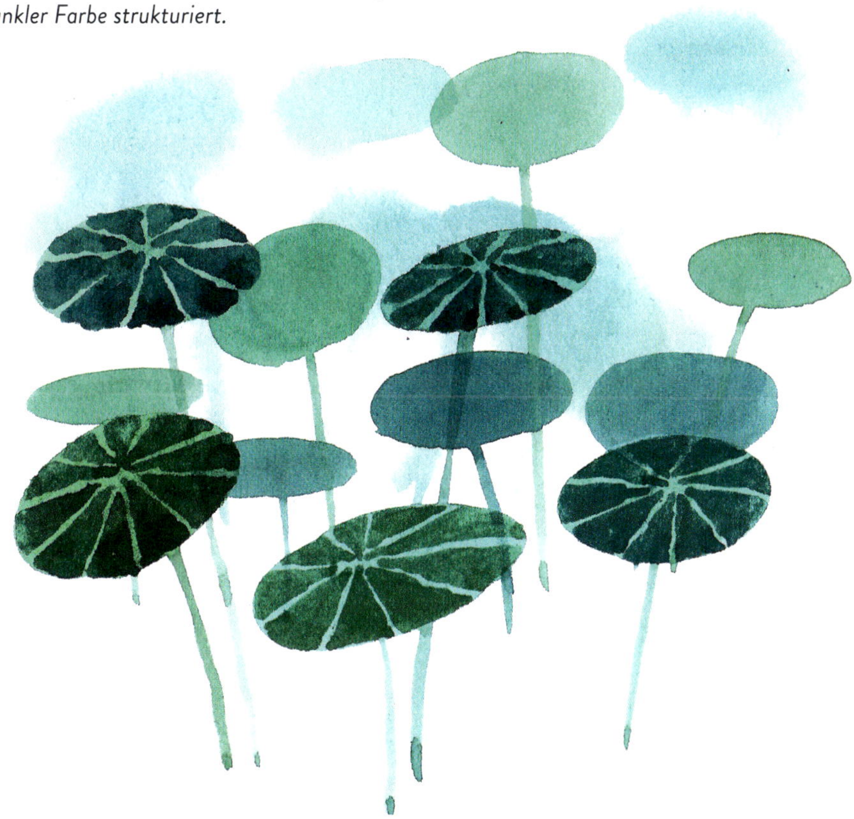

17. Woche

Tiefe durch kontrastierende Farben

Diese Woche fahre ich mit dem Thema Tiefe fort! Um ein Element in den Hintergrund treten zu lassen, muss man es in einem sanften Farbton malen. Im Vordergrund sollte es intensiv und kontrastreich sein.

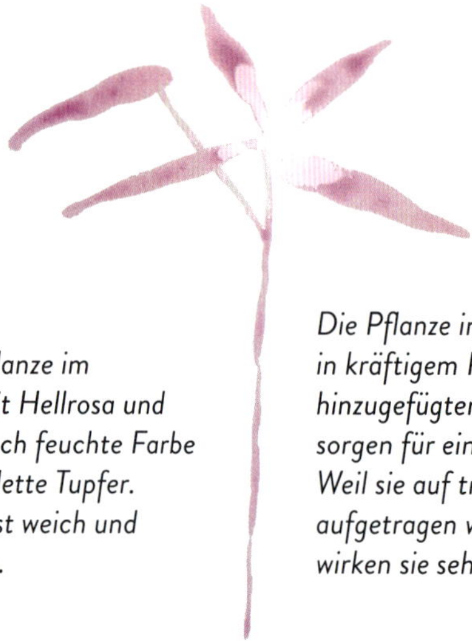

Ich male die Pflanze im Hintergrund mit Hellrosa und setze auf die noch feuchte Farbe ein paar hellviolette Tupfer. Das Farbspiel ist weich und verschwommen.

Die Pflanze im Vordergrund wird in kräftigem Rosa gemalt. Die hinzugefügten dunkelblauen Tupfen sorgen für einen stärkeren Kontrast: Weil sie auf trockener Farbe aufgetragen wurden, wirken sie sehr konturiert.

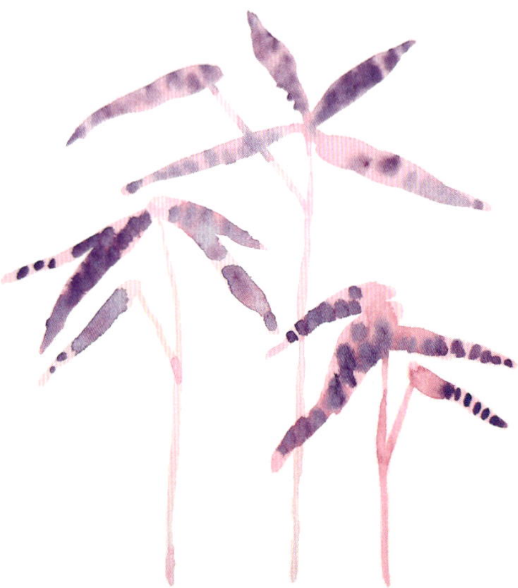

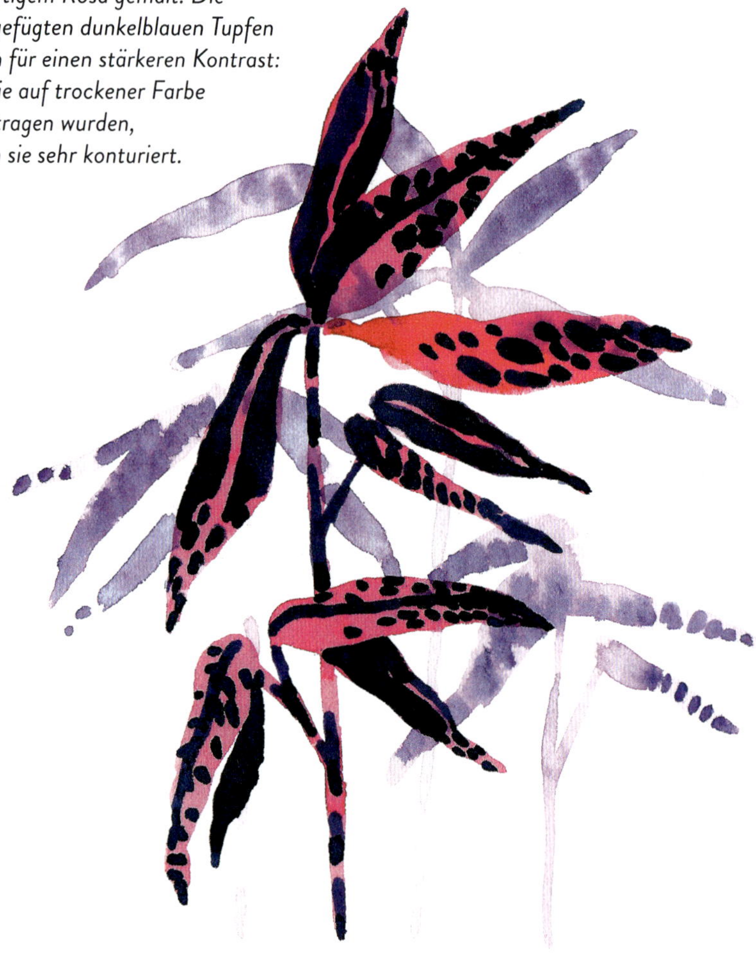

Genauso ist es mit diesen kleinen bunten Käfern: Die mit den weichen, verschwommenen Farben wirken weiter entfernt, die mit den scharfen Kontrasten näher.

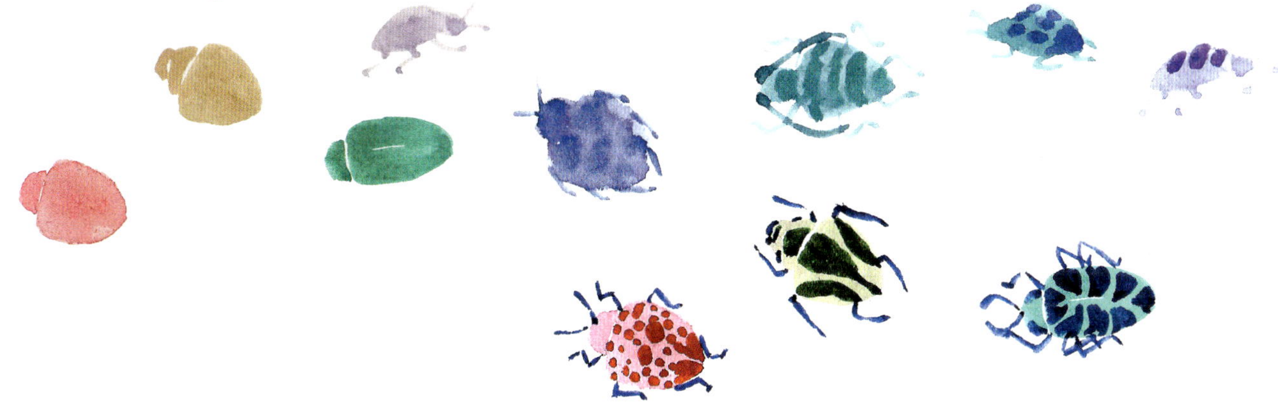

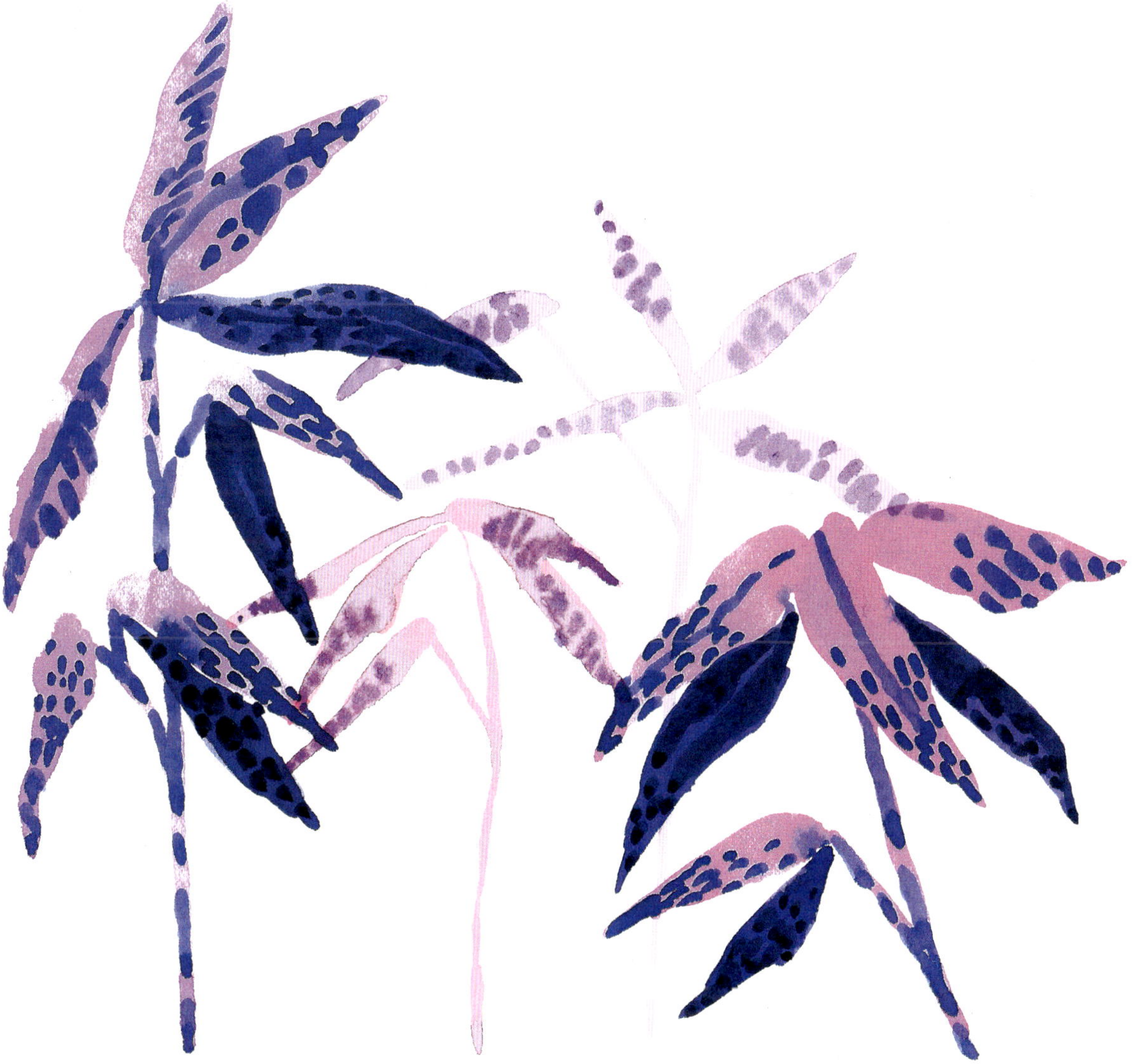

Zusätzliche Übung

Vorhang auf für einen psychedelischen Dschungel! Ich habe zunächst die weiter entfernten Pflanzen mit hellen Farben auf feuchtes Papier gemalt. Dann habe ich die Farben trocknen lassen und die dunkleren Pflanzen weiter vorne auf das trockene Papier gemalt.

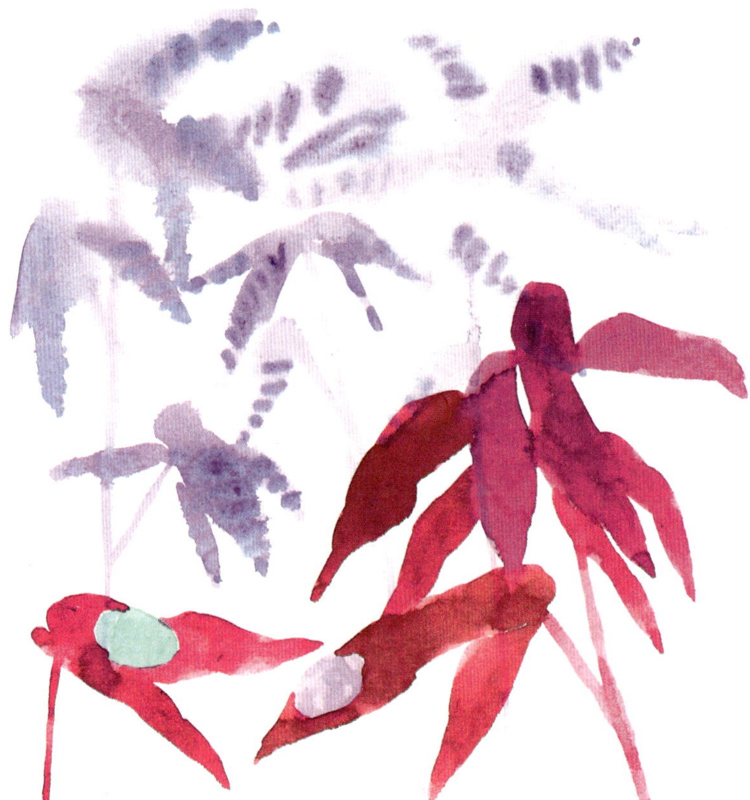

Bevor ich die Blätter ganz vorne gemalt habe, habe ich die Körper der Käfer in hellen Farben hinzugefügt.

Damit sie näher wirken, habe ich die Pflanzen und Käfer im Vordergrund mit kräftigen Farbkontrasten versehen.

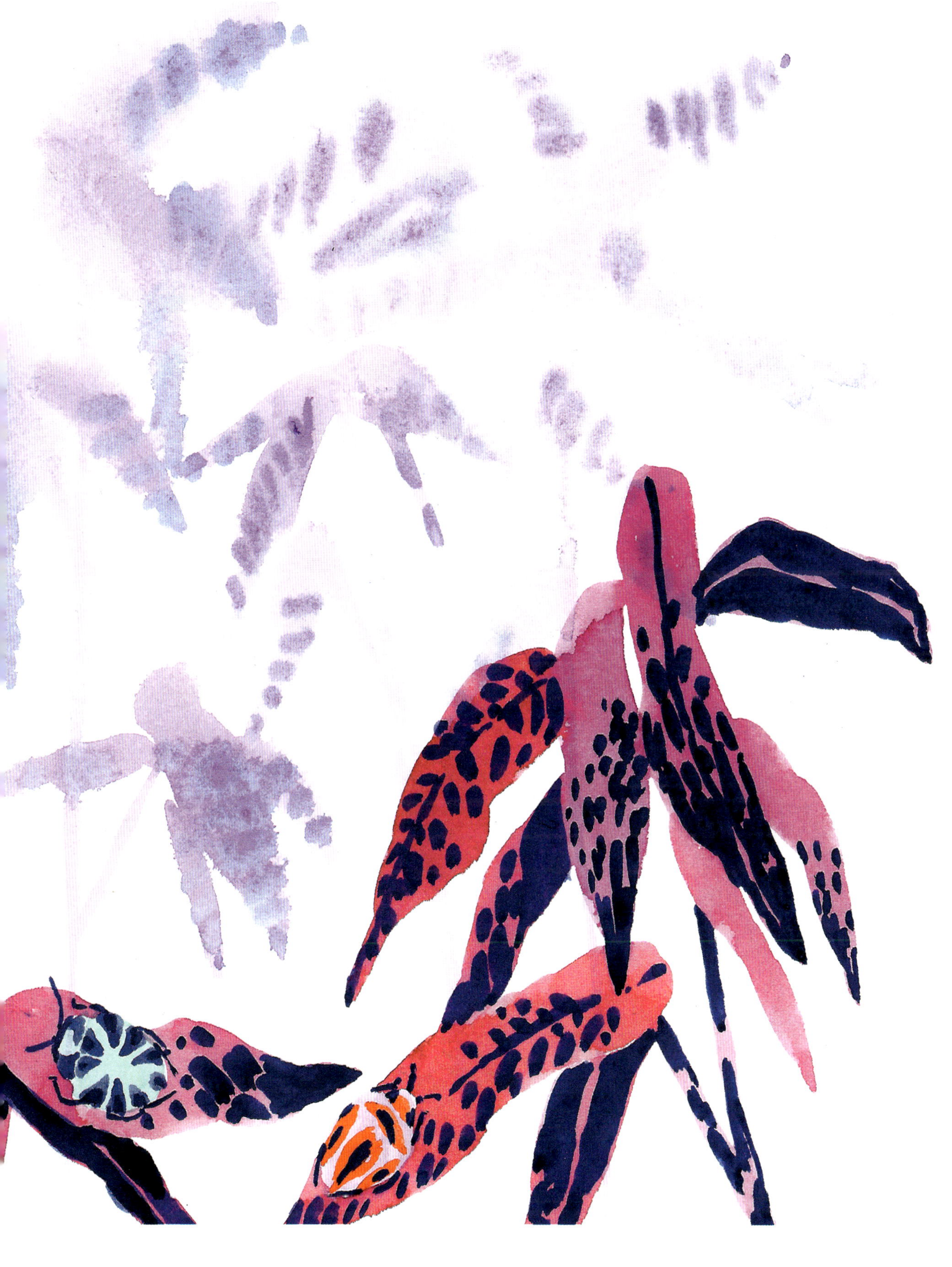

18. Woche

Helle Atmosphäre erzeugen mit der Nass-in-Nass-Technik 1

Achtung, Achtung, hier kommt die wichtigste Technik in diesem Buch! Oder, um genau zu sein, die in meinen Augen wichtigste. Ein verblüffender Effekt ist garantiert!

Um in deinen Bildern eine Atmosphäre mit Licht – oder überhaupt Atmosphäre – zu erzeugen, musst du es mit heller Farbe befeuchten. Trage dann viel Farbe für Licht und Schatten auf das noch feuchte Papier auf.

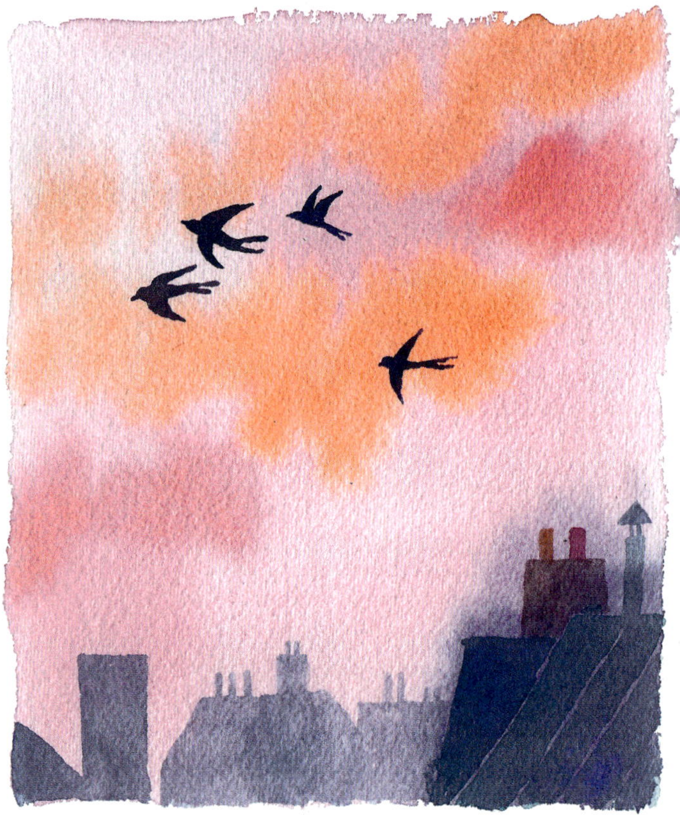

Wenn der Hintergrund trocken ist, male die Einzelheiten deines Bildes dazu. Magisch, dein Aquarell hat Atmosphäre!

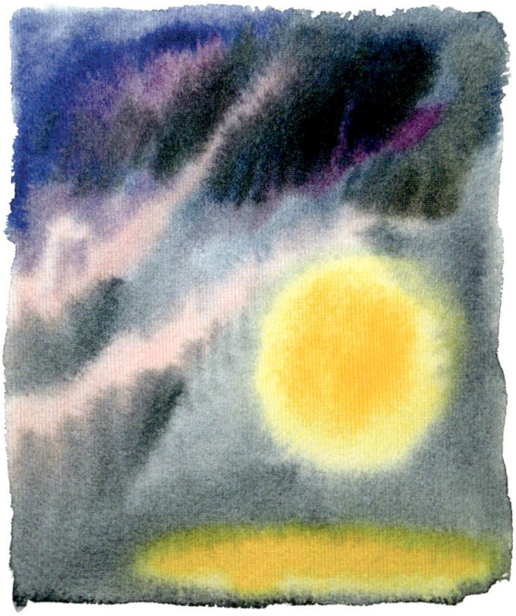

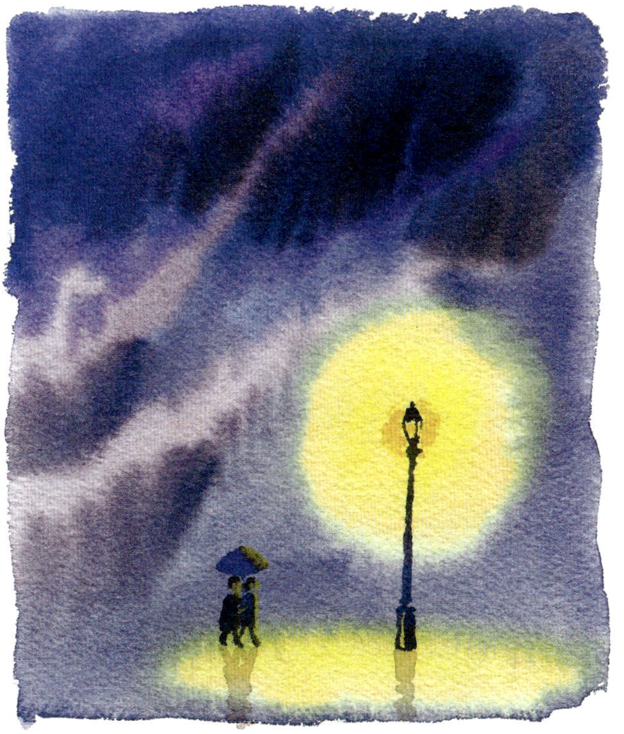

Die Kunst besteht darin, mit dem Auftragen der dunklen und kontrastreicheren Details zu warten, bis der Hintergrund trocken ist.

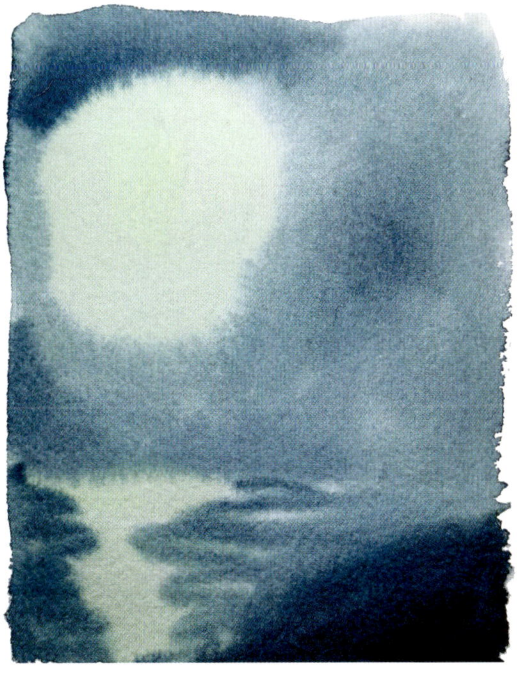

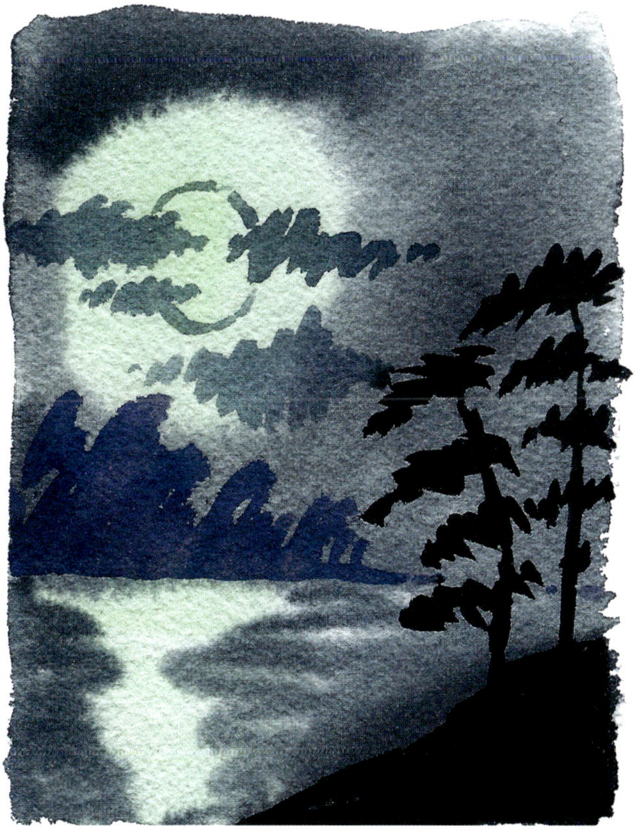

Übe, viele verschiedene Hintergründe auf feuchtes Papier zu malen: einen Sonnenuntergang, stürmischen oder regnerischen Himmel, Mondschein usw.

19. Woche

Helle Atmosphäre erzeugen mit der Nass-in-Nass-Technik 2

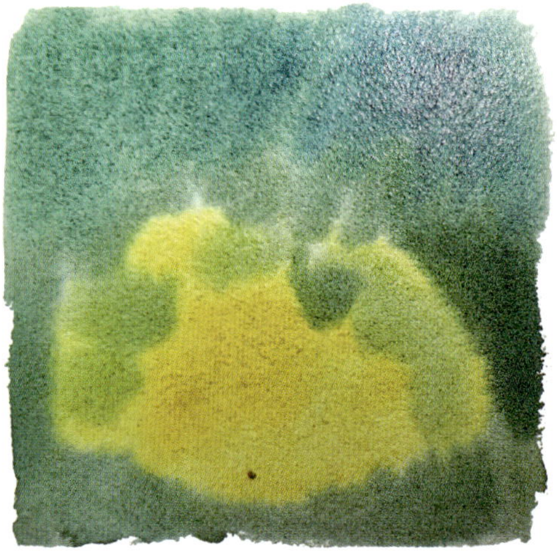

Diese Woche fahre ich mit meiner Lieblingstechnik fort, wobei es jetzt etwas komplexer wird.

Du hast gesehen, dass ich für eine Atmosphäre voller Licht große Flächen Farbe zur Erzeugung von Licht und Schatten auf sehr nasses Papier aufgetragen habe.

Wenn das Papier etwas getrocknet, aber noch feucht ist, verfeinere ich die Fläche und male weiter, um Formen und Farben weiterauszugestalten.

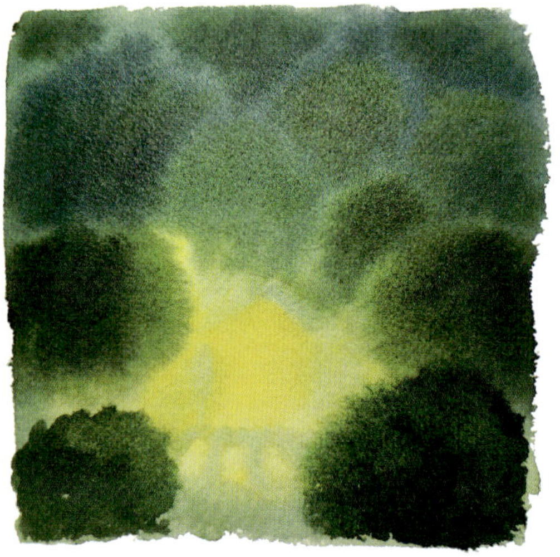

Wenn alles trocken ist, ziehe ich die konturreichen Details und dunkleren Elemente nach. Hier ist ein kleines Haus, das einen geheimnisvollen Wald beleuchtet.

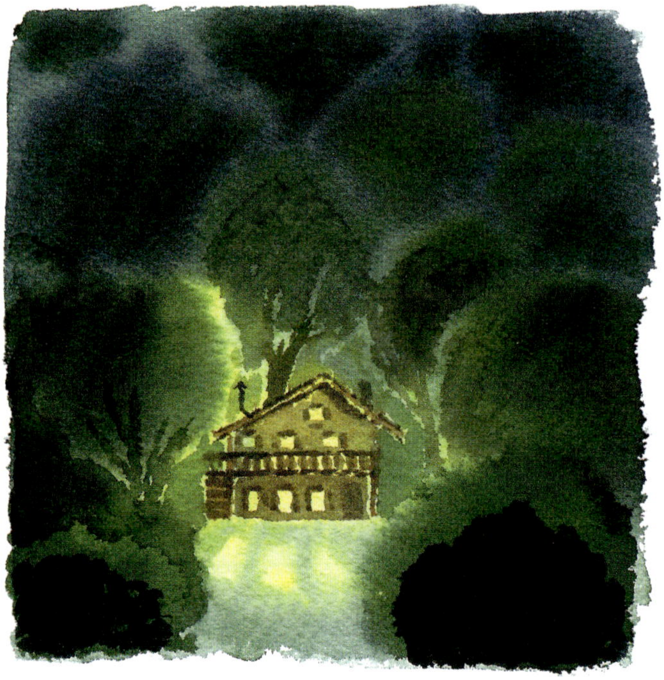

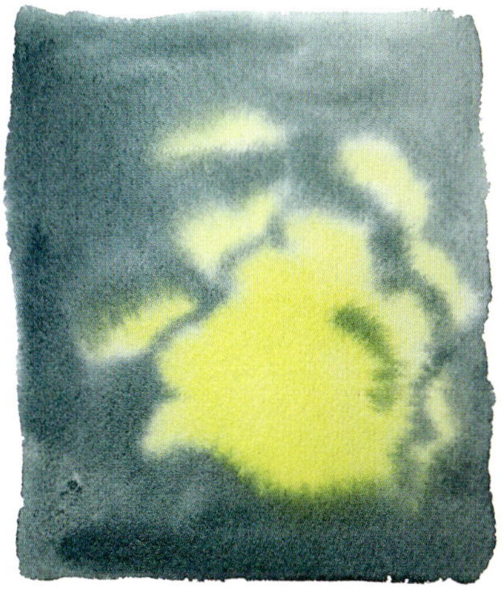

Dies ist meine Lieblingstechnik, weil man damit Atmosphäre mit Licht erzeugen kann: zum Beispiel einen Scheinwerferkegel in der Dunkelheit oder das Licht aus einem offenen Kühlschrank in der Nacht.

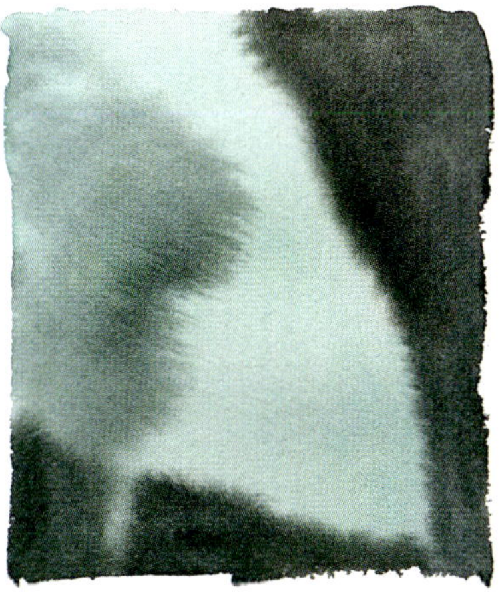

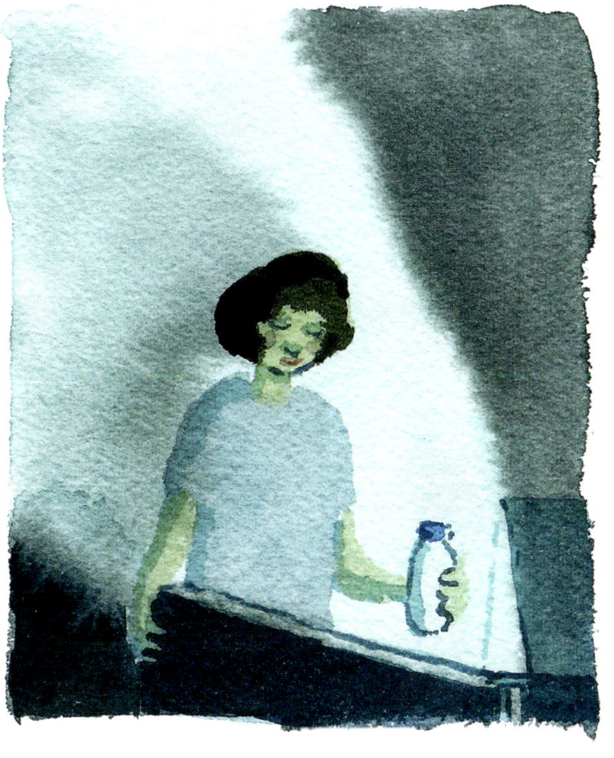

Zusätzliche Übung

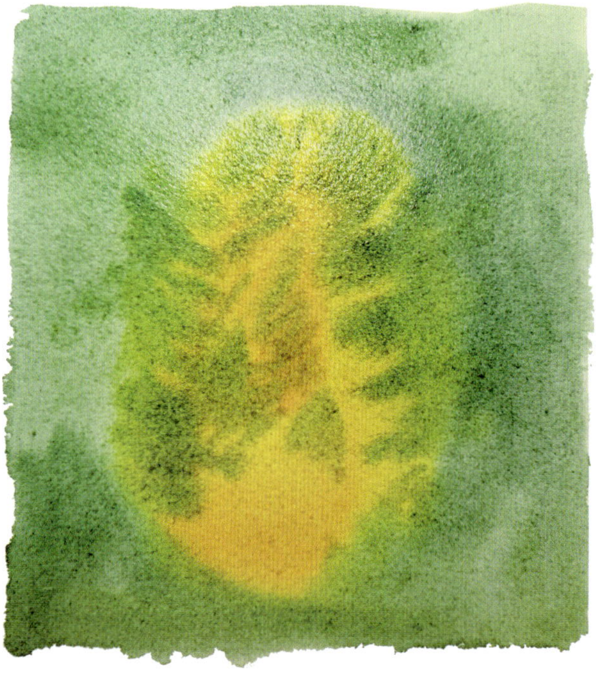

Zunächst befeuchte ich das Papier, dann male ich großflächig Goldgelb und viel Grün für die Tannen auf.

Wenn der Hintergrund noch feucht, aber nicht mehr ganz so nass ist, skizziere ich die Silhouetten der Tannen in Dunkelgrün und ein paar Tannenzweige, die den gelben Lichtkranz „belecken".

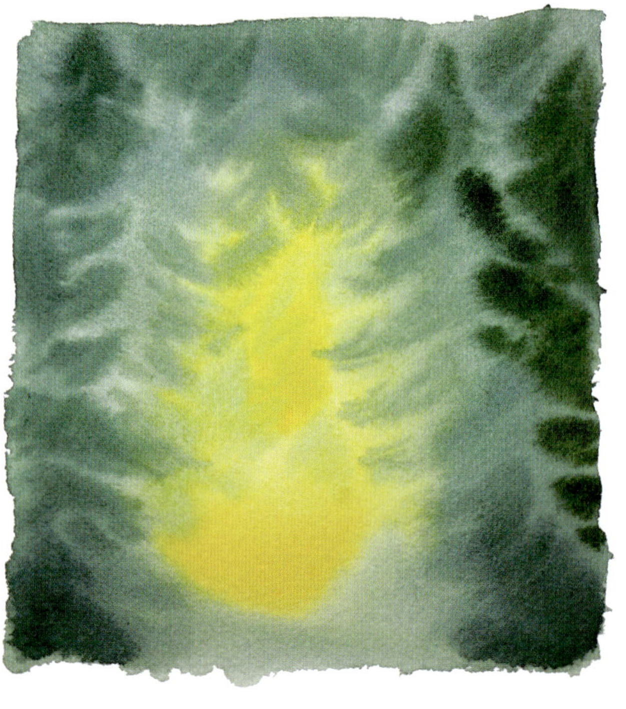

Wenn der Hintergrund ganz trocken ist, geht es an die Details! Die Tannen, die das rötliche Feuer umgeben, ein paar gelbe Farbreflexe in den Zweigen, die Camper und ihre Zelte, die ganz dunklen, konturierten Tannen ganz vorne ...

Um einer Hell-Dunkel-Komposition den nötigen Schwung zu verleihen, schwöre ich absolut auf diese Technik! Spürst du auch die Wärme des Holzfeuers?

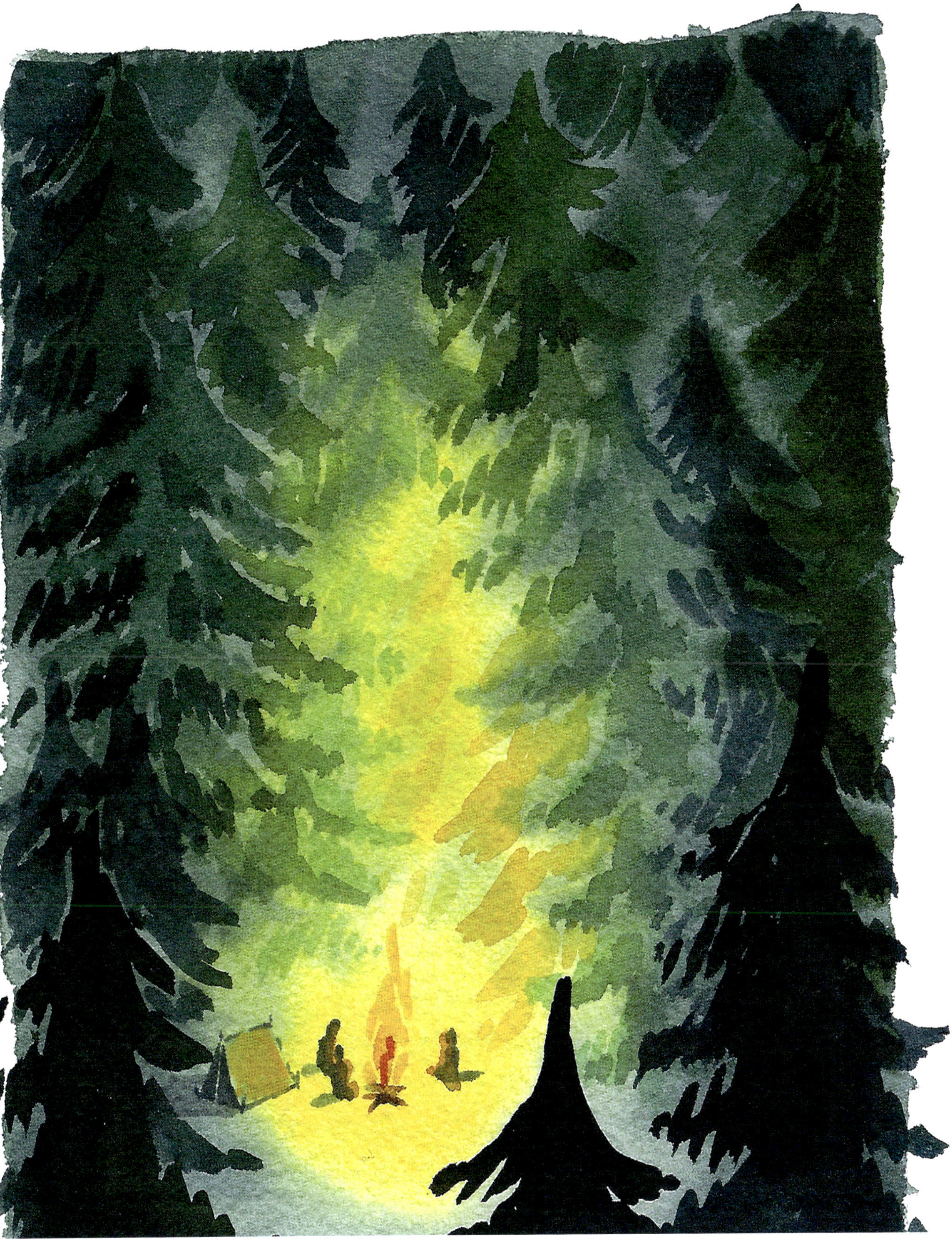

20. Woche

Tiefe durch Helligkeit und Dunkelheit

Um die Tannen zu malen, führe ich den Pinsel mit lockerer Hand und skizziere die Äste.

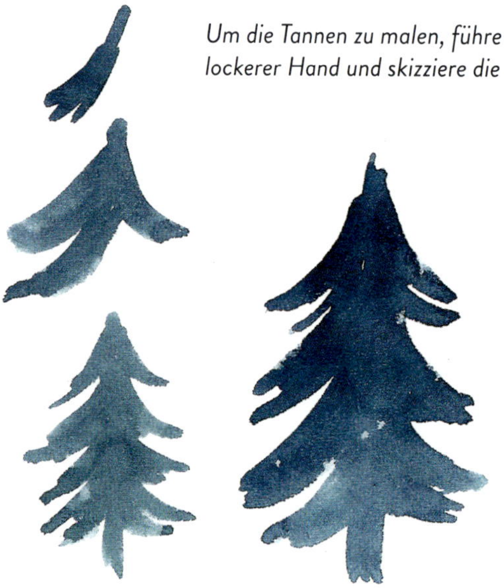

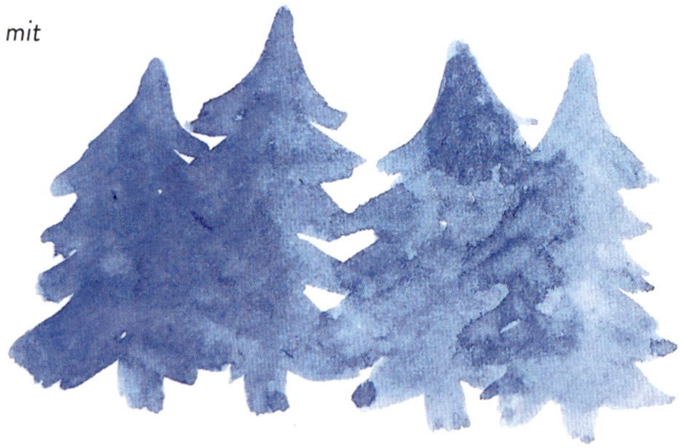

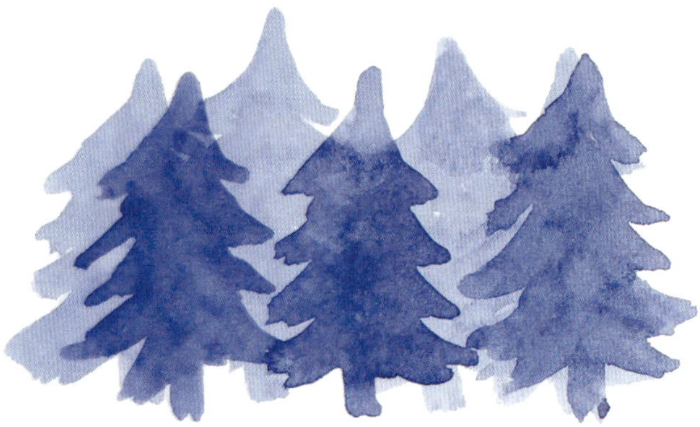

Will man einer Komposition Tiefe verleihen, arbeitet man vom Helleren (Entfernten) zum Dunkleren (Nahen). Was für uns offensichtlich ist, wenn wir uns umschauen, darf man nicht vergessen, wenn das Papier vor einem liegt und man sich für die Farben und ihre Intensität entscheidet.

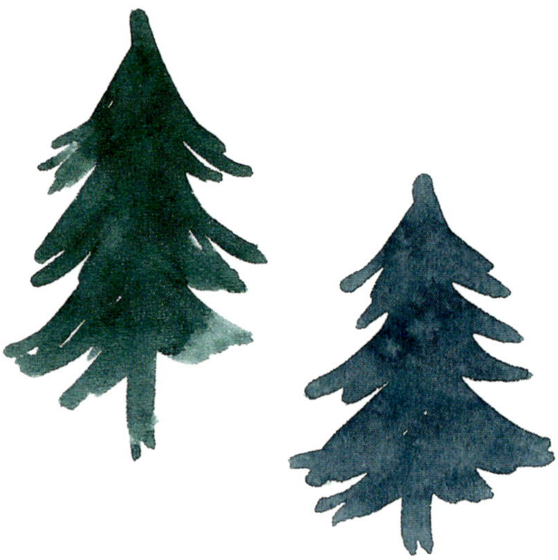

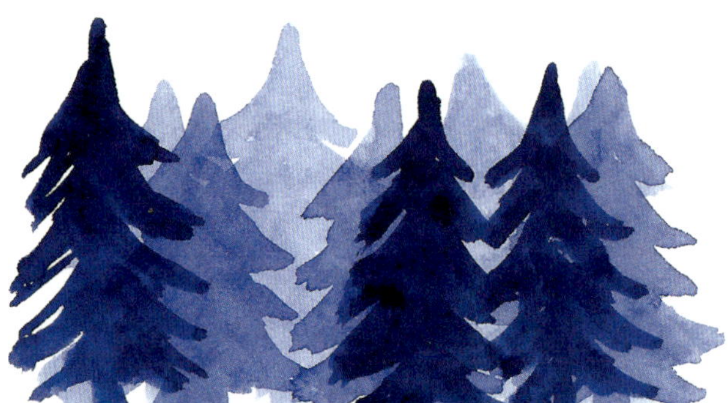

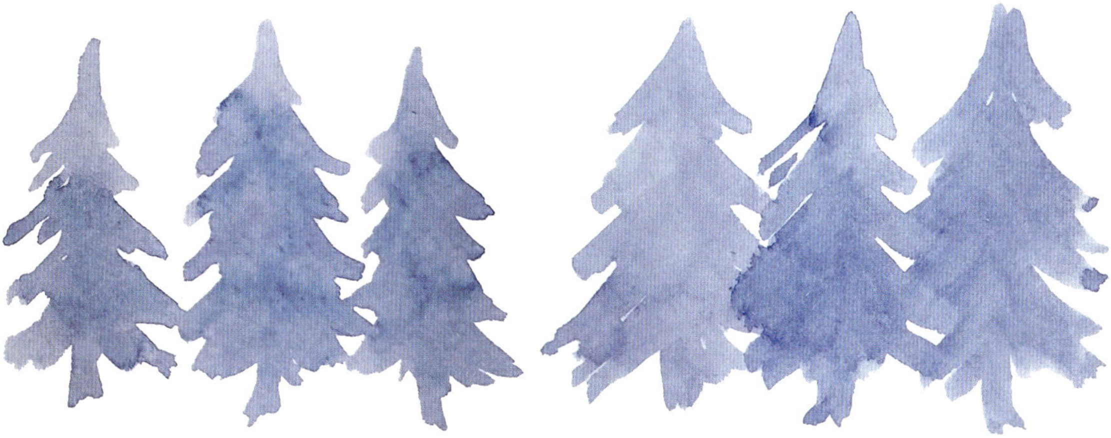

Verdünne die Farbe mit klarem Wasser, um Elemente in der Ferne aufzuhellen.

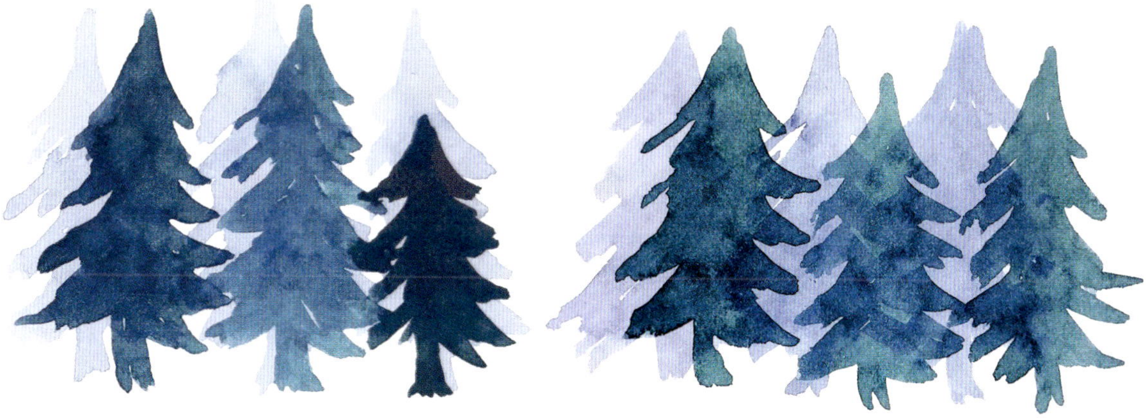

Elemente in der Ferne tendieren auch ins Bläuliche, wie diese Tannen: Mische daher etwas Blau in die verdünnte Farbe.

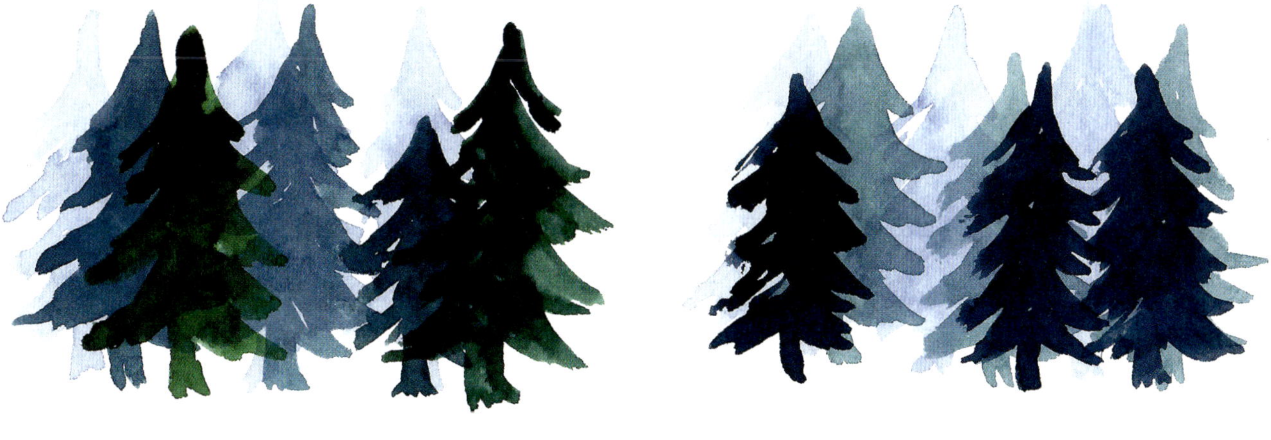

21. Woche

Die Luftperspektive

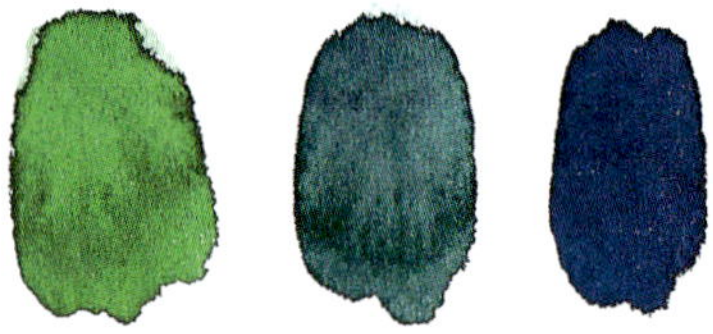

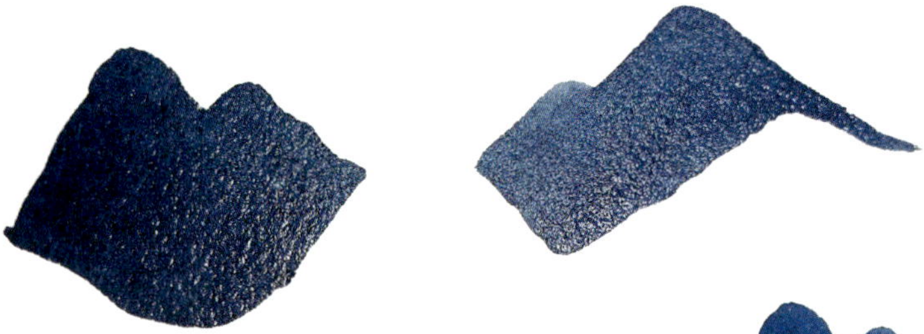

Ich bereite drei Farben vor: Grün für die vorderen Berge, Blau für die hinteren und eine Übergangsfarbe zwischen diesem Grün und diesem Blau.

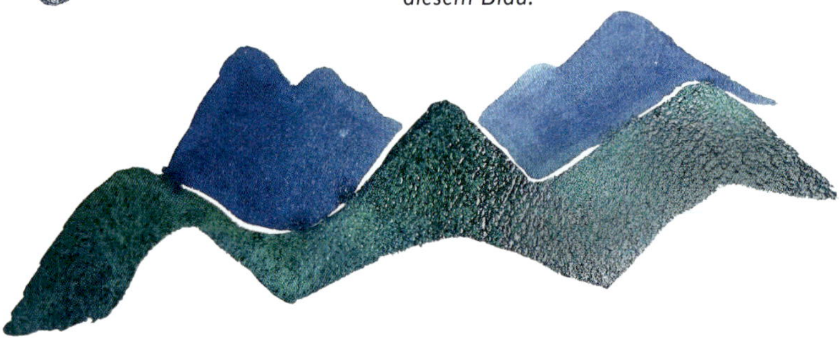

Die Berge im Hintergrund sind blau. Dann male ich die nächsten mit der Zwischenfarbe. Die Berge im Vordergrund haben ein schön intensives Grün. Zwischen jeder Reihe habe ich einen schmalen unregelmäßigen Zwischenraum gelassen und kümmere mich nicht darum, dass die Schichten trocknen.

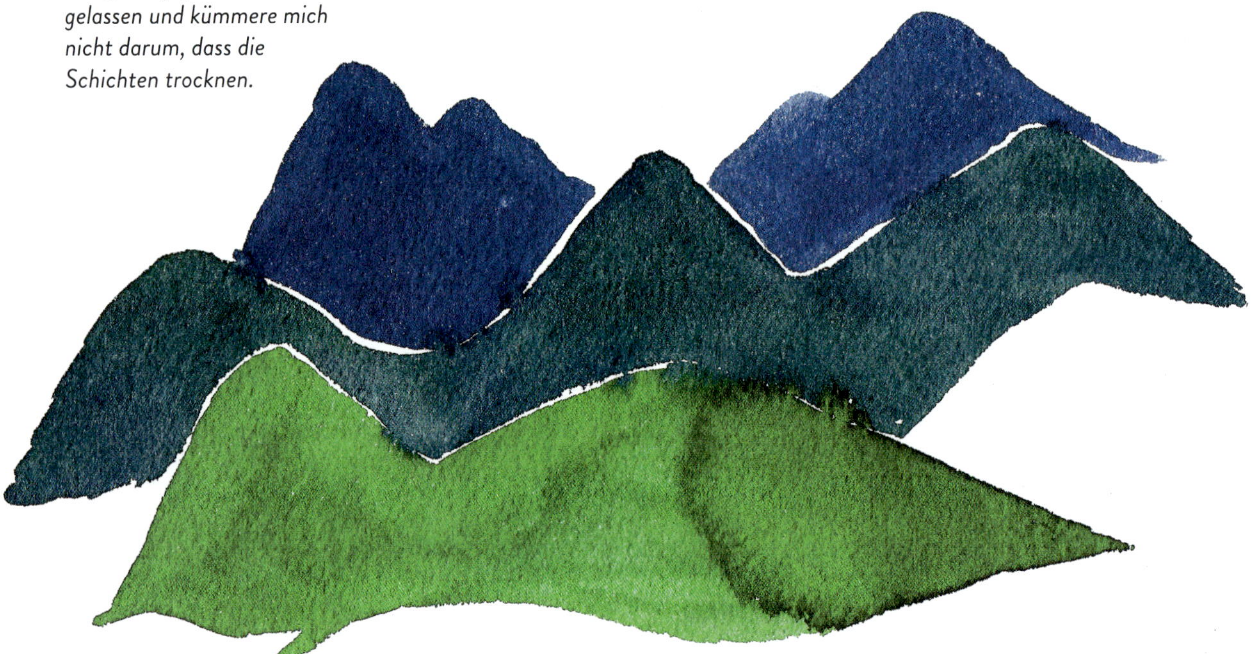

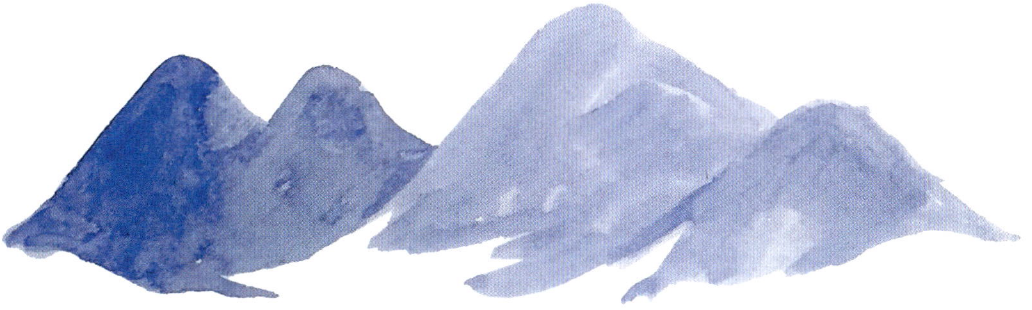

Was lässt ferne Elemente bläulich wirken? Die Luftperspektive! Je mehr Luft sich zwischen uns und einem Element befindet, desto bläulicher wird es durch die Menge an Sauerstoff, die sich ansammelt. Dieses Phänomen wurde in der Renaissance, etwa von Leonardo da Vinci, beschrieben, und lässt sich im Gebirge leicht beobachten.

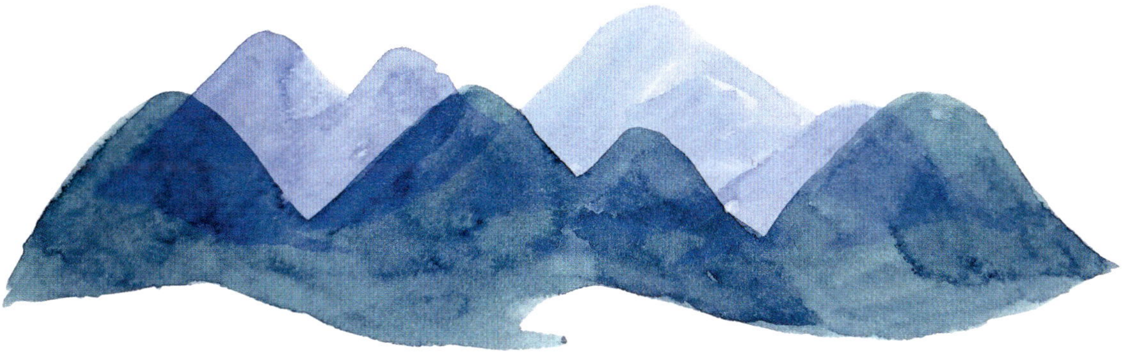

Um meinen Kompositionen mehr Tiefe zu verleihen, betone ich diesen Effekt. Alles, was weit weg ist, ist in meinen Zeichnungen bläulich oder regelrecht blau!

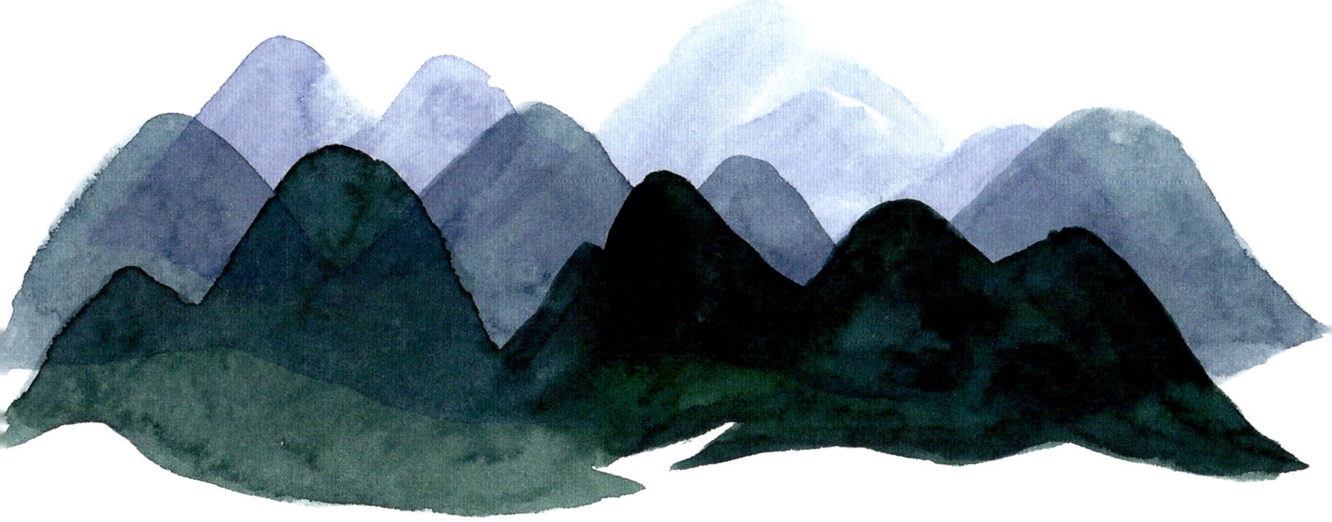

Zusätzliche Übung

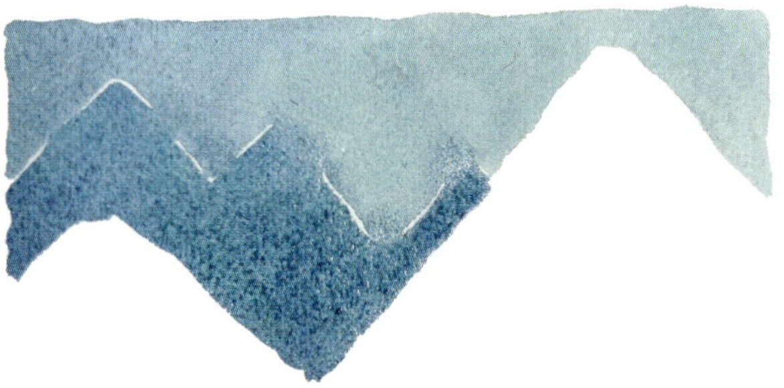

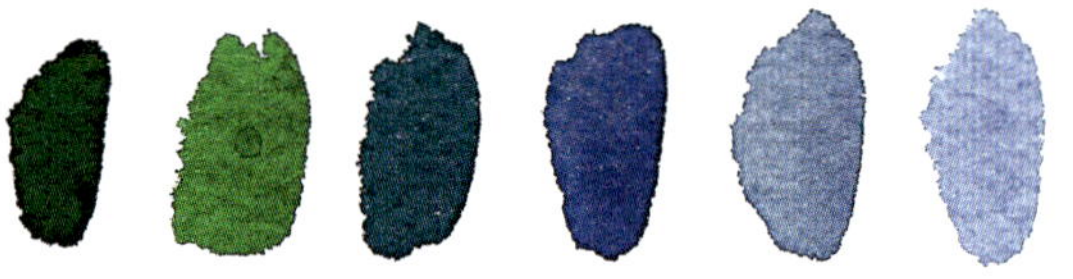

Für diese luftige Landschaft bereite ich meine Farben vor: von Dunkelgrün bis zu kräftigem Grün, über Blaugrün bis zu dunklerem und hellerem Blau.

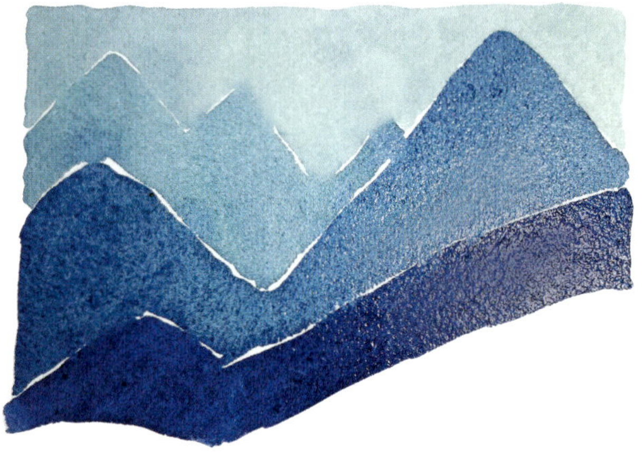

Zwischen jeder Bergreihe lasse ich einen schmalen, unregelmäßigen weißen Zwischenraum und kümmere mich nicht darum, dass die Schichten trocknen.

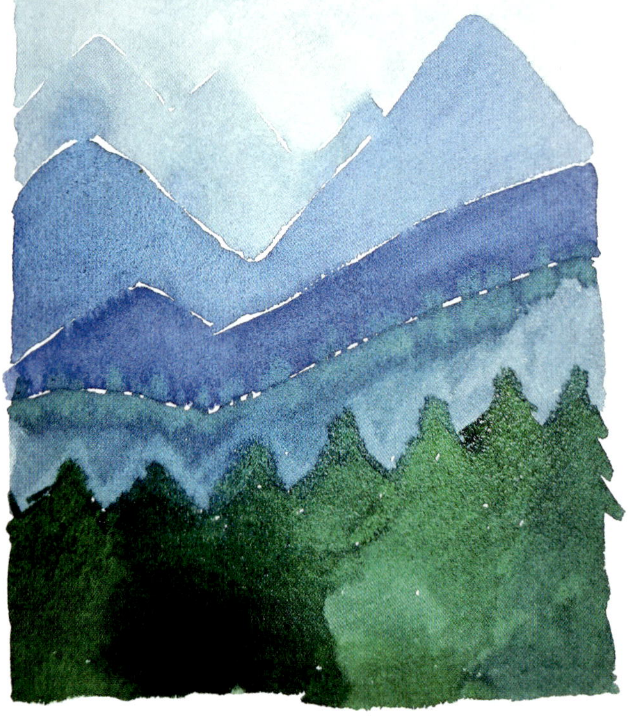

Zum Schluss male ich die sehr dunklen Tannen im Vordergrund in das noch etwas feuchte, fast trockene Grün.

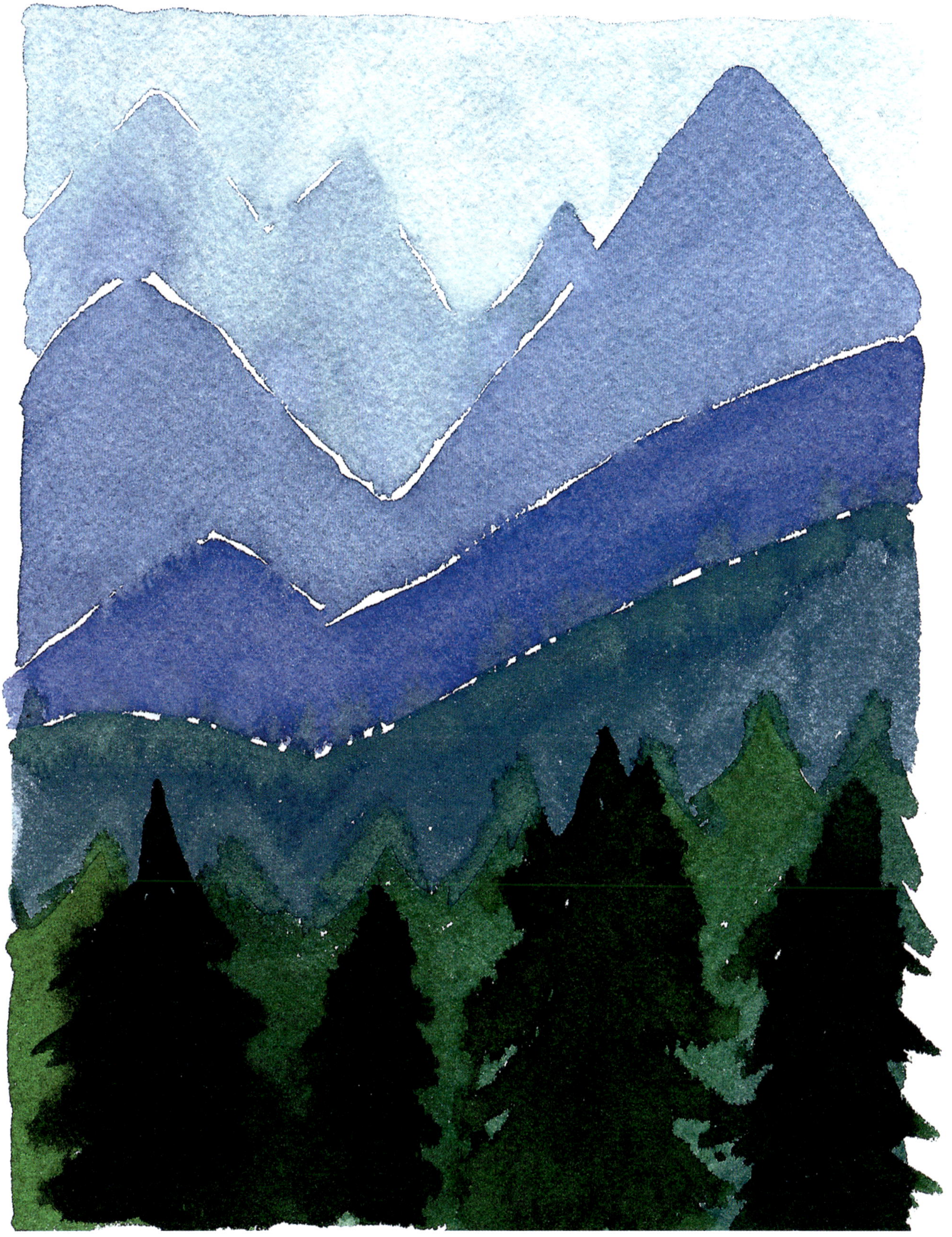

22. Woche

Schatten mit Blau

Ohne Schatten schwebt ein Element im leeren Raum … Um es im Boden zu verankern, muss man ihm einen Schatten malen, wie Peter Pan! So wie es mir meine Mutter beigebracht hat, male ich Schatten immer blau, so auch bei diesem Baum.

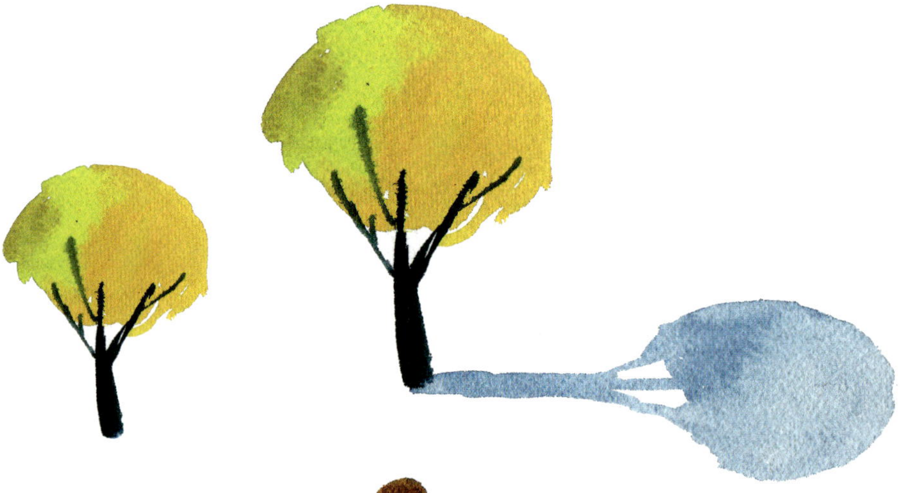

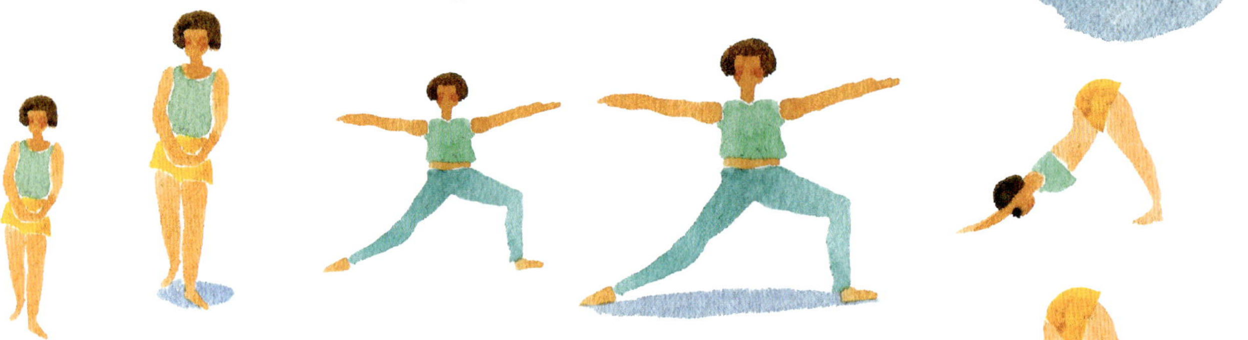

Wenn die Sonne hoch steht, über unserer Yogi-Figur, liegt der Schatten direkt und in komprimierter Form unter ihr. Wenn die Sonne niedrig steht, wirft sie einen verzerrten und langgezogenen Schatten weiter vom Körper weg.

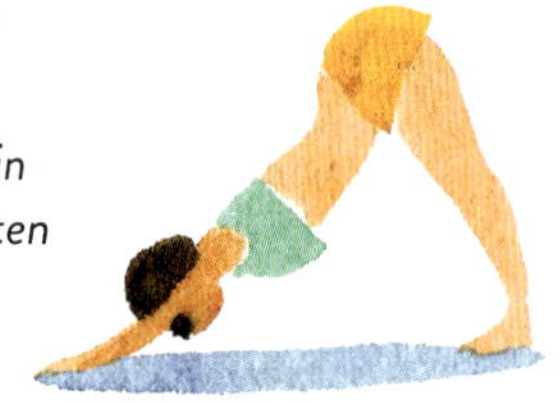

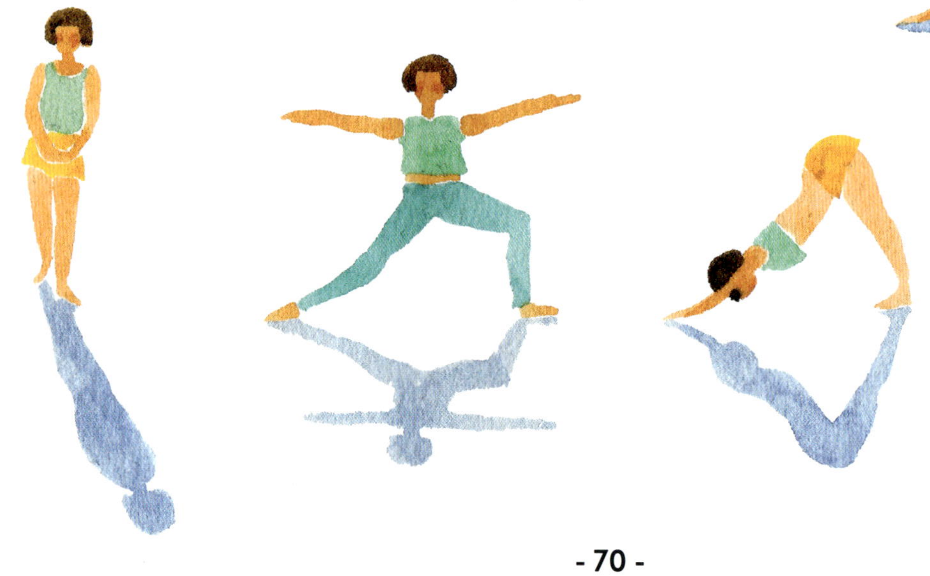

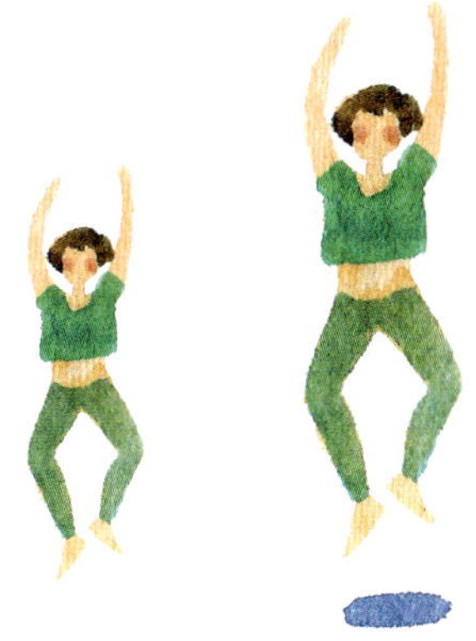

Wenn die Yogi-Frau springt, bleibt der Schatten auf dem Boden und löst sich von ihr.

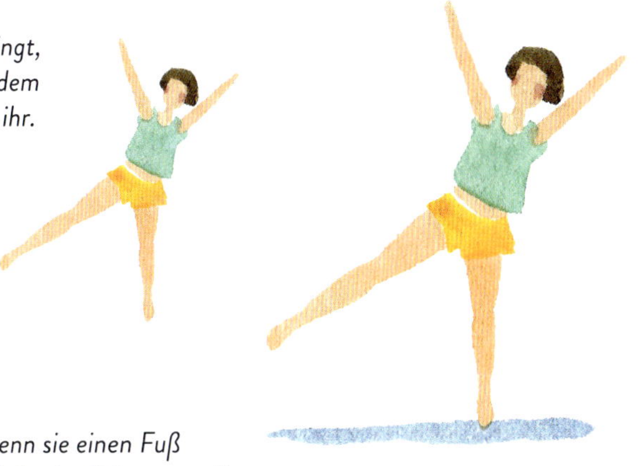

Das gilt auch, wenn sie einen Fuß anhebt: Dann bleibt der Schatten auf dem Boden und in Kontakt mit dem Fuß, der auf dem Boden steht.

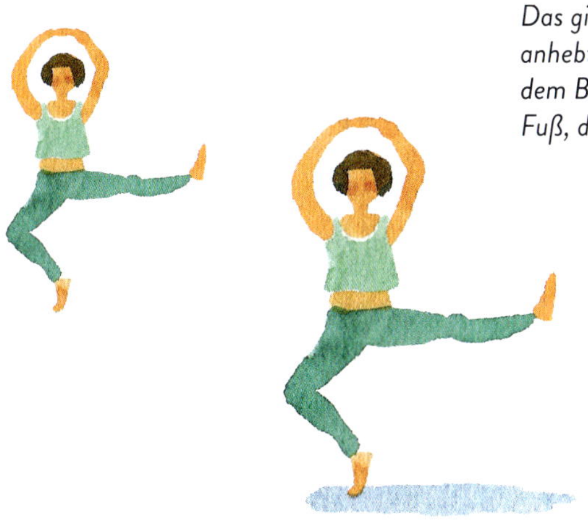

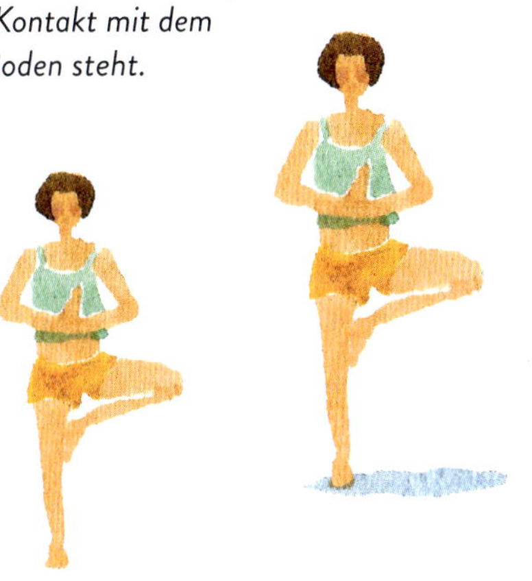

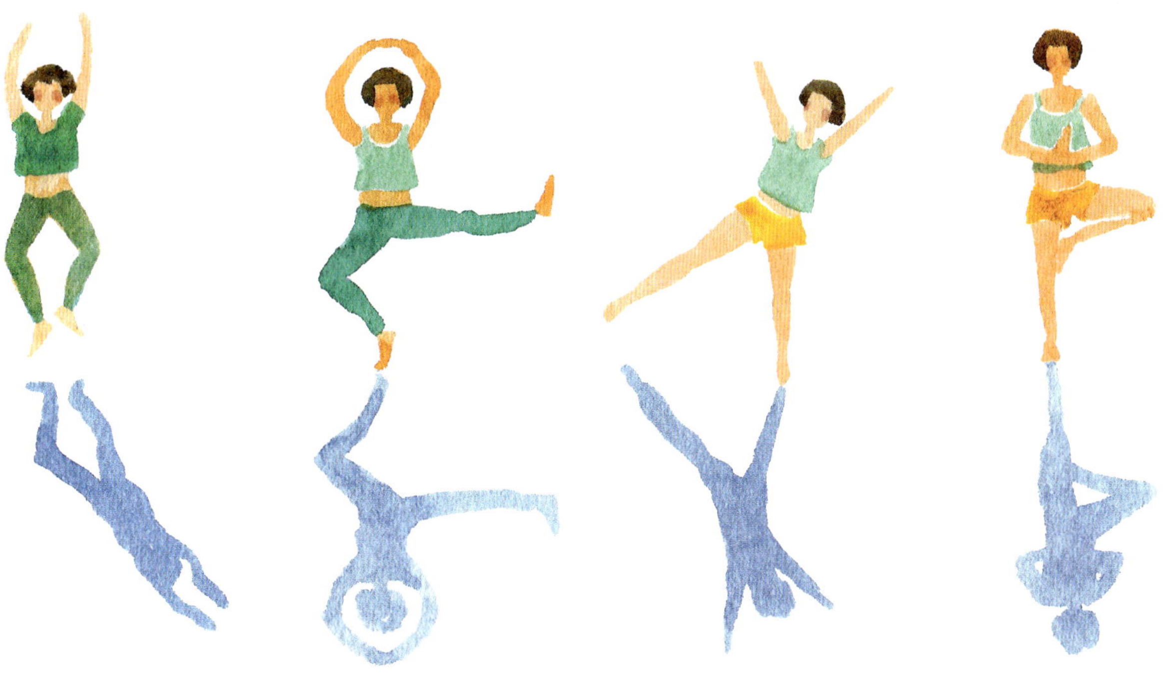

23. Woche

Flecken von Licht und Schatten

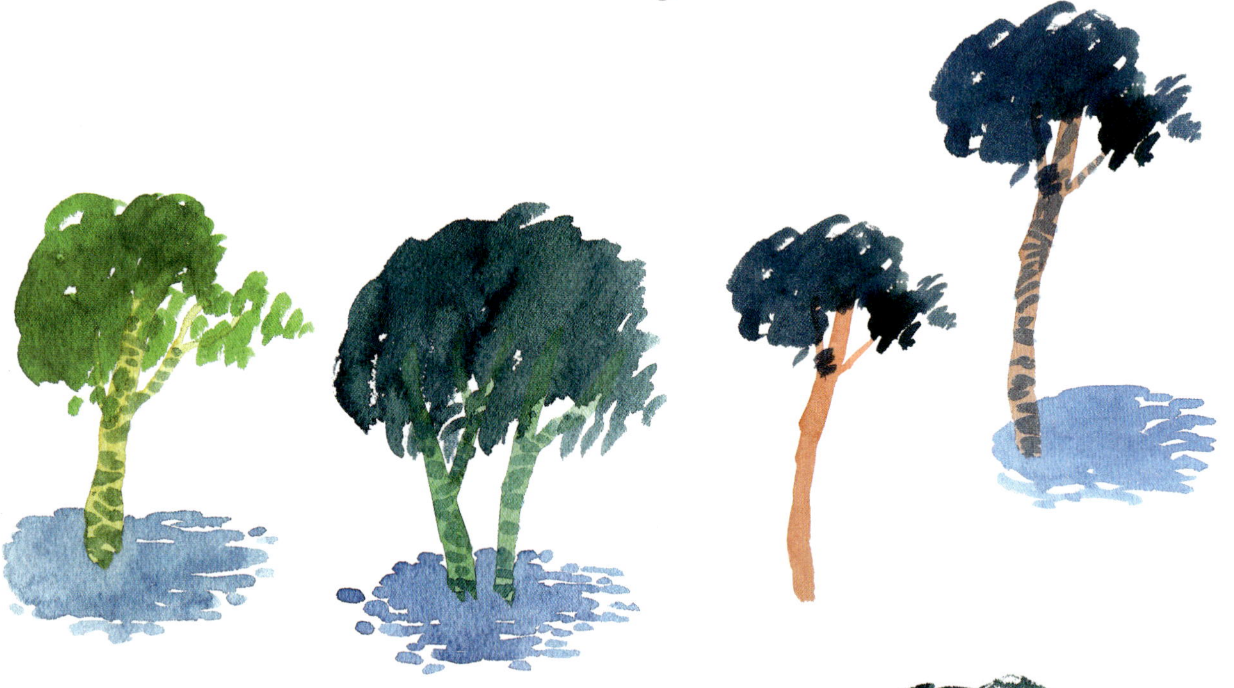

Ein Schatten ist nicht immer voll: Unter einem Baum bilden sich oft Flecken von Licht und Schatten. Auch unter einer Laube, durch ein Gitter und im Unterholz kann man dieses Hell-Dunkel beobachten.

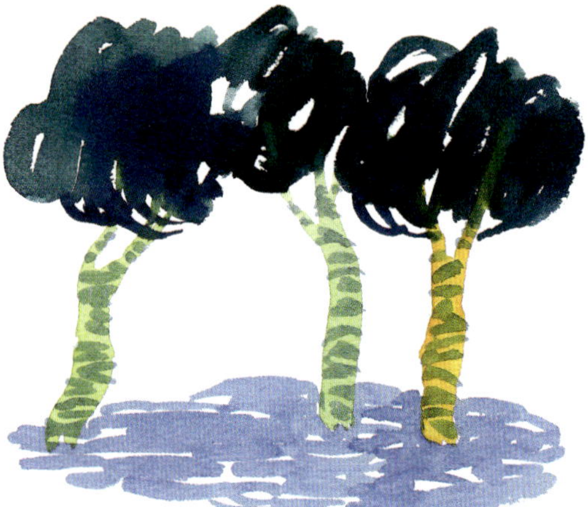

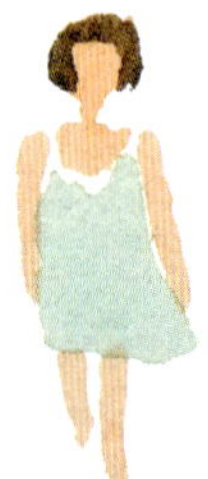

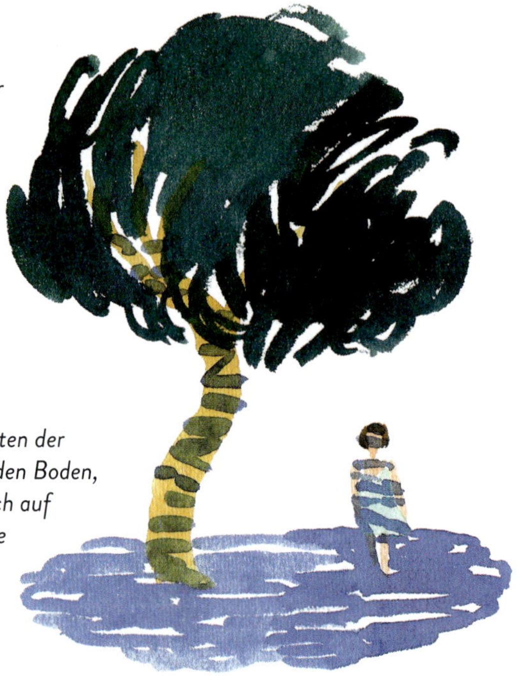

Diese „löchrigen“ Schatten der Bäume werfen sich auf den Boden, auf die Stämme und auch auf eine Spaziergängerin, die gerade vorbeikommt …

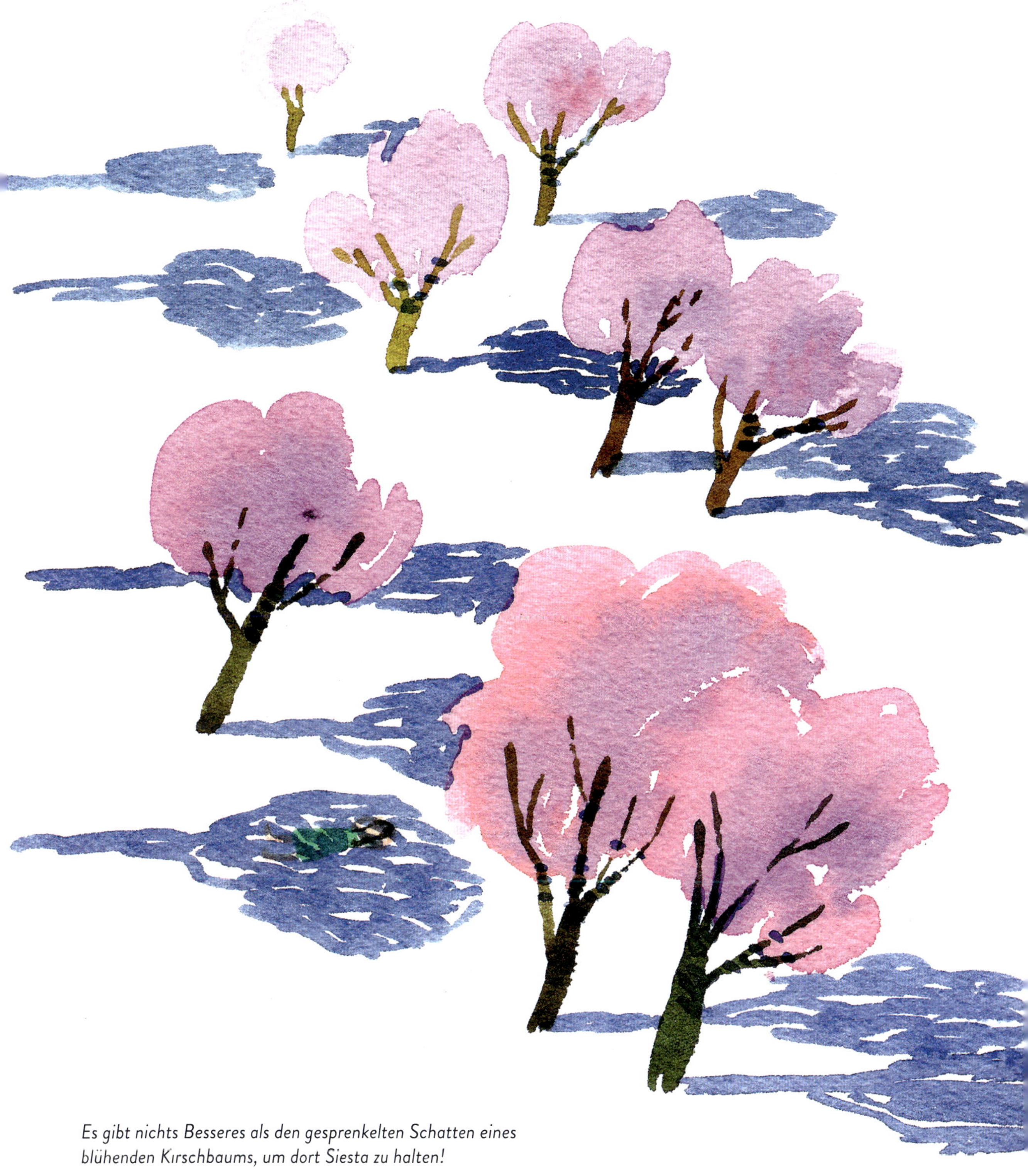

Es gibt nichts Besseres als den gesprenkelten Schatten eines blühenden Kirschbaums, um dort Siesta zu halten!

Zusätzliche Übung

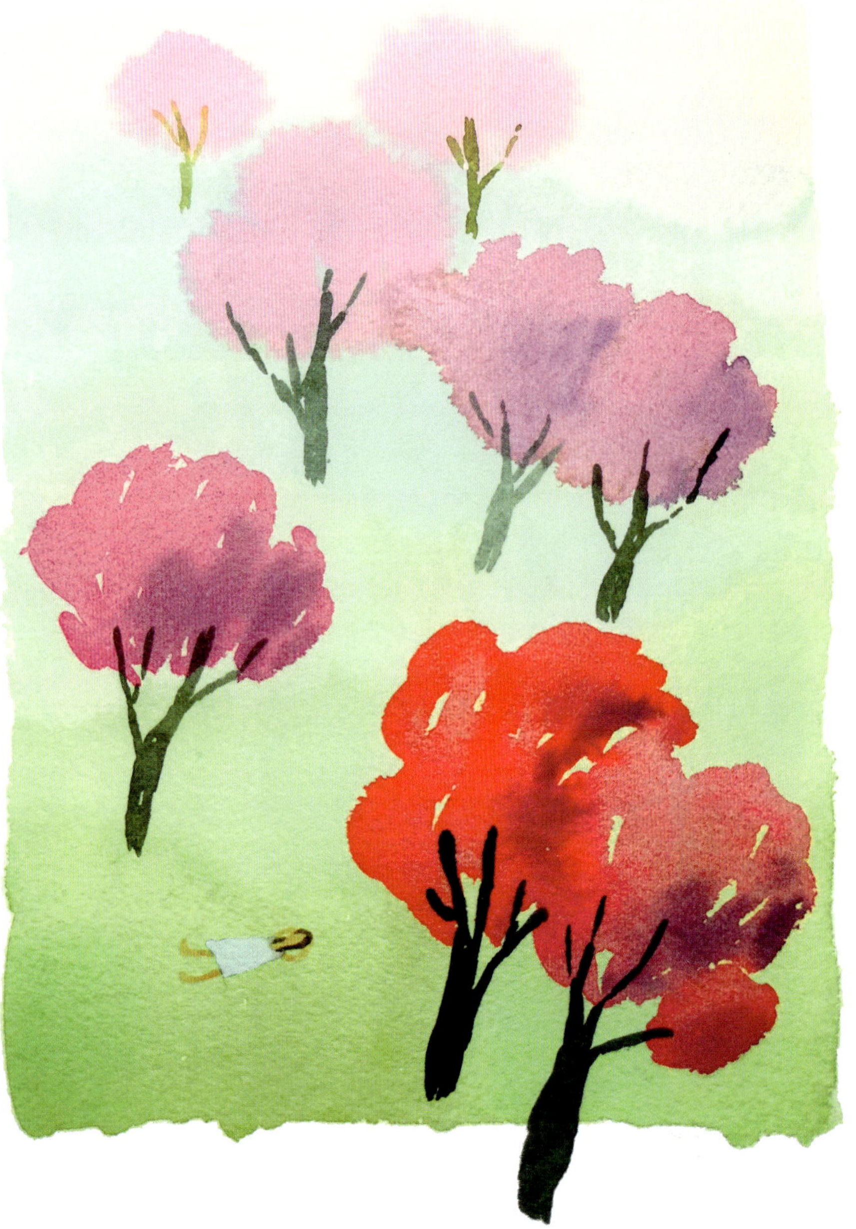

Um diesem Bild einen Hauch von Frühling zu verleihen, habe ich für den Hintergrund auf nasses Papier einen grünen Farbverlauf gemalt.

Ohne ihn trocknen zu lassen, habe ich ein paar entfernte, unscharfe Pfirsichbäume hinzugefügt.

Die blühenden Bäume und die ruhende Frau wurden auf das trockene Papier gemalt, ebenso die Stämme der Pflaumenbäume. Ich bin sicher, dass du das bemerkt hast: Je weiter die Bäume entfernt sind, desto heller und unschärfer sind sie.

Um dem Frühling mehr Profil zu geben, habe ich die Schatten hinzugefügt, natürlich in Blau!

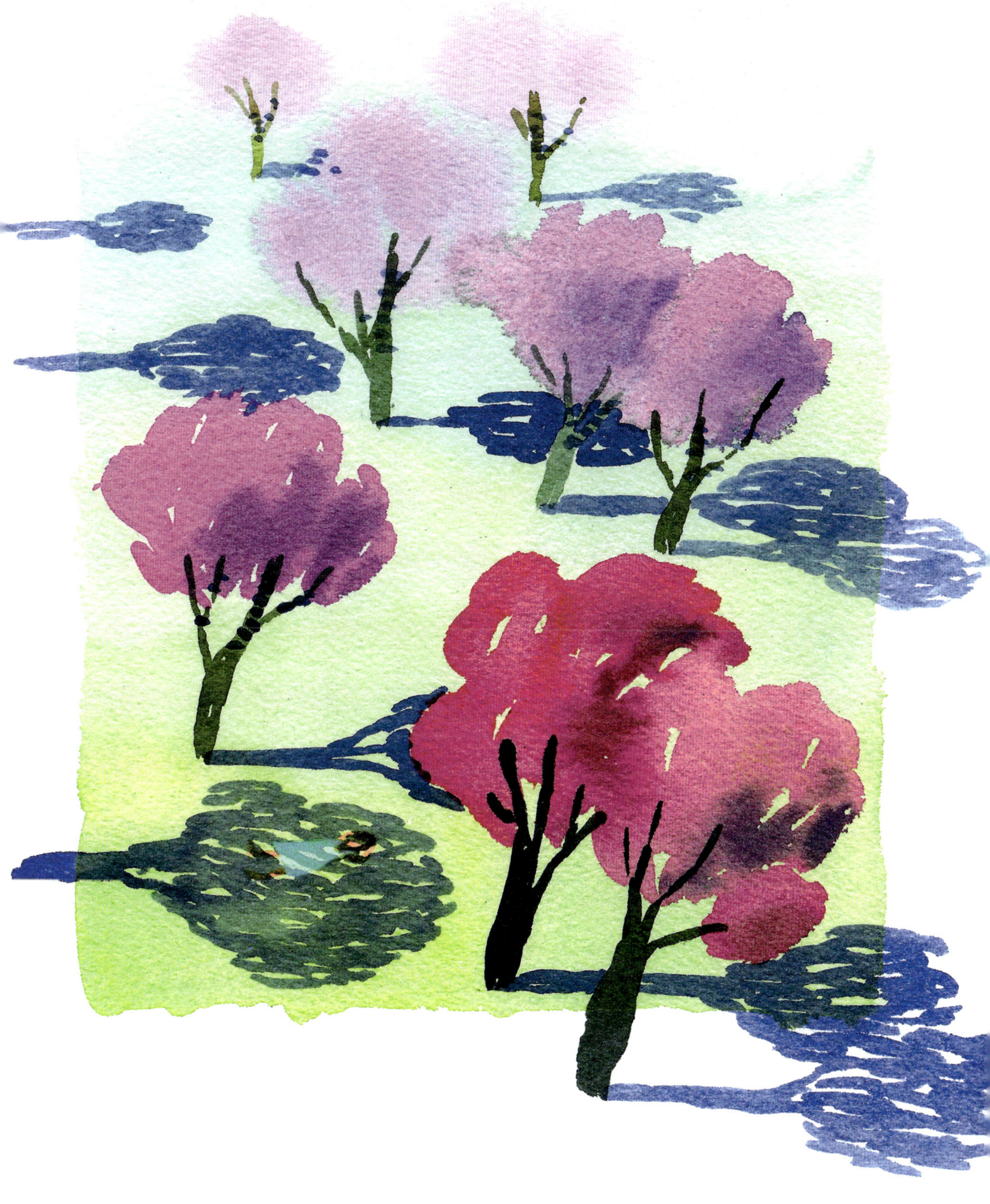

24. Woche

Woher kommt das Licht?

Dies ist eine wichtige Übung, um deine Aquarelle mit Licht und Schatten zu beleben. Nehmen wir diesen Baum, der ganz flach wirkt. Ich verleihe ihm einen Schatten in Blau, um sein Volumen zu modellieren: Das ist der Eigenschatten. Dann füge ich einen Schlagschatten auf dem Boden hinzu, damit er nicht mehr im weißen, unbestimmten Raum schwebt. Wunderbar! Er war flach, hat Volumen bekommen und ist im Boden verankert.

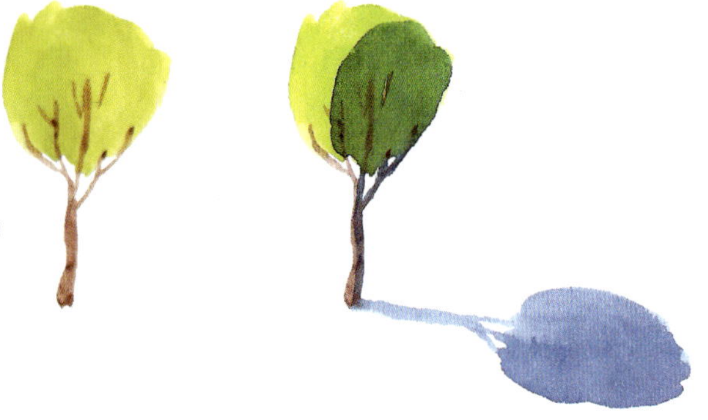

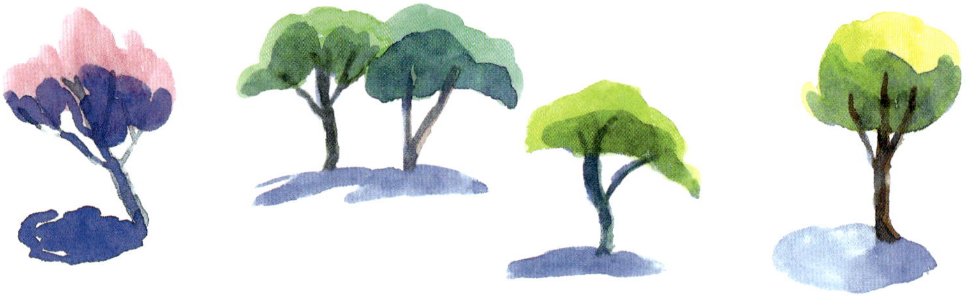

Und nun die entscheidende Frage: Woher kommt das Licht? Hier steht die Sonne hoch, der Schlagschatten liegt also direkt unter dem Baum. Die Sonne steht über dem Baum, also zeigt der Eigenschatten zu mir hin. Hier beleuchtet die Sonne die Oberseite des Baums, also befindet sich der Eigenschatten im unteren Teil des Blattwerks.

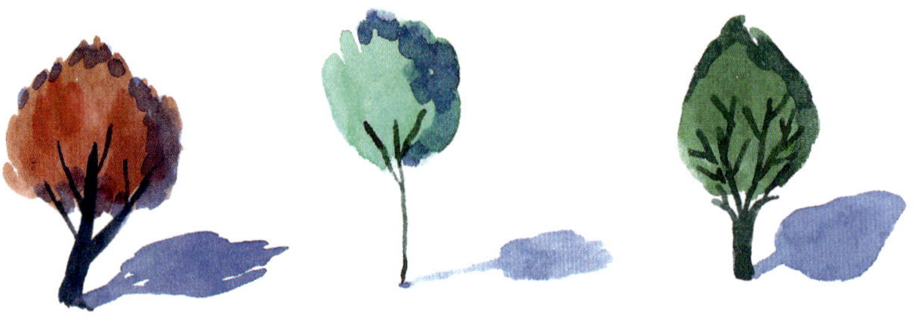

Hier steht die Sonne hinter und etwas links von mir, daher beleuchtet sie die Bäume fast von vorne. Der Eigenschatten liegt dahinter, man kann ihn kaum sehen. Und die Sonne steht tiefer, also breitet sich der Schlagschatten auf dem Boden aus.

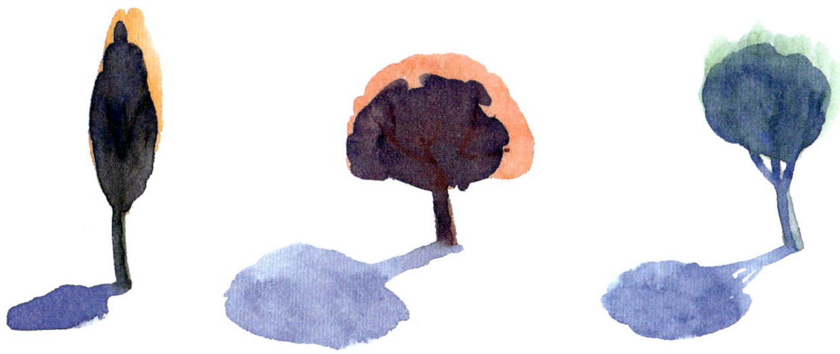

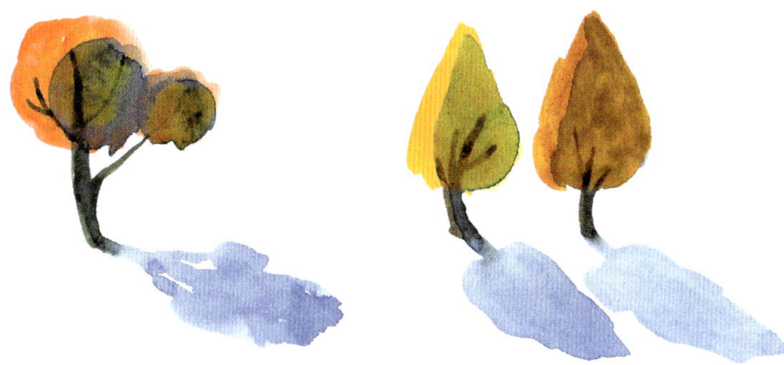

Wenn die Schatten weich und hellblau sind, ist Winter! Das Licht ist dann diffus und weich, die Schatten sind weniger kontrastreich.

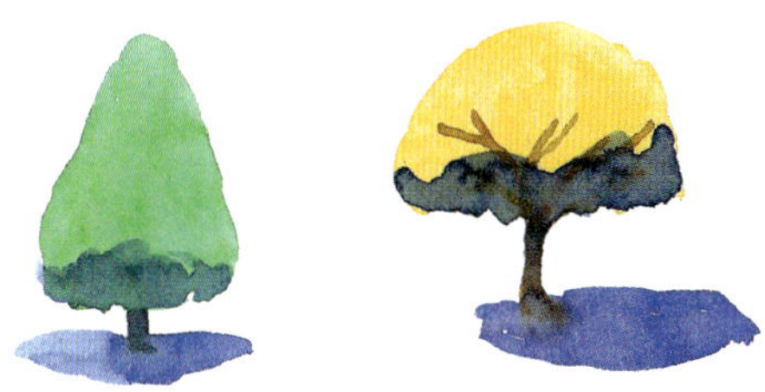

Wenn die Schatten sehr markant und dunkelblau sind, ist Sommer! Es ist sehr hell, weshalb die Schatten sehr kontrastreich sind.

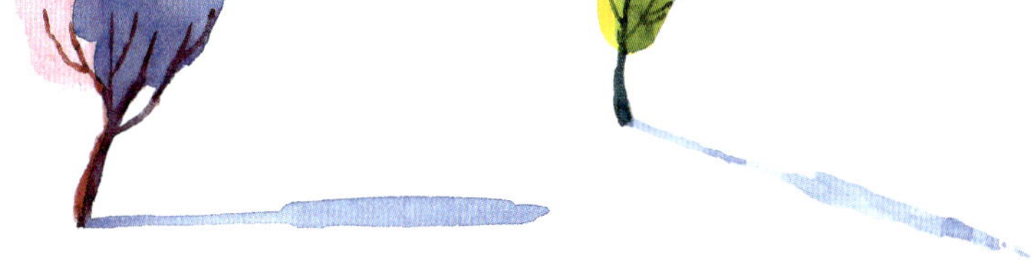

Wenn die Sonne sehr niedrig steht, etwa am Morgen oder Abend, ziehen sich die Schatten in die Länge. Sie werden dann riesengroß.

25. Woche

Volumen mit blauer Farbe erzeugen

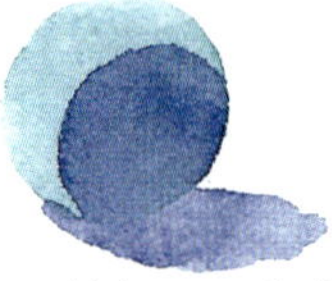

Nehmen wir diesen Schneeball. Sein Eigenschatten und sein Schlagschatten zeigen uns, dass er rund ist und auf dem Boden liegt.

Wenn die Sonne tief steht, breitet sich sein Schatten aus und wird länglich, wie wir in der 24. Woche gesehen haben.

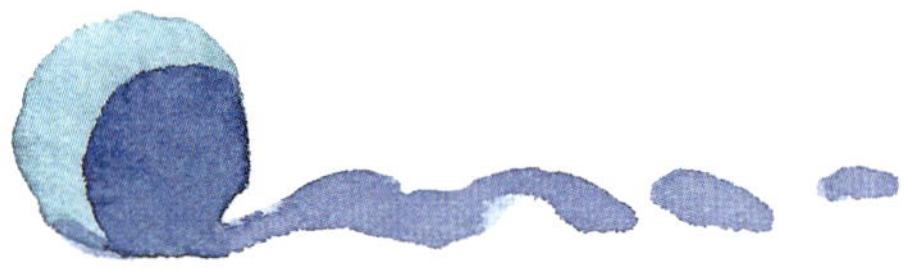

Ist der Boden nicht eben, , wie es oft bei einer verschneiten Landschaft vorkommt, passt sich der Schlagschatten den Unebenheiten an.

Schnee ist eine gute Übung, um die Herausforderung dieser Woche zu verstehen: Im Schnee erkennt man schnell, wie Blau Volumen formt.

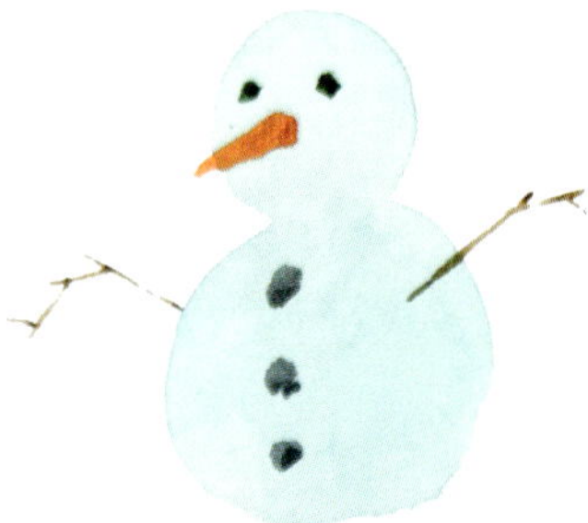

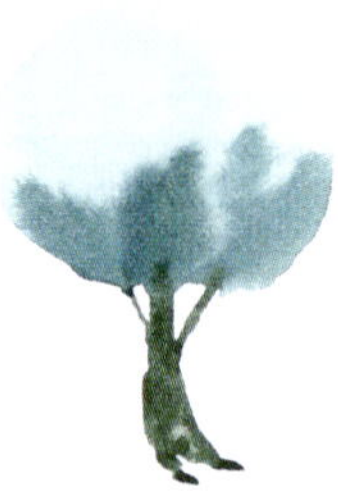

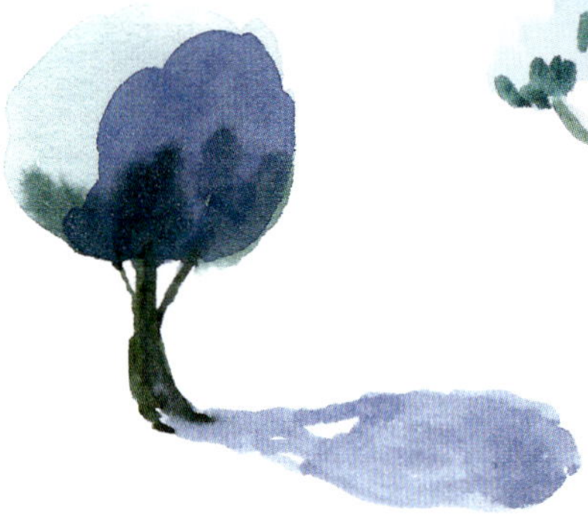

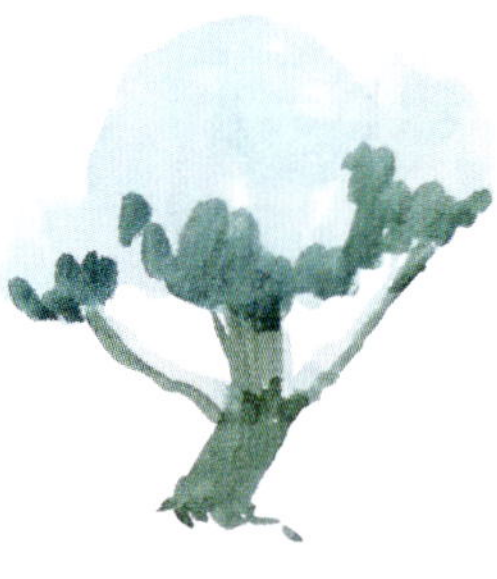

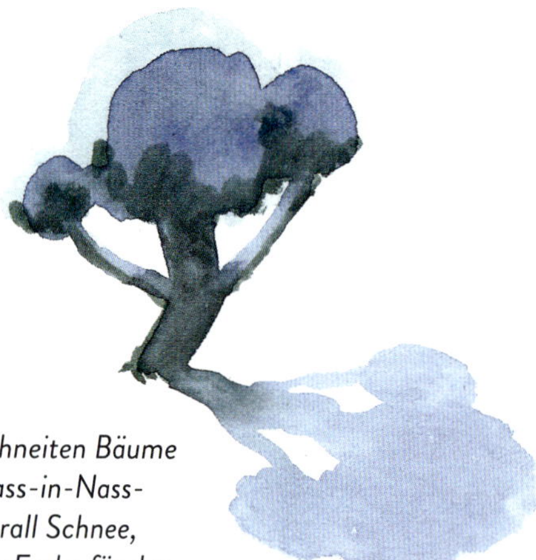

Ich habe diese verschneiten Bäume zunächst mit der Nass-in-Nass-Technik gemalt: überall Schnee, dann etwas dunklere Farbe für das Laub unten am Baum, das nicht von Schnee bedeckt ist.

Nimm für Schatten kein Schwarz! Das haben uns die Impressionisten gelehrt: Indem sie Blau für Schatten verwendet haben, haben sie die Malerei revolutioniert ... und das Licht eingeführt! Ich weiß, es ist paradox, ein Bild durch Schatten heller zu machen, aber ich schwöre, dass blaue Schatten dein Bild heller machen als schwarze.

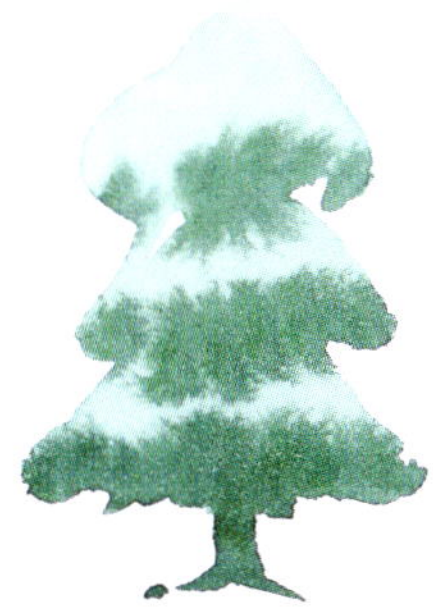

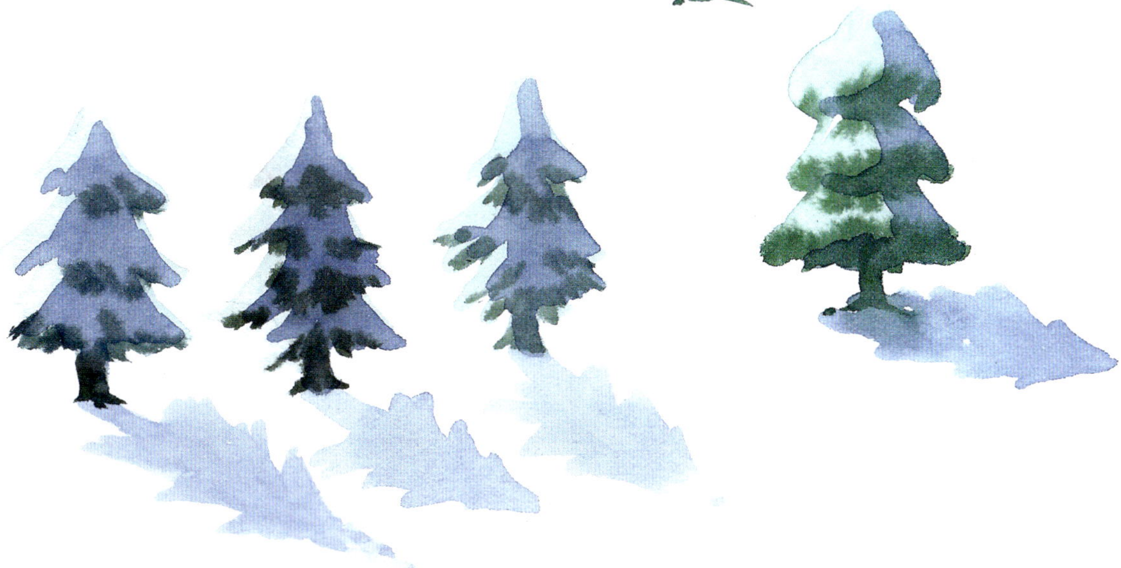

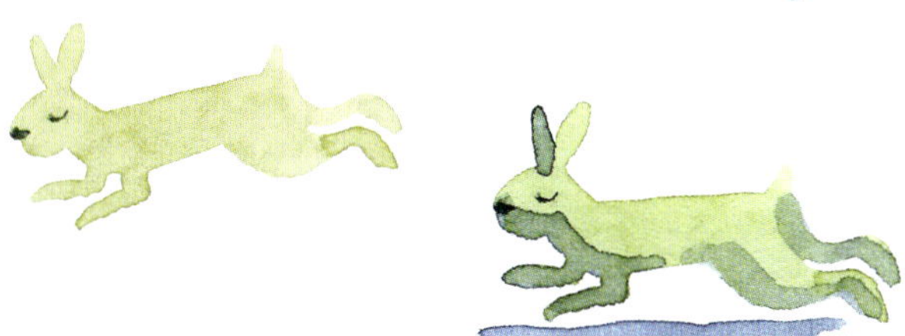

Blau ist magisch! Es lässt alles lebendig erscheinen. Es gibt nichts Besseres, um Silhouetten zu beleben. Dabei stellt man sich immer dieselbe Frage: Woher kommt das Licht?

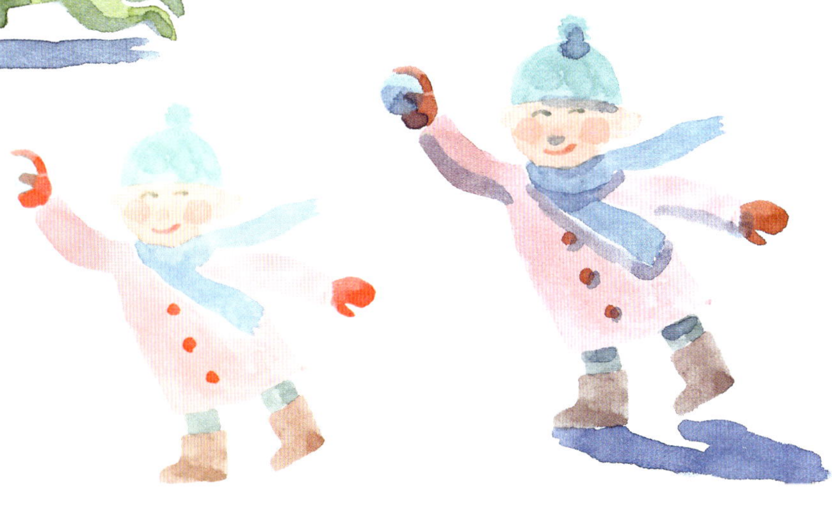

Zusätzliche Übung

Was gibt es Besseres als einen Spaziergang in ganz weißer Umgebung, um die Welt in Blau zu sehen? Ich habe mit ein paar Bäumen begonnen – einer Tanne, einem Fantasiebaum, zwei großen Steinen, Pflanzen im Vordergrund und einem Schneehasen, der nicht friert. Und meine Heldin, gut verpackt!

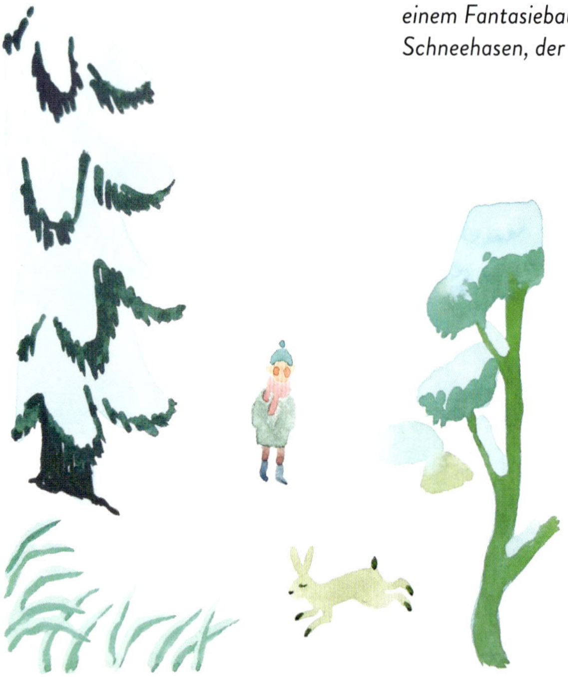

Jetzt ist Zeit für die Schatten. Mit einem in Blau getauchten Pinsel habe ich allen Elementen dieser Szene Volumen gegeben und die Schlagschatten gemalt. Dann habe ich den Hintergrund flächig mit Hellblau angemalt. Als alles trocken war, habe ich in Dunkelblau die Silhouetten der drei Tannen in der Ferne freigelegt …

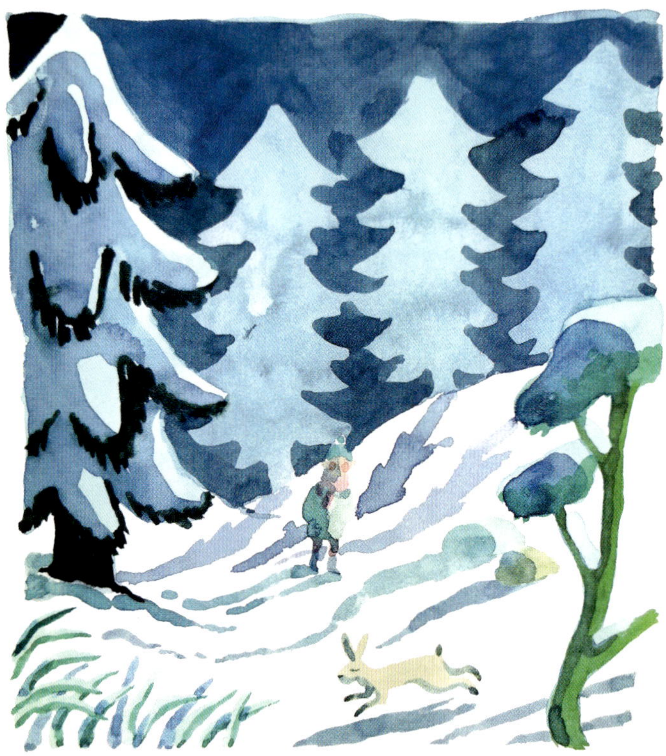

Um dem Ganzen den letzten Schliff zu verleihen, habe ich den entfernten Tannen mit bläulicher Farbe Volumen gegeben. Für dieses Bild habe ich Blautöne für die Schatten mit etwas Türkis vermischt, denn die Schatten in einer verschneiten Landschaft weisen eine schöne Vielfalt an Blautönen auf.
So, jetzt musst du dich nur noch mit einer Tasse heißem Tee aufwärmen!

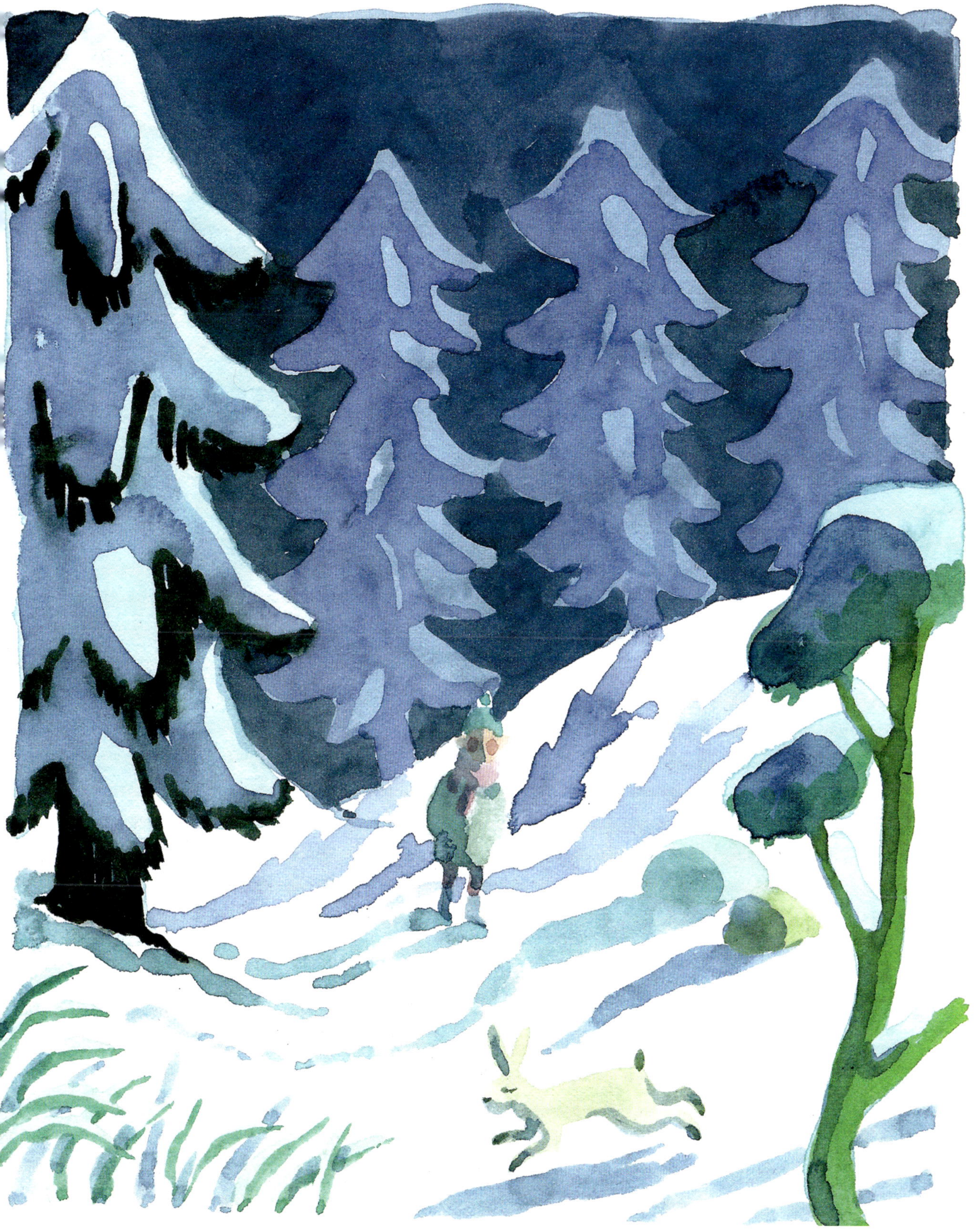

26. Woche

Eine Farbe aufhellen

Die Farben sind in einem Farbkreis angeordnet. Die Primärfarben Gelb, Magenta und Cyanblau sind gleichmäßig auf diesem Kreis verteilt.

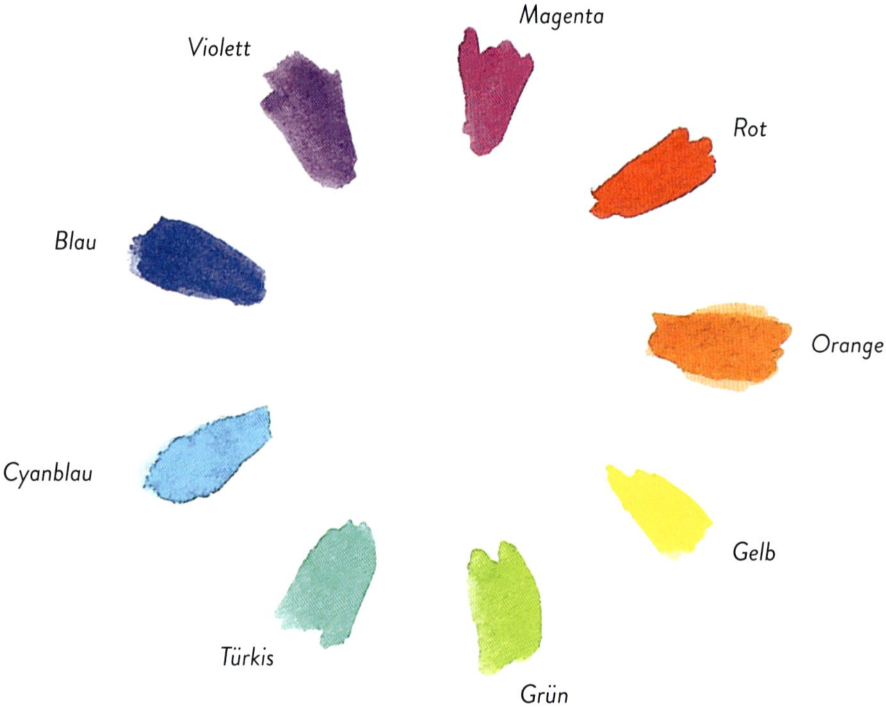

Dazwischen liegen die Sekundärfarben Orange und Rot, die durch Mischen von Gelb und Magenta entstehen, und Grün, eine Mischung aus Gelb und Cyanblau, sowie Violett und Blau, eine Mischung aus Magenta und Cyanblau.

Diese Farben sind mehr oder weniger dunkel: Um eine Farbe zu sättigen, gebe ich viele Farbpigmente und wenig Wasser auf den Pinsel, so wird sie sehr intensiv. Um einen Farbton aufzuhellen, verdünne ich die Farbe nach und nach mit Wasser.

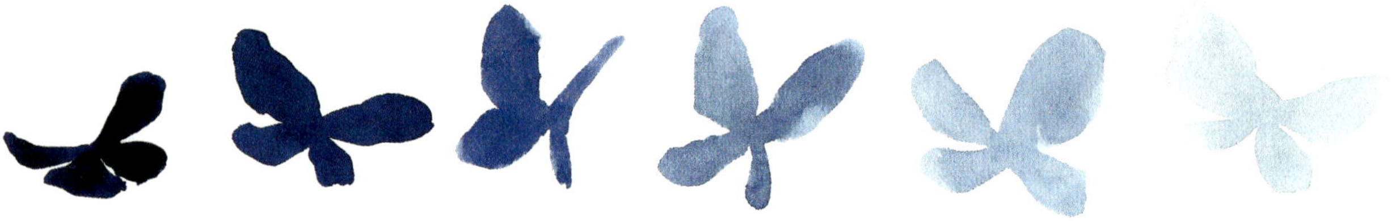

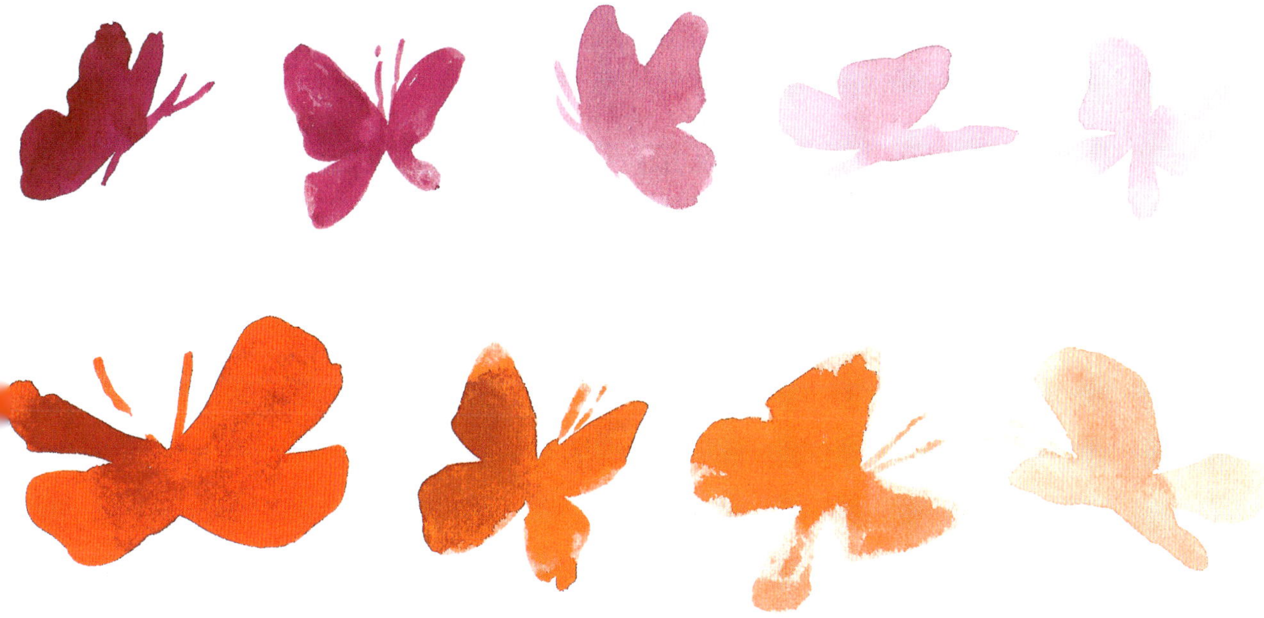

Ich übe das Aufhellen der Farben mit Schwärmen von davonfliegenden Schmetterlingen.

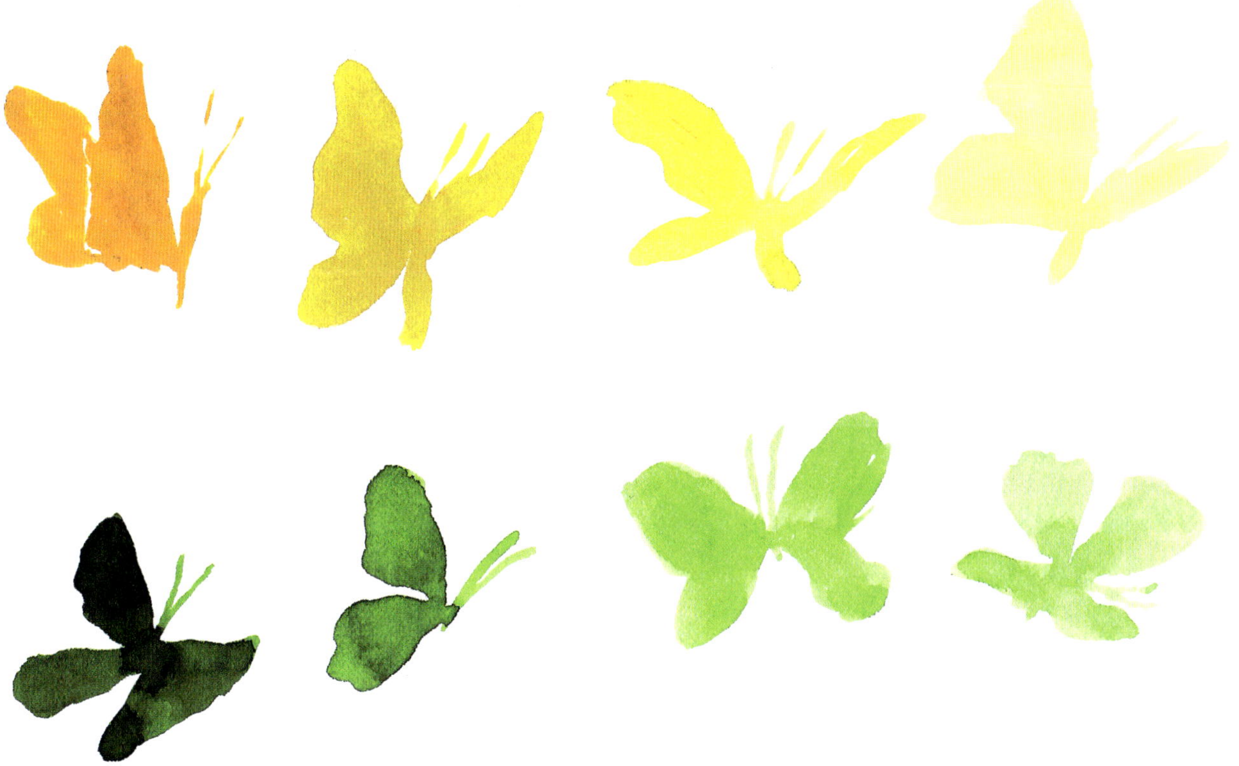

27. Woche

Warme und kalte Farben

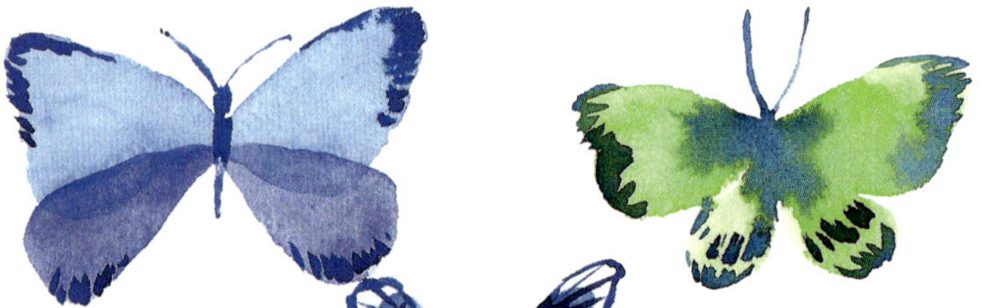

Im Farbkreis gibt es zwei große Familien: links die kalten Farben und rechts die warmen Farben.

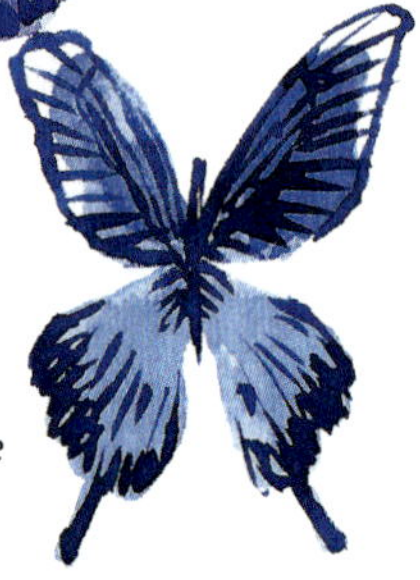

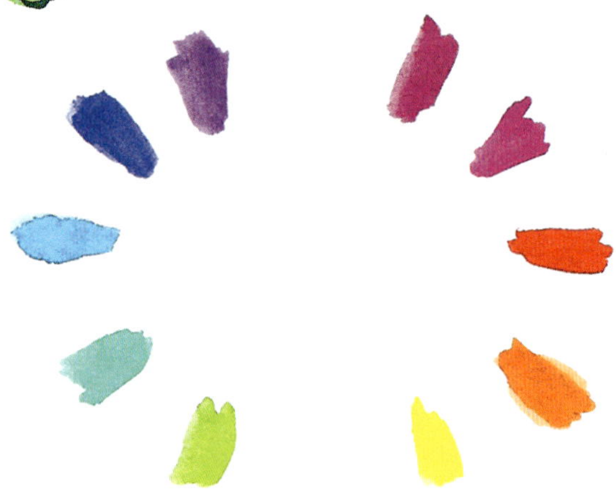

Ich habe eine Reihe Schmetterlinge in kalten und in warmen Farben gemalt, um diese Farbharmonien zu üben.

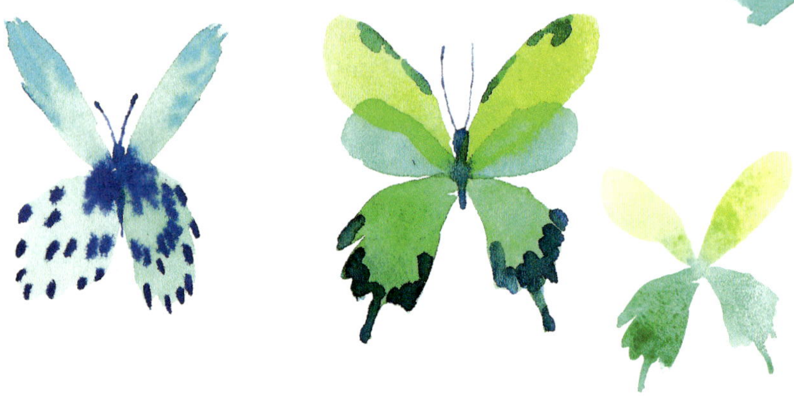

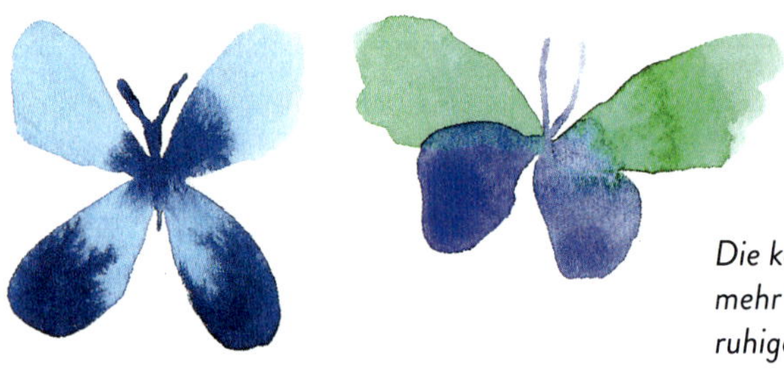

Die kalten Farben gruppieren sich um Blau, Grün und Violett (wenn sie mehr Blau als Rosa enthalten!). Kalte Farbharmonien vermitteln einen ruhigen Eindruck und sind weniger aufdringlich als warme.

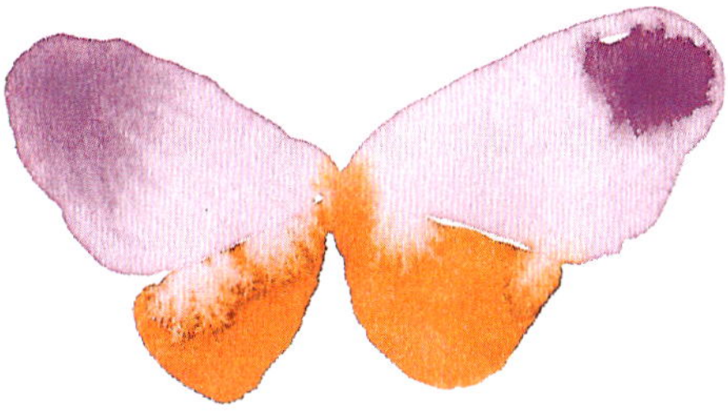

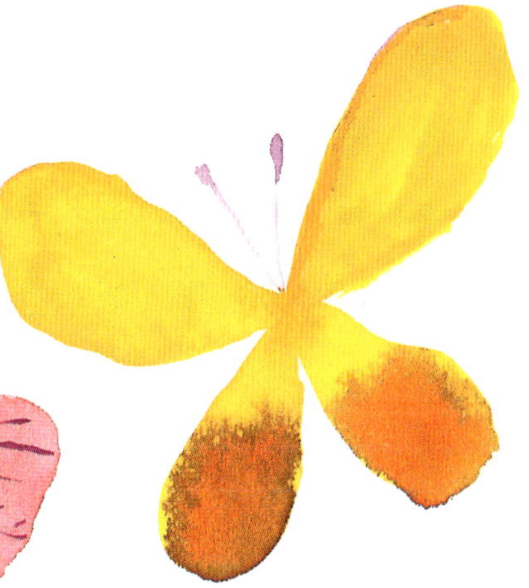

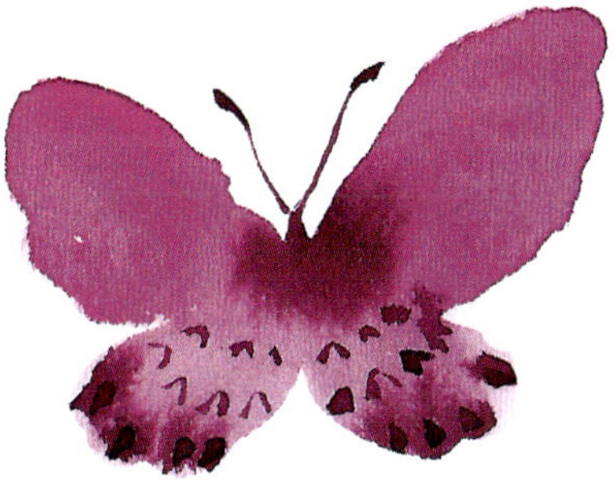

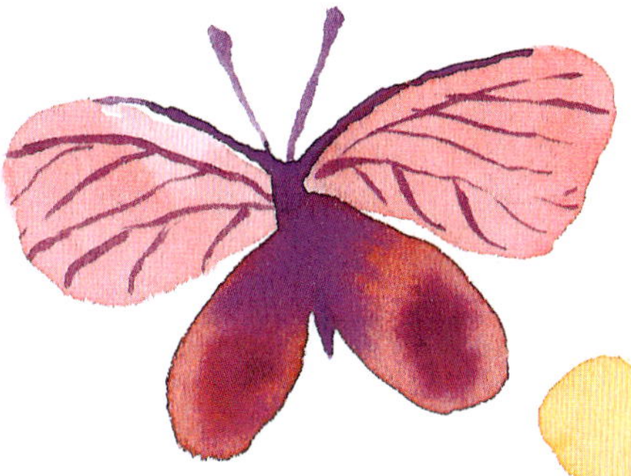

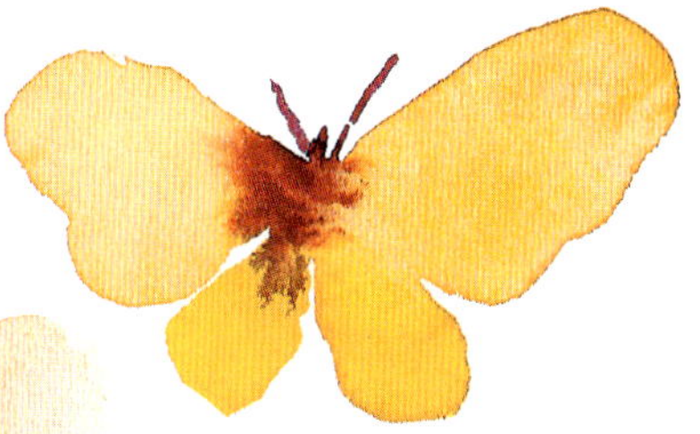

Die warmen Farben gruppieren sich um Rosa, Rot, Gelb, Orange und Mauve. Ins Warme tendierende Farbharmonien lösen fröhliche Gefühle aus, wirken dynamisch und näher am Betrachter als kalte Farbkombinationen.

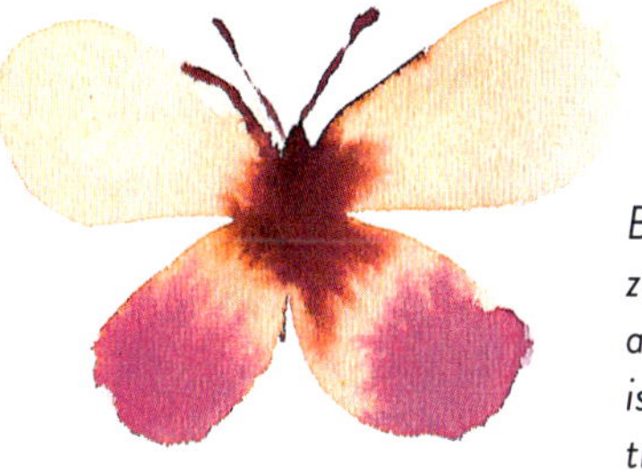

Bei einigen Schmetterlingen male ich zunächst die Form und setze Farbtupfer auf, bevor die erste Farbe getrocknet ist. Bei anderen lasse ich die Flügel trocknen und setze dann feine grafische Verzierungen mit dem Pinsel darauf.

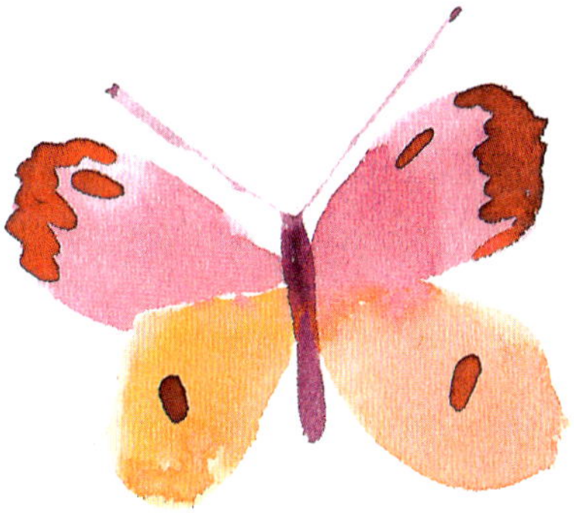

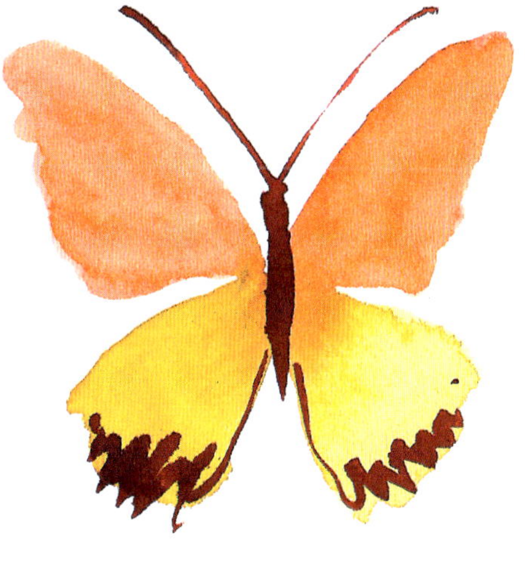

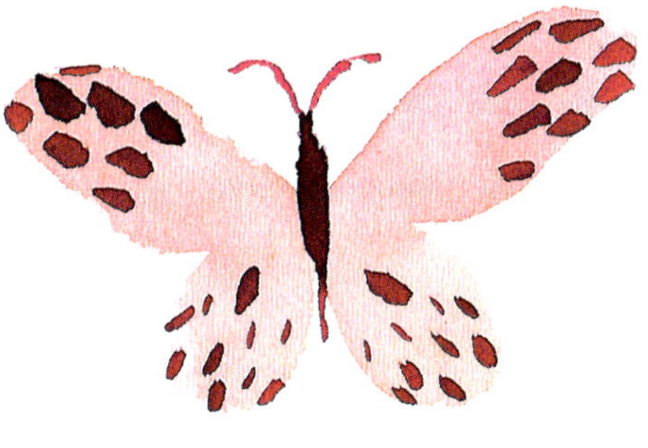

Zusätzliche Übung

Um das Malen mit warmen und kalten Farben zu üben, habe ich mir eine Szene mit Lichtkontrasten ausgedacht: Zunächst habe ich auf feuchtes Papier einen leuchtend gelben Streifen gemalt und daneben einen bläulichen.

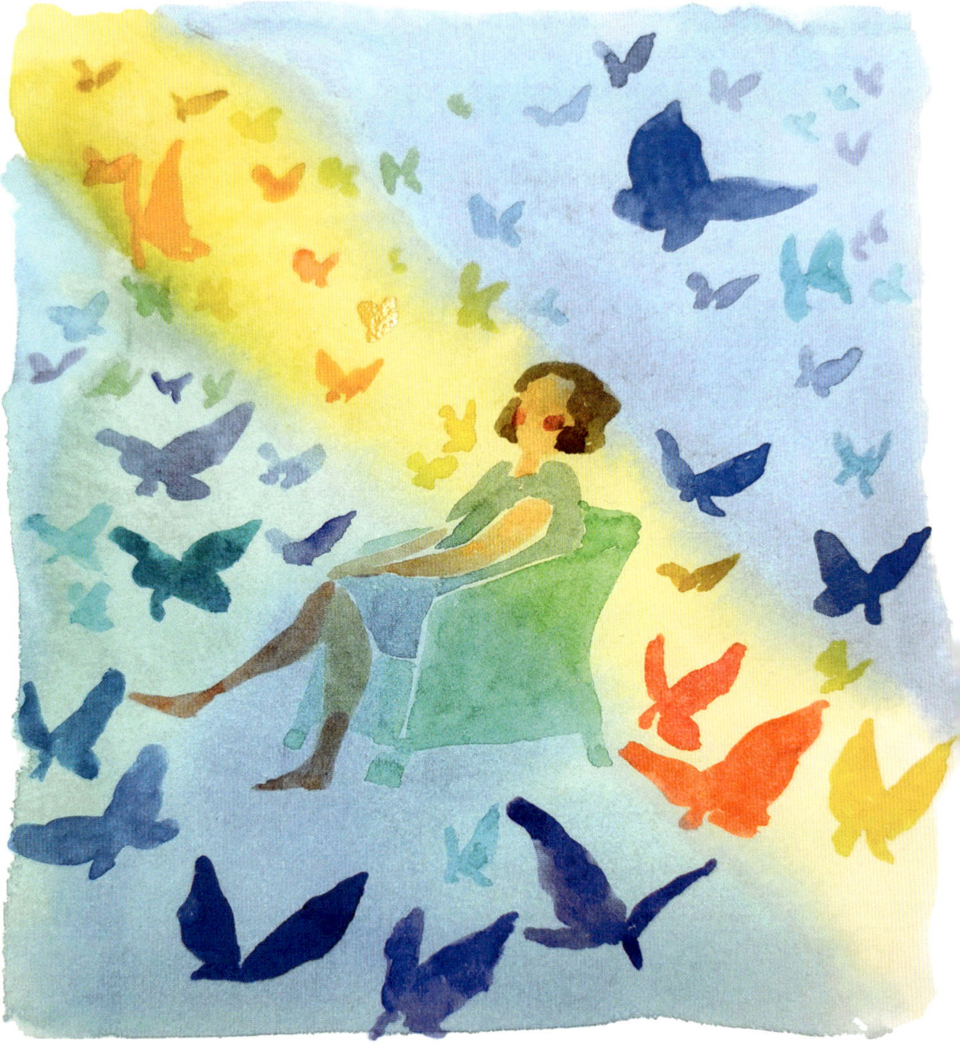

Dann habe ich einen Schwarm fliegender Schmetterlinge gemalt: Je weiter vorne sie sind, desto intensiver ist ihre Farbe und desto größer sind sie. Je weiter die Schmetterlinge entfernt sind, desto heller und kleiner werden sie.

Eine junge Frau, in den Hintergrund gemalt, genießt umgeben von Schmetterlingen das Sonnenlicht. Man spürt die Wärme des Lichtstrahls, die warmen und kühlen Stimmungen machen das Bild interessant!

Es fehlen nur noch ein paar blaue Schatten, um den Sessel und die junge Frau zu modellieren.

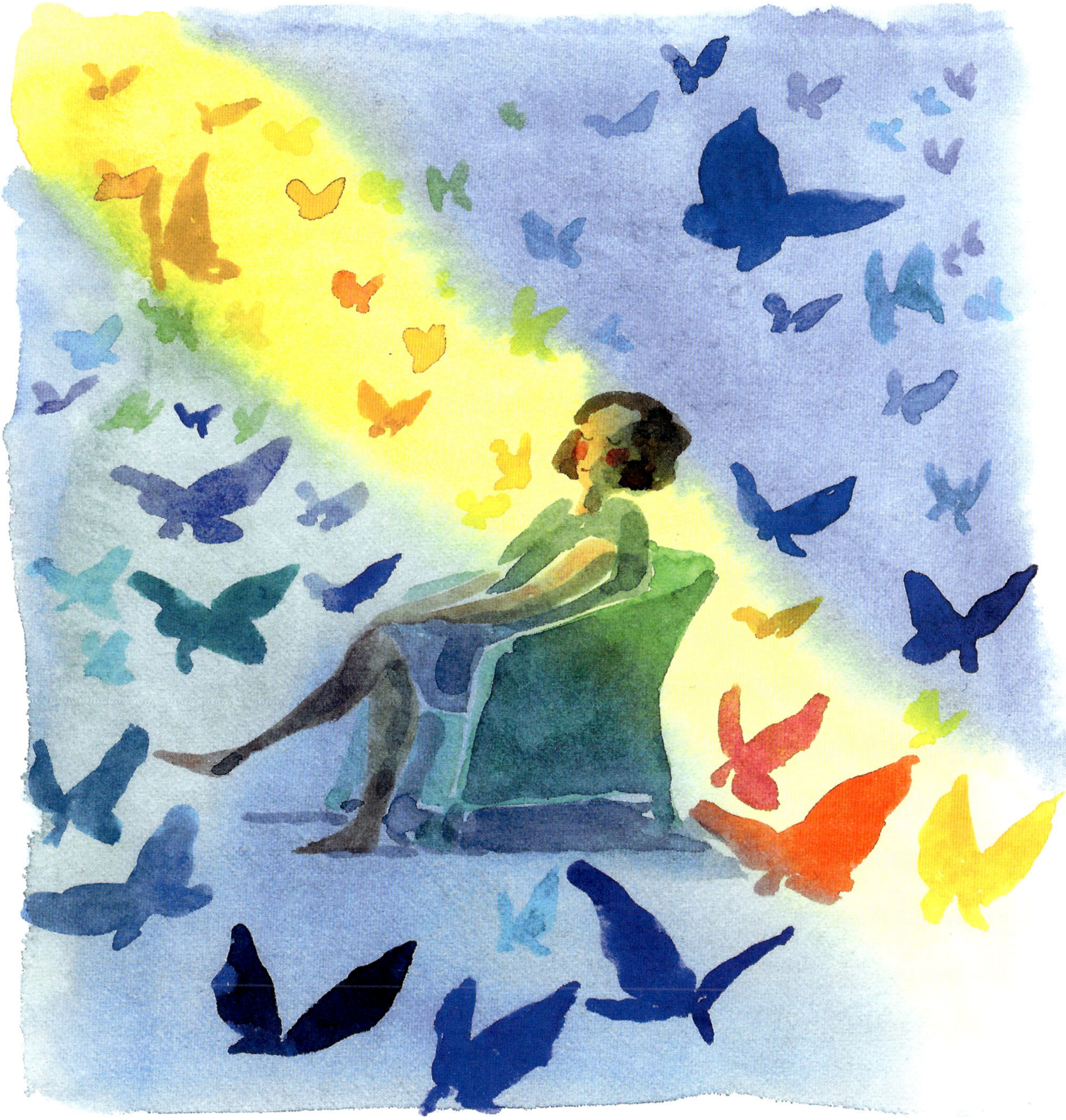

28. Woche

Farbschattierungen

Wenn du Farben nimmst, die im Farbkreis direkt nebeneinanderliegen, erhältst du nahtlose Übergänge zwischen den Farbtönen.

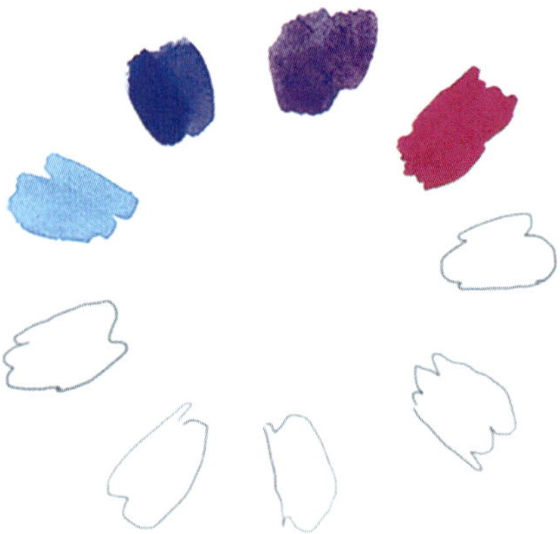

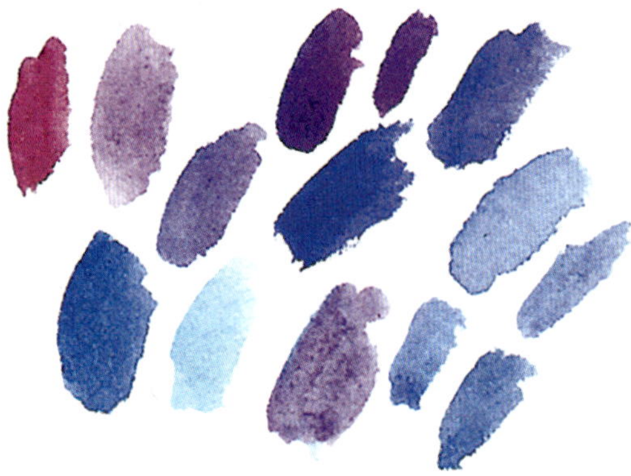

Um Farbschattierungen zu erzeugen, „zieht" man eine Farbe zu ihren Nachbarn auf der linken und rechten Seite im Farbkreis herüber. Dann mischt sich Blau auf der einen Seite mit Cyanblau und auf der anderen mit Violett: So entsteht eine blaue Farbschattierung.

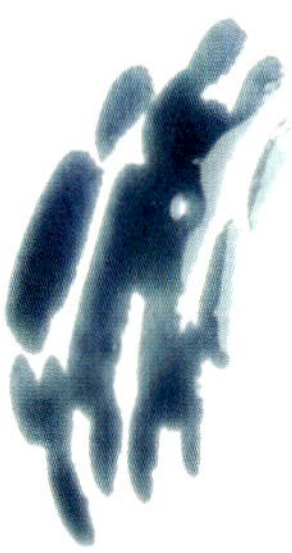

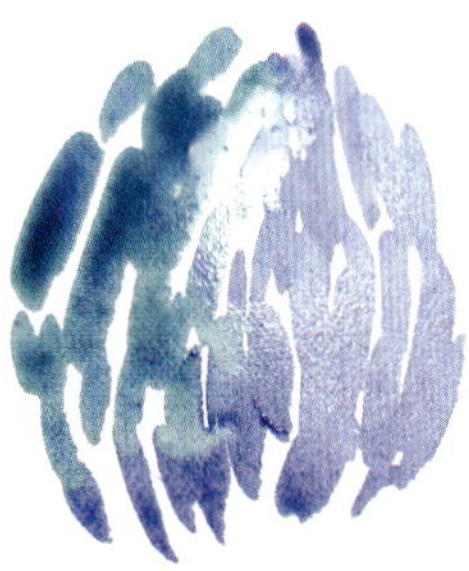

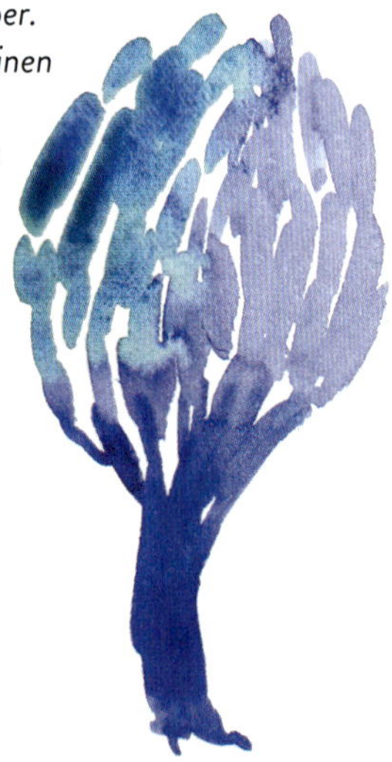

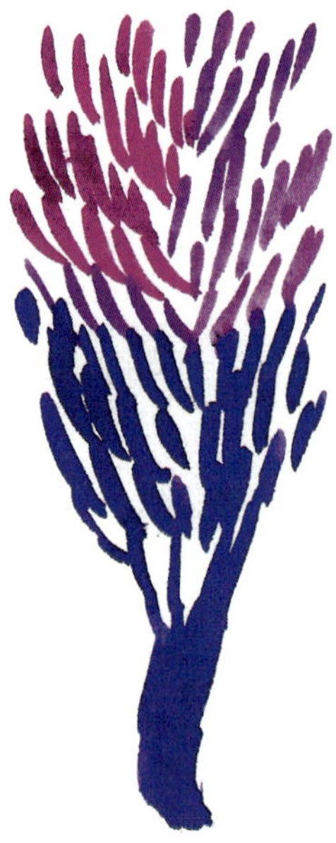

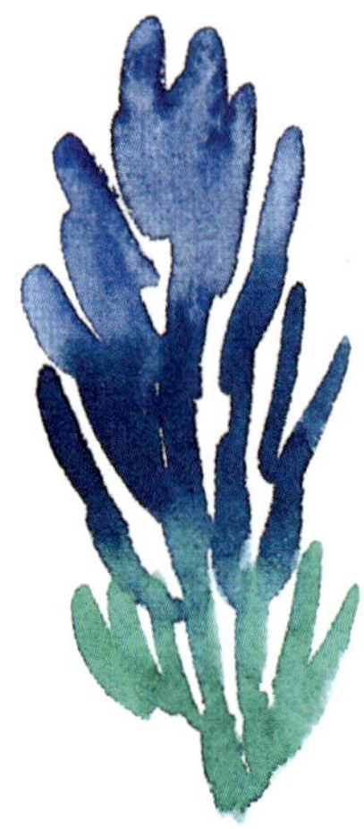

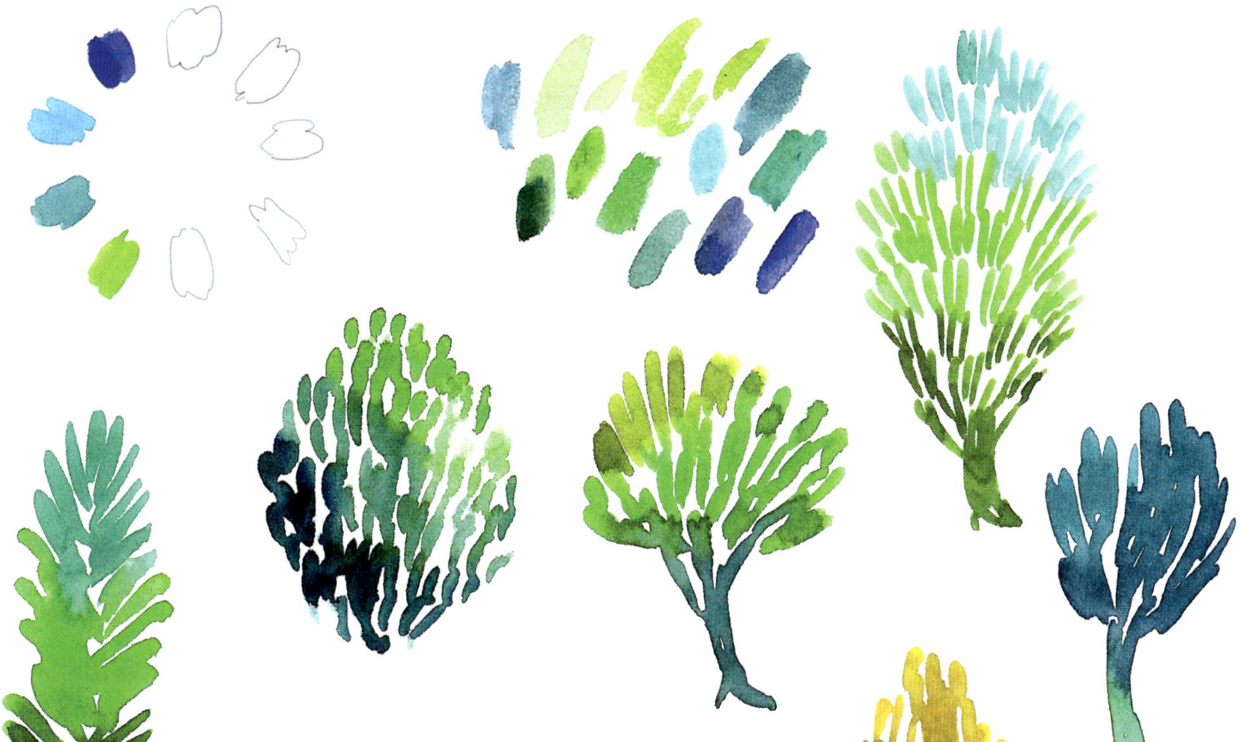

Bei jedem dieser Fantasiebäume verläuft eine Farbe mit ihren beiden Nachbarfarben, sodass Farbschattierungen entstehen!

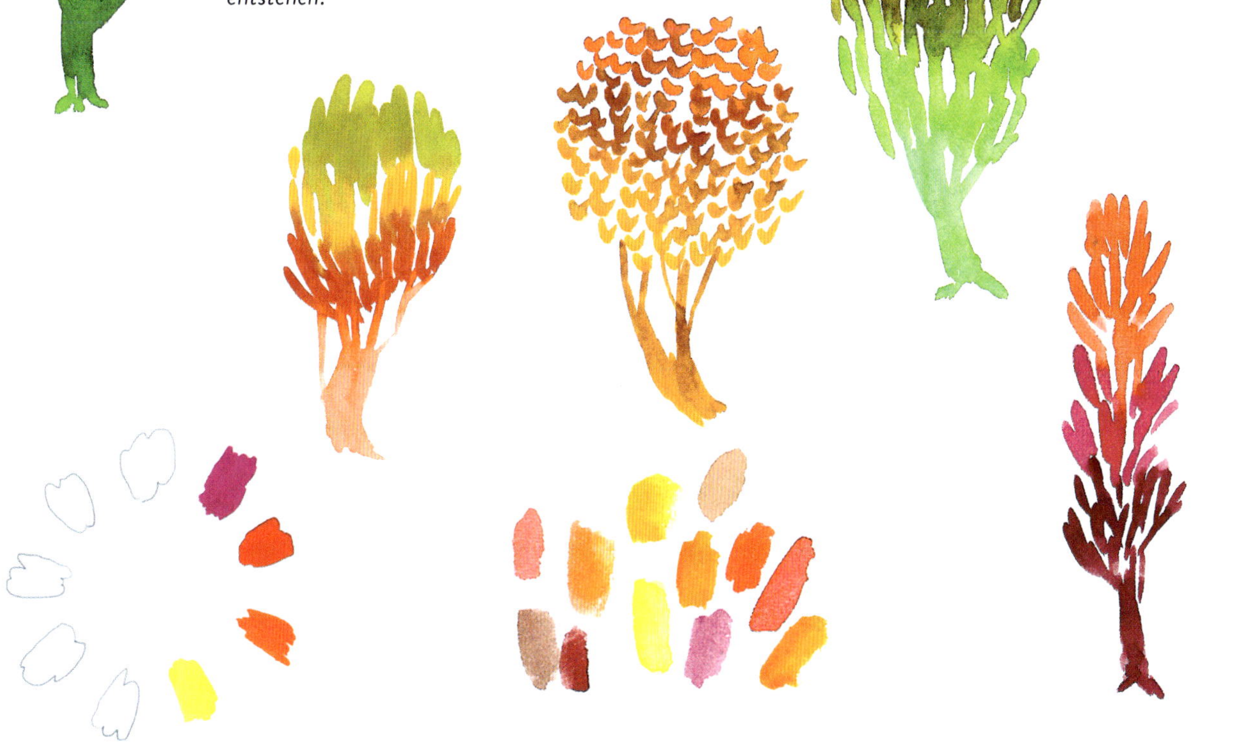

29. Woche

Komplementärfarben

Wenn sich Komplementärfarben auf dem Farbkreis gegenüberstehen, erzeugen sie den höchstmöglichen Kontrast.

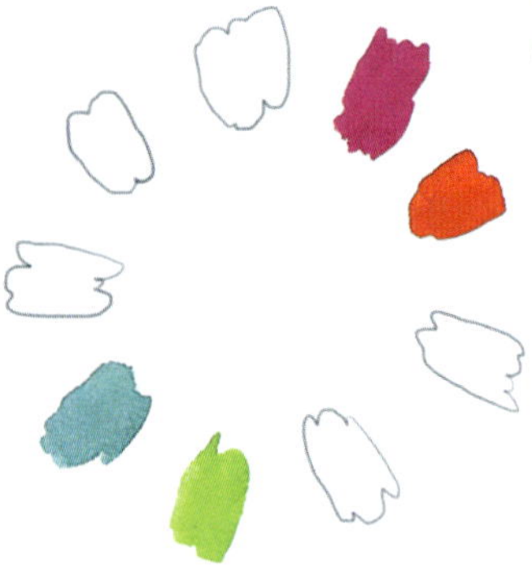

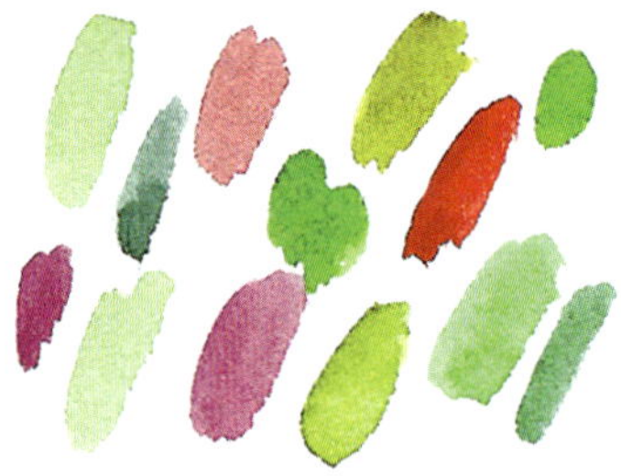

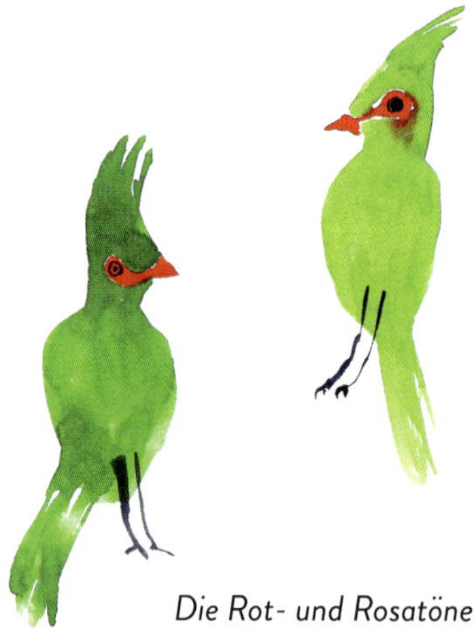

Die Rot- und Rosatöne bilden einen wunderbaren Gegensatz zu Grün …

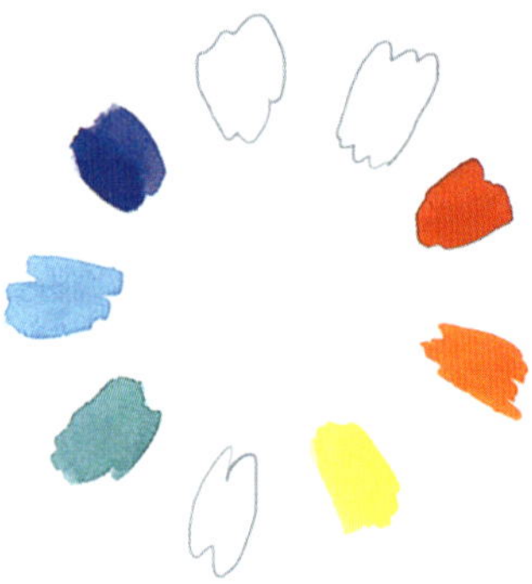

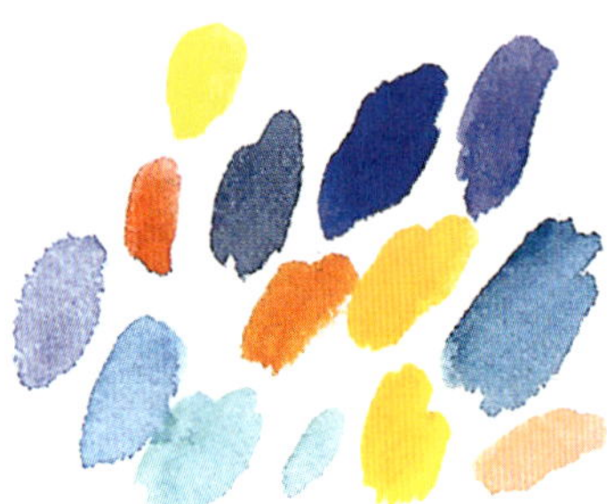

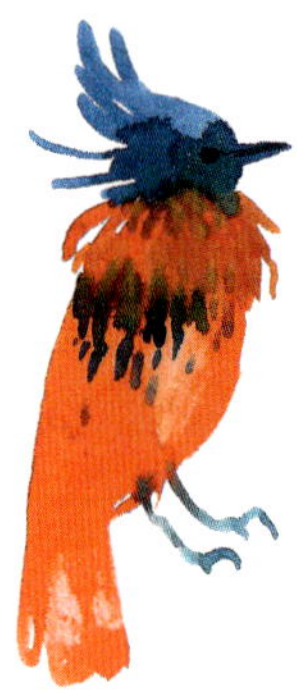

Blau und Orange ergeben einen maximalen Farbkontrast.

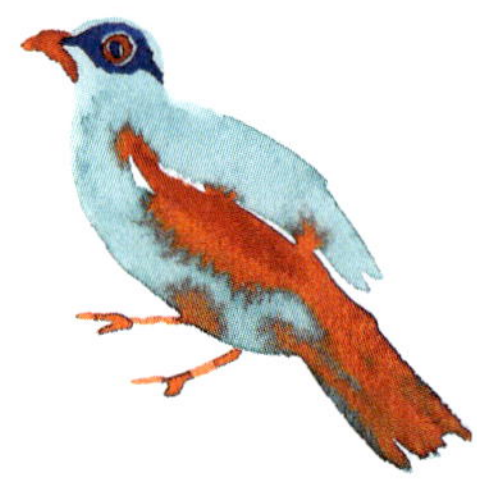

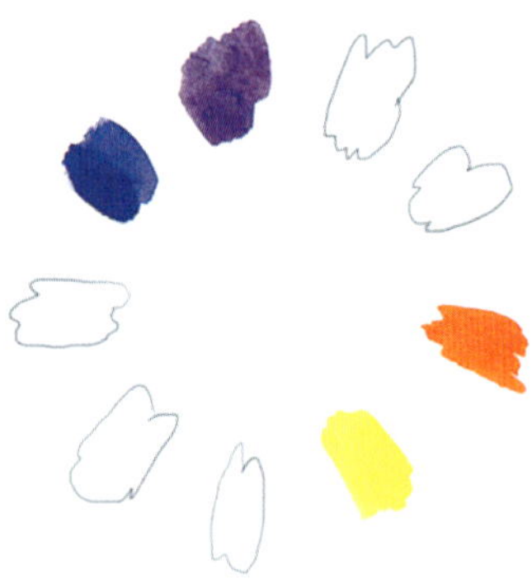

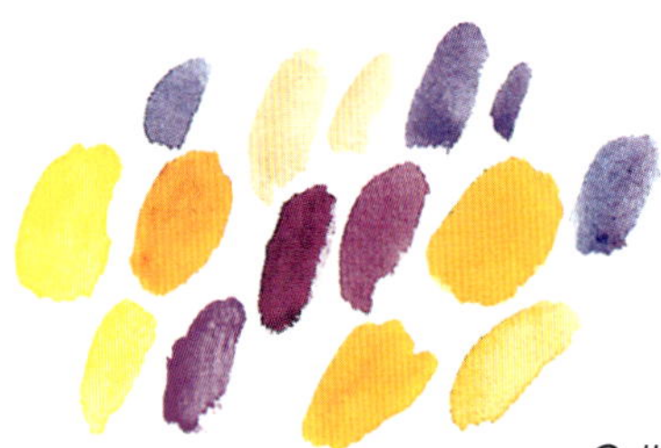

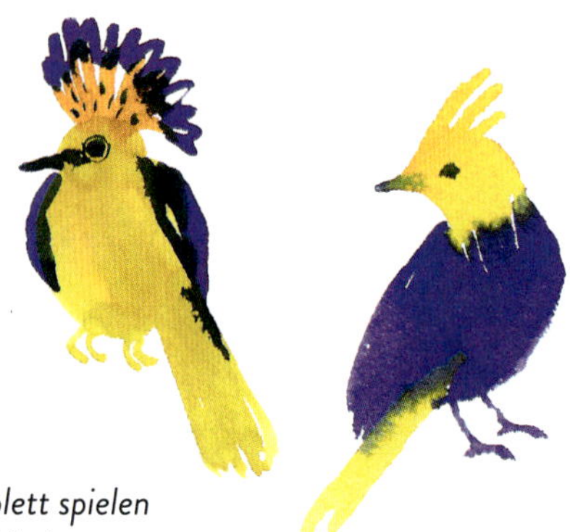

Gelb und Violett spielen ihre Unterschiede aus.

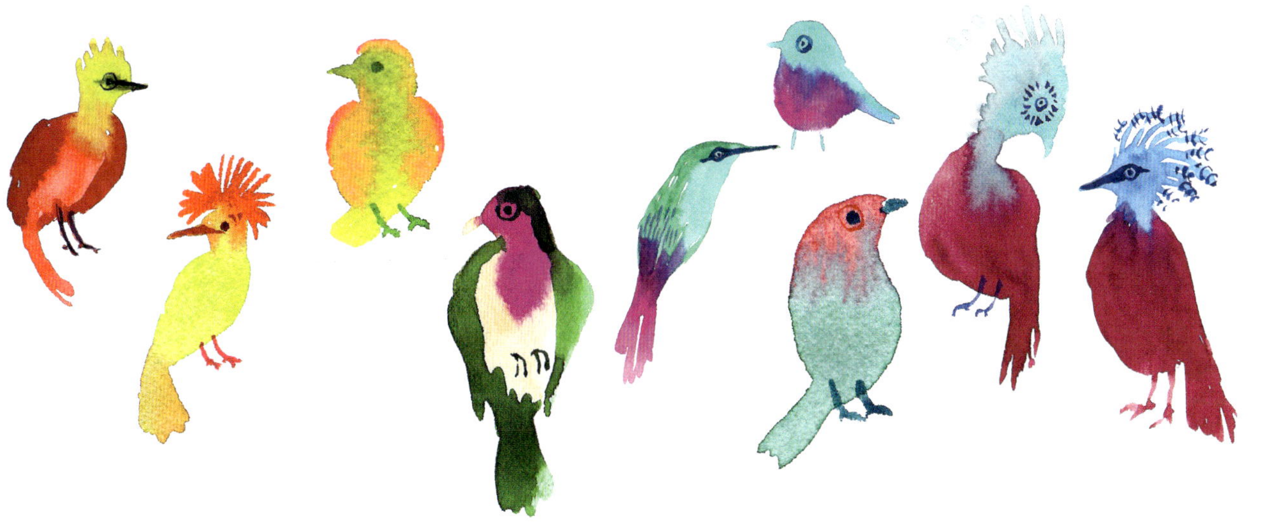

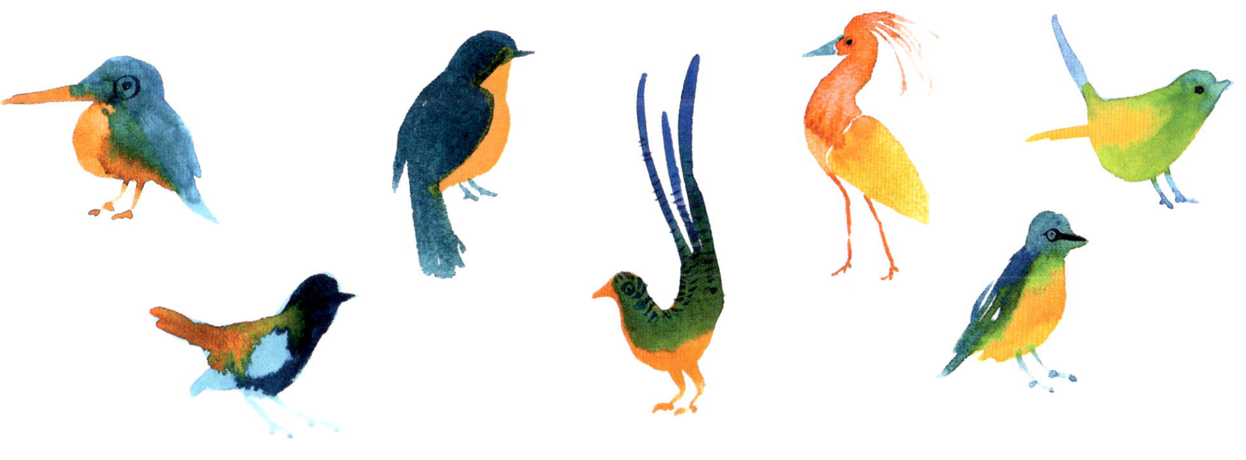

Wenn ich komplementäre Kontraste suche, erkunde ich die Farben, soweit es geht: Violett hat zahlreiche Nuancen, und ich experimentiere mit allen, von Parma-Lila über Mauve bis zu Elektrisch Blau. Gelb wird Ocker-, Orange-, Anis-, Zitronen- oder Goldgelb … Ich versuche, alle Möglichkeiten der Komplementärkontraste auszuschöpfen und die Grenzen der Farbe zu erweitern.

Ein Bild mit Komplementärkontrast tut dem Auge gut: Er ist ausgewogen und zieht den Blick auf sich.

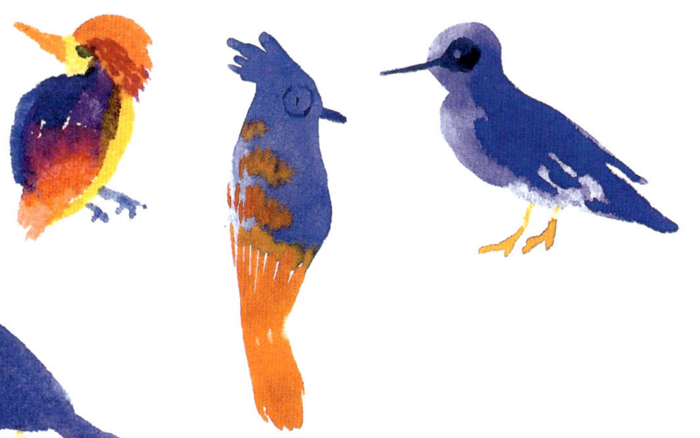

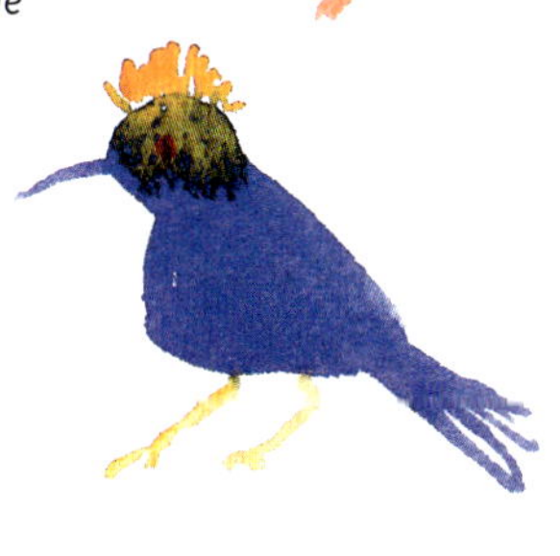

Zusätzliche Übung

Lass uns für diese Darstellung mit Farbschattierungen und Komplementärfarben spielen! Die Vögel werden mit Schattierungen in Rot, Rosa und Orange gemalt, während grüne und türkisfarbene Schattierungen das Laub des Baums schmücken.

Die Vögel heben sich dank des Komplementärkontrastes von Rosa-Rot zum Grün der Blätter ab.

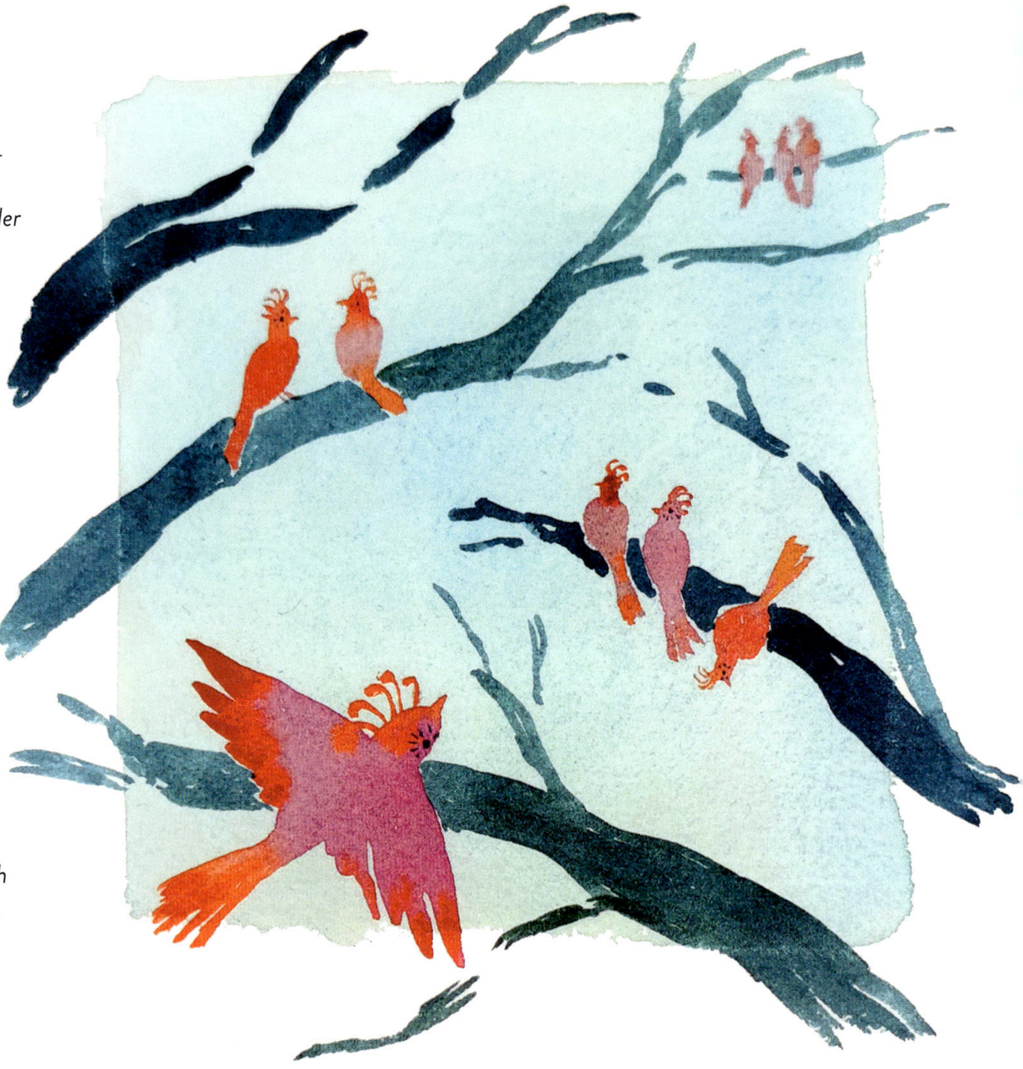

Zuerst habe ich den Hintergrund in Himmelblau gemalt. Als er trocken war, habe ich mit einem weichen Pinselstrich die Zweige und meine Feuervögel gemalt. Ich habe darauf geachtet, die Vögel in der Ferne in Hellrosa und ohne Details zu gestalten.

Hast du bemerkt, dass meine Äste und Blätter über den blauen Rahmen hinausragen, damit das Bild lebendiger wirkt?

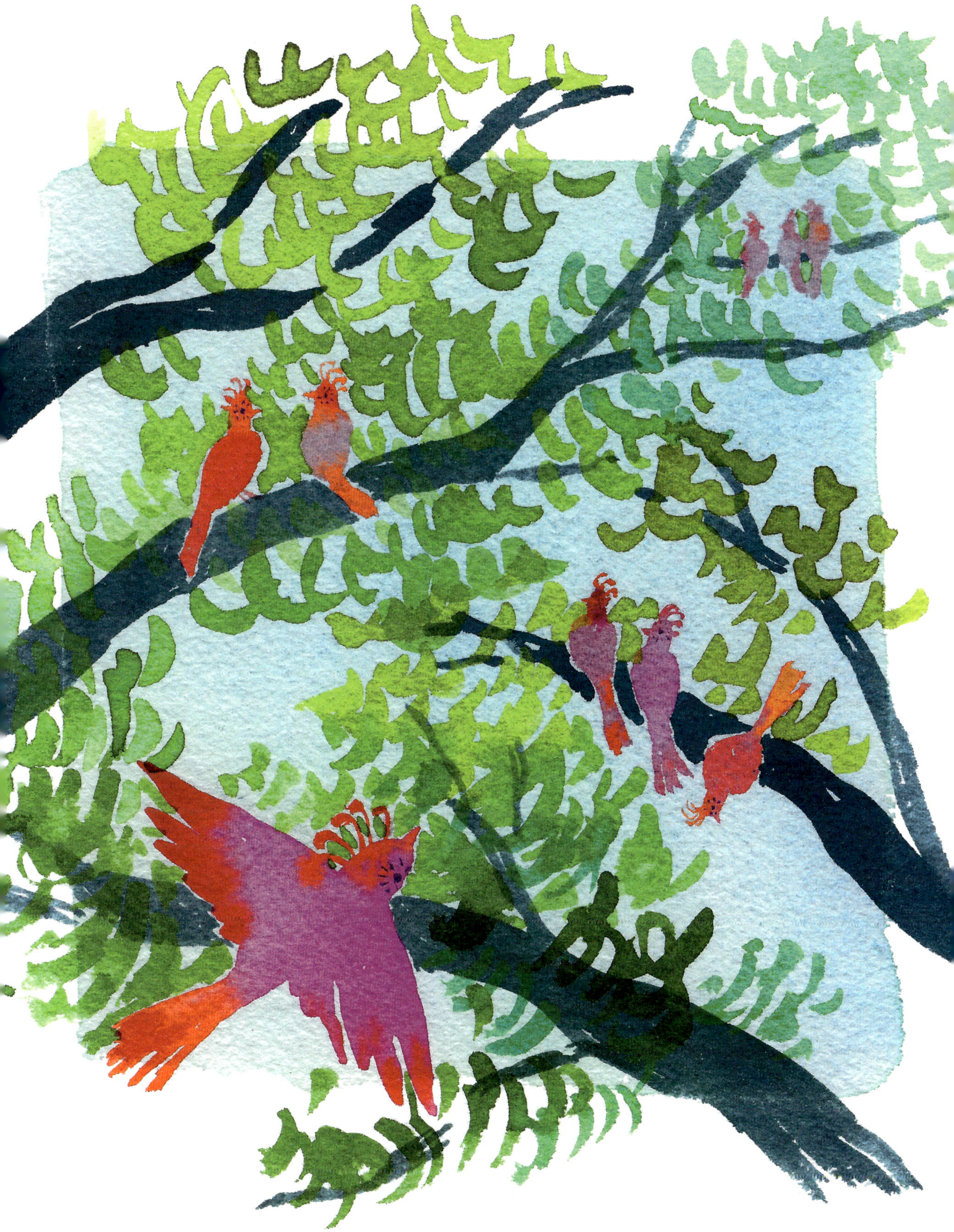

30. Woche

Farbe mit ihrer Komplementärfarbe brechen

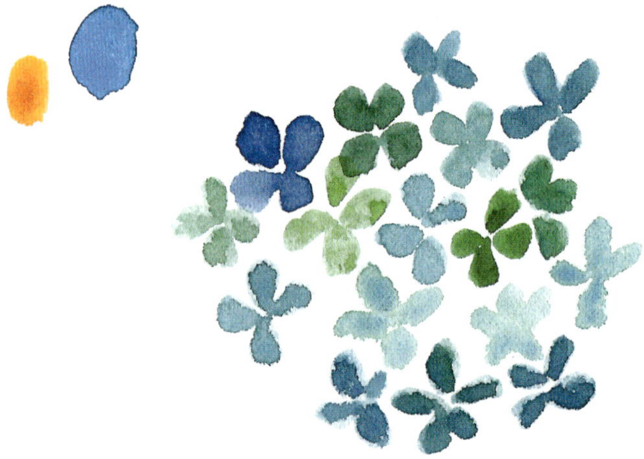

Wenn ich auf Reisen bin, nehme ich nur einen kleinen Aquarellfarbkasten mit sehr wenigen Farben mit. Manchmal sind mir diese Farben aber zu intensiv und ich vermisse ihre Subtilität ... Mein bester Trick, um eine Farbe zarter wirken zu lassen, ist, sie mit einem Hauch ihrer Komplementärfarbe zu vermischen.

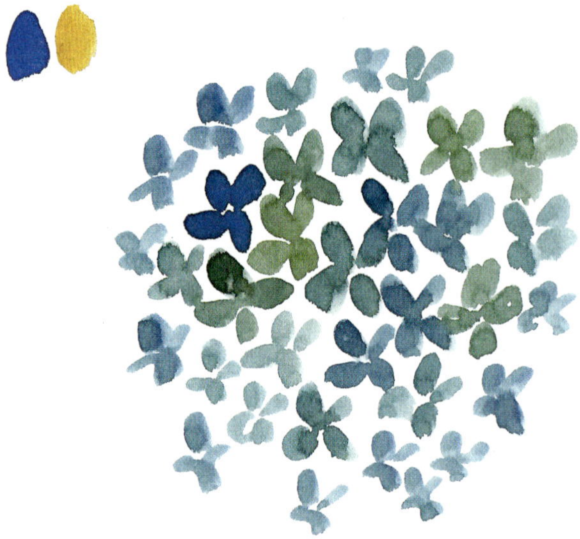

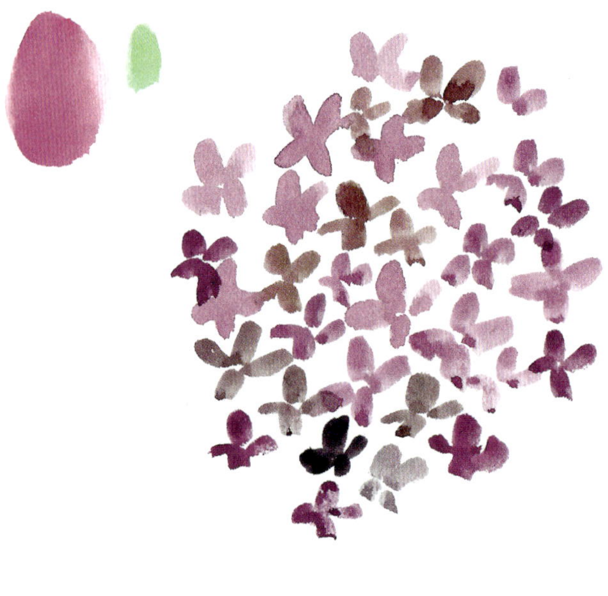

Der Effekt ist magisch! Es reicht, ein Magenta mit einem Hauch Grün zu „brechen", um eine interessantere Farbe zu erhalten. Je nachdem, wieviel Grün hinzugefügt wird, erzeuge ich eine getrübte und nuancierte Farbskala ... Das ist besonders auffällig auf dieser Seite mit verwelkten oder getrockneten Blumen, deren Farben leicht verblasst wirken sollen.

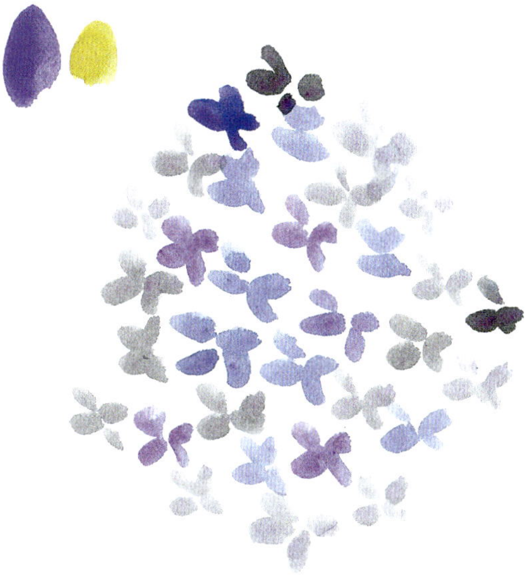

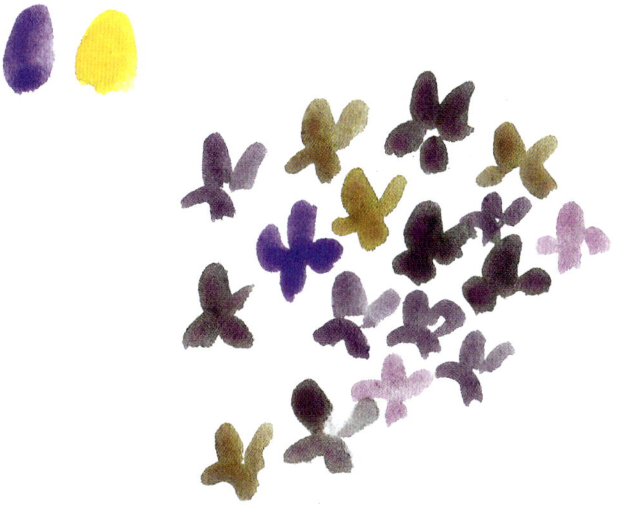

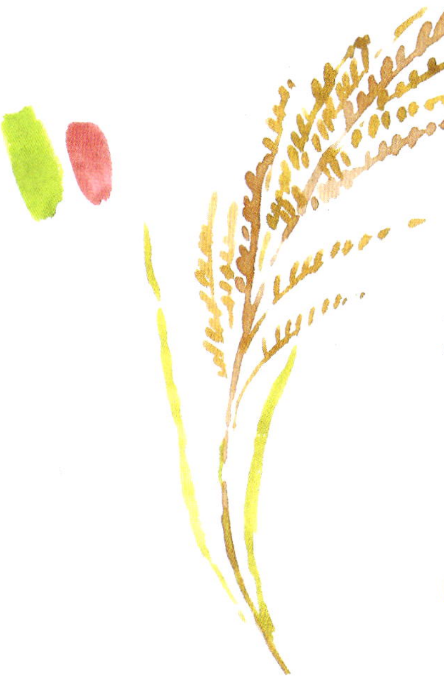

Sind das Silberblatt und die Gräser hier nicht viel subtiler in dieser nuancierten Farbskala?

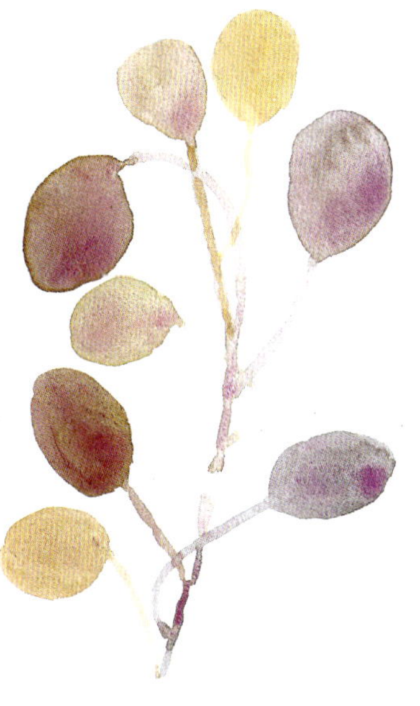

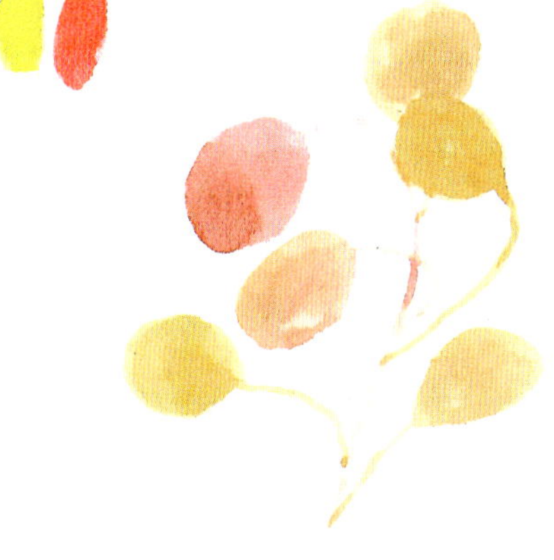

31. Woche

Schatten mit Komplementärfarbe

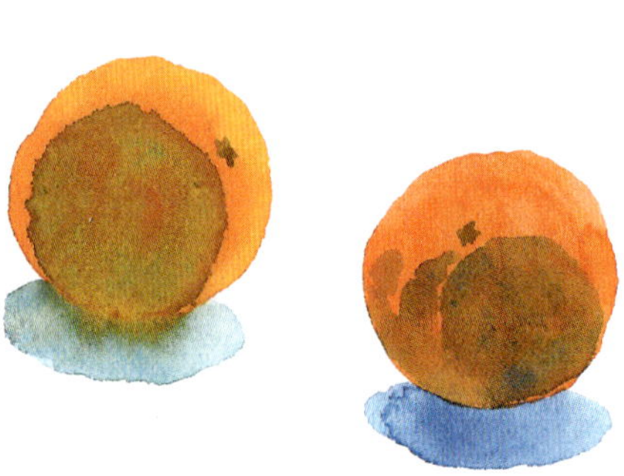

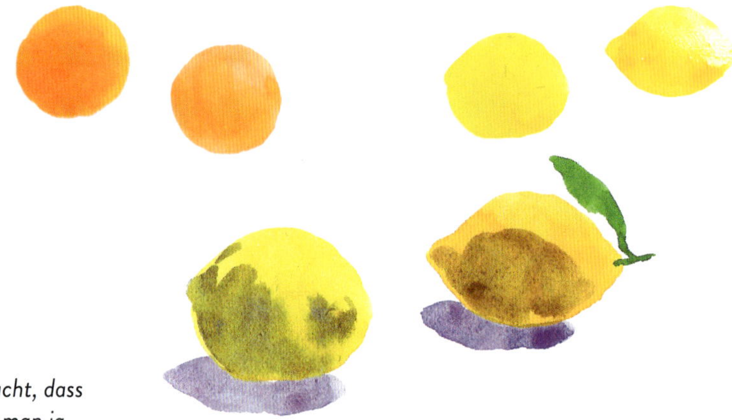

Die Impressionisten haben uns beigebracht, dass man Schatten mit Blau malt. Aber weil man ja auch mal seine Meinung ändern kann, haben sie uns auch gezeigt, dass man beim Schatten auch mit Komplementärkontrasten spielen kann.

So erhält ein Orange klassischerweise einen Schatten in Blau ... Aber eine gelbe Zitrone schmückt sich gerne mit einem violetten Schatten, eine saftig grüne Artischocke mit einem Schatten in Mauve; das gilt sowohl für den Schlag- als auch für den Eigenschatten.

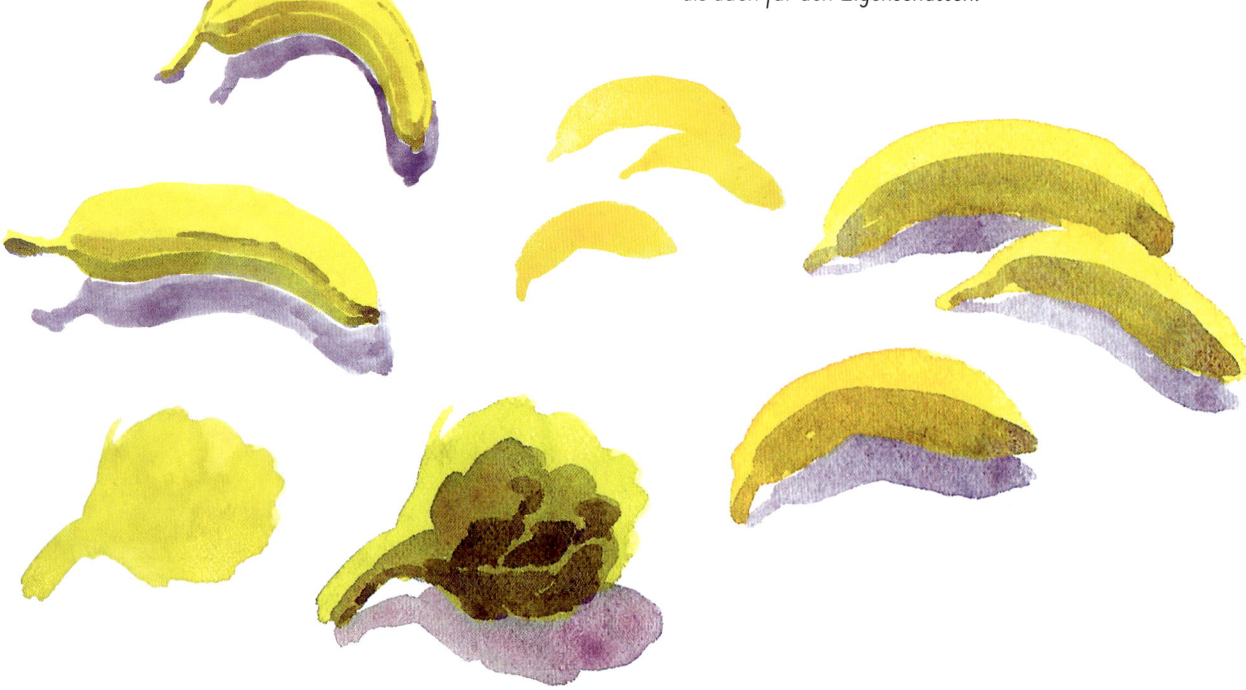

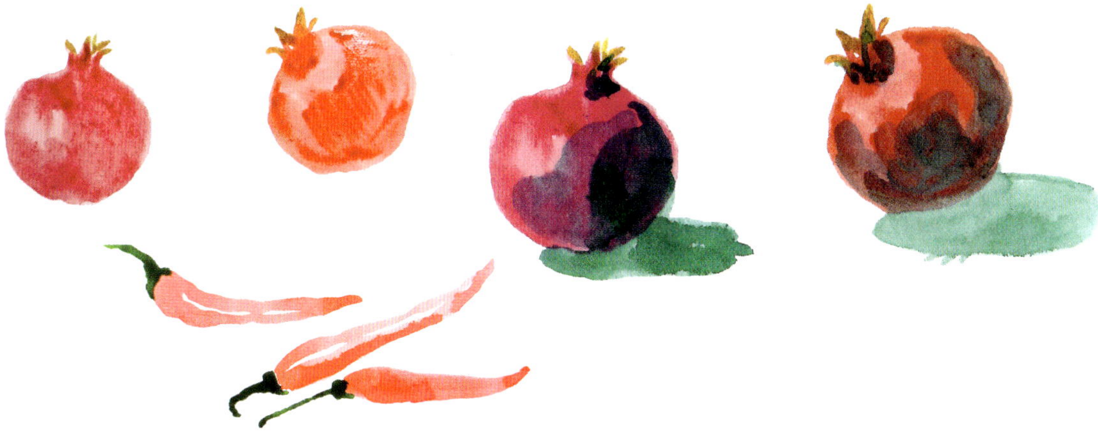

Die Granatäpfel und Chilischoten freuen sich über grüne Schatten, so wie die Drachenfrucht, die ihr rosa Kleid mit einem peppigen grünen Schatten kombiniert.

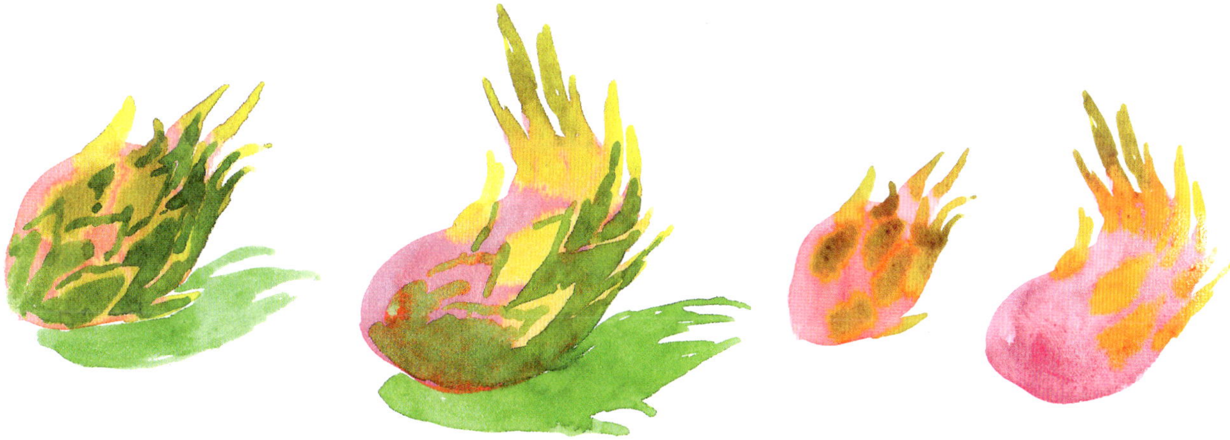

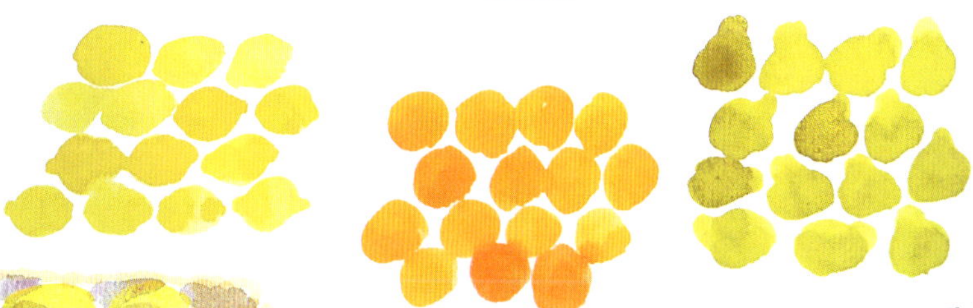

Bis zu den Obstkisten, in denen kontrastreiche Schatten spielen!

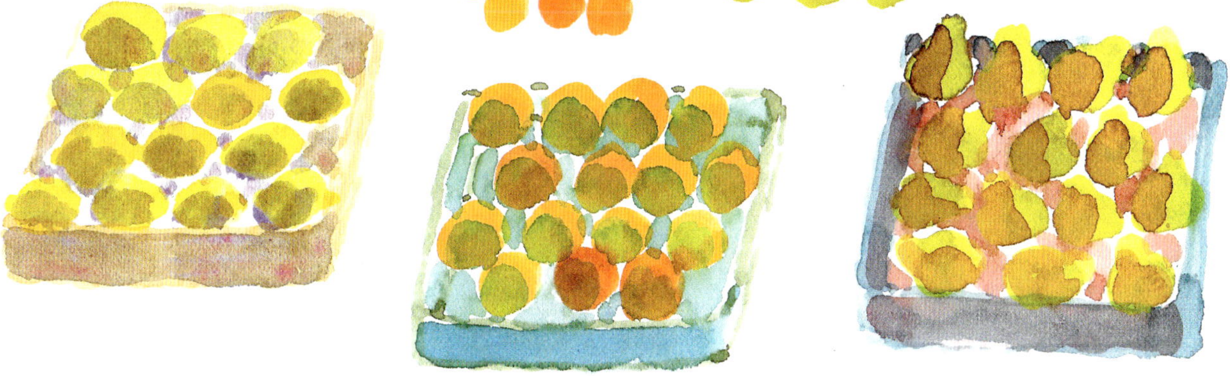

Zusätzliche Übung

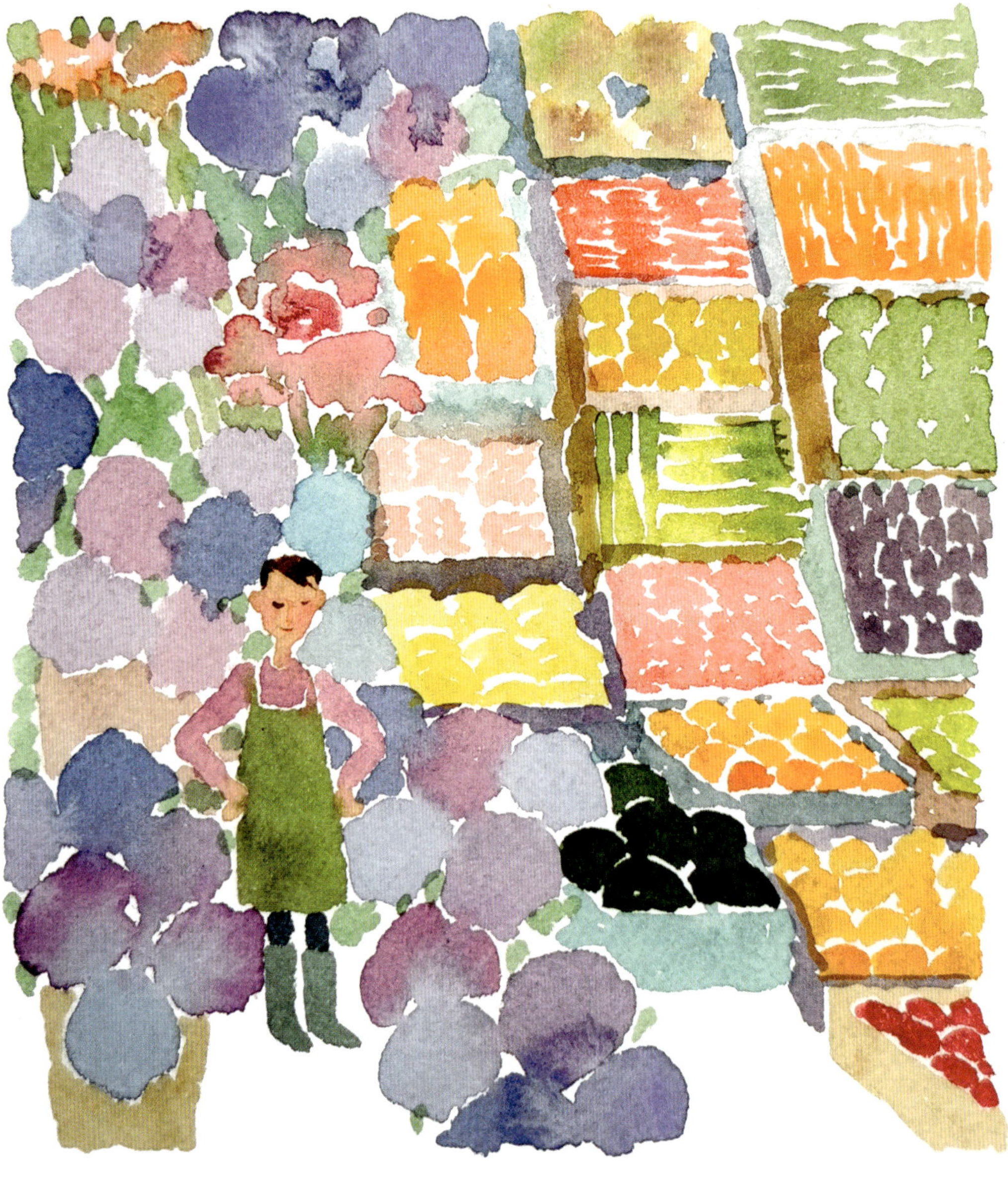

Wie schön ist der Stand des Gemüsehändlers mit seinen Obst- und Gemüsesorten, kontrastreich mit Schatten versehen! Wie zart sind die Hortensiensträuße mit ihren Farbnuancen!

Eine hübsche Übung rund um Komplementärkontraste in all ihren Formen ...

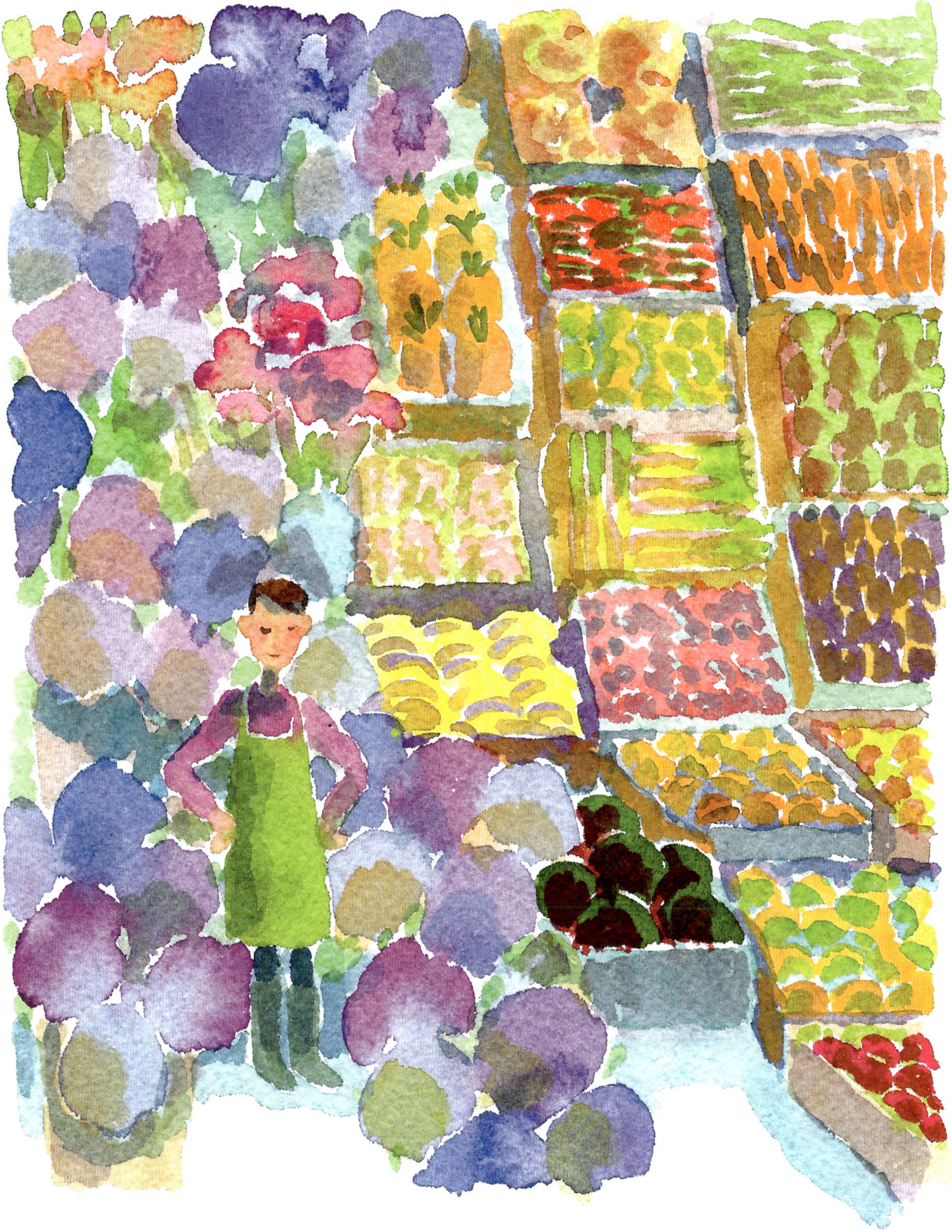

32. Woche

Farbiges Grau

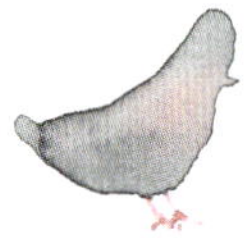

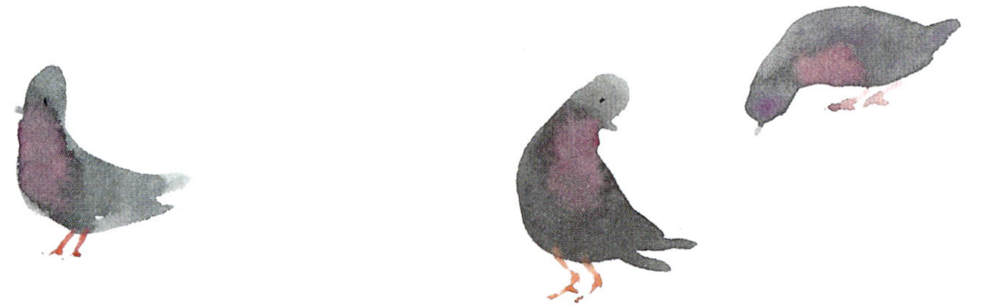

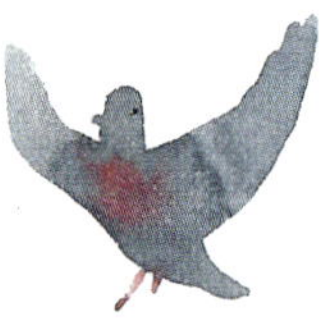

Grau ist unbeliebt. Dabei hat Grau eine zarte Seele. Und Nuancen, die den Rest der Farbpalette vor Neid erblassen lassen! Man muss es nur richtig betrachten und ihm Ehre erweisen, indem man alle Farben mischt.

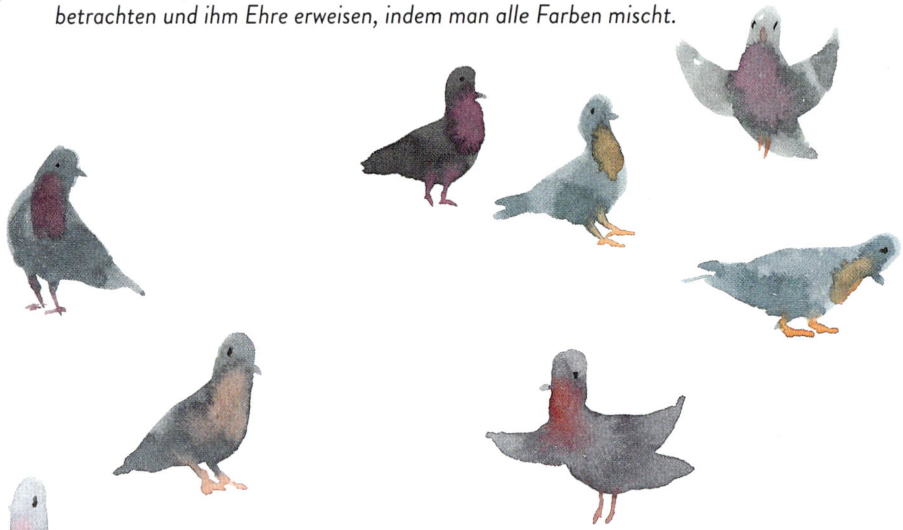

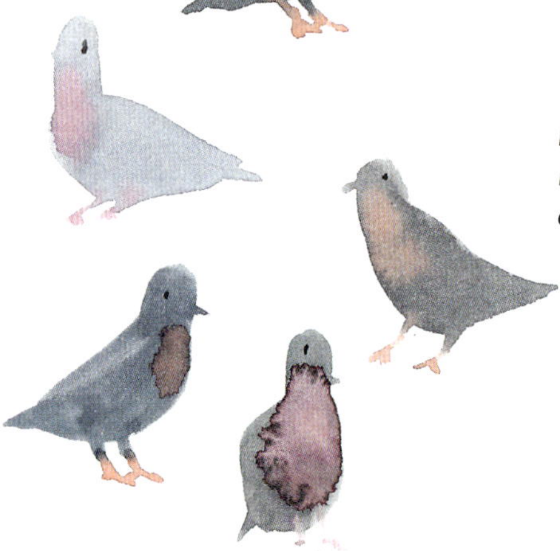

Bevor das Gefieder trocknet, kann ein Hauch Rosa, Rot oder Orange die Kehle der Taube aufpeppen.

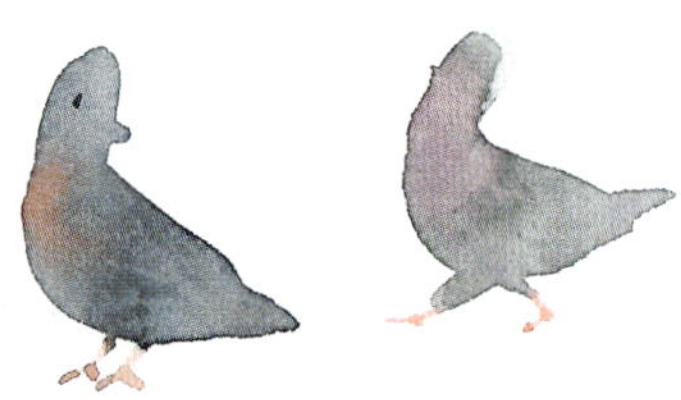

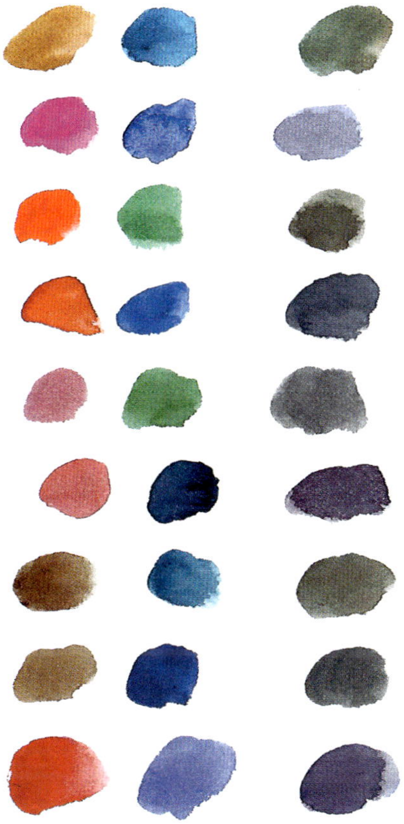

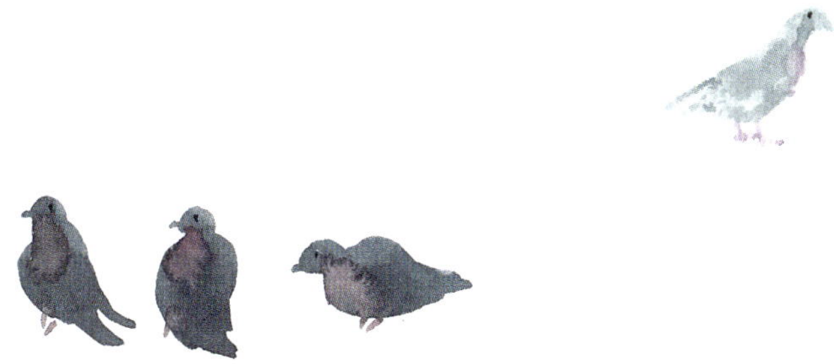

Die Pariser Tauben wissen genau, dass es nichts Schöneres als Grau gibt: Eine warme und eine kalte Farbe, zu etwa gleichen Teilen gemischt, bilden die schönsten bunten Grautöne der Stadt!

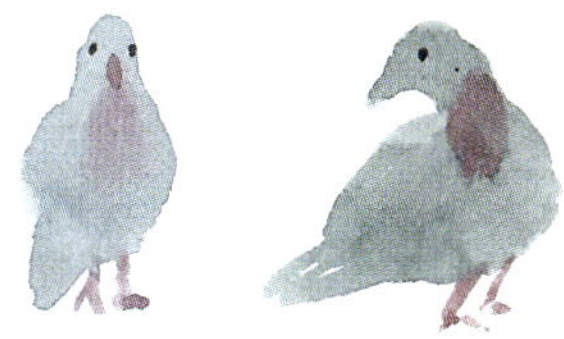

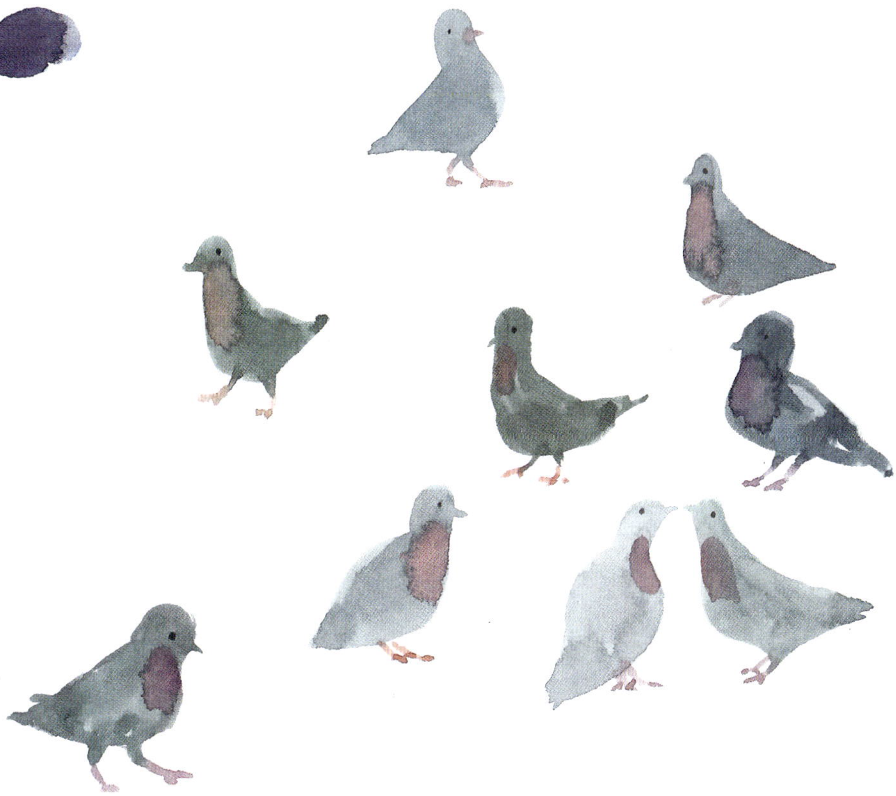

33. Woche

Farbiges Schwarz

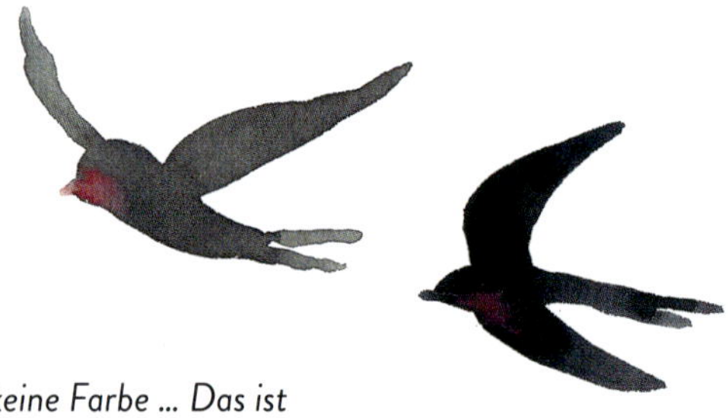

Angeblich ist Schwarz keine Farbe … Das ist das Dümmste, das ich je gehört habe! Schwarz beinhaltet eben eine sehr breite Palette von Schattierungen: mehr oder weniger grün oder bläulich oder vielleicht rötlich?

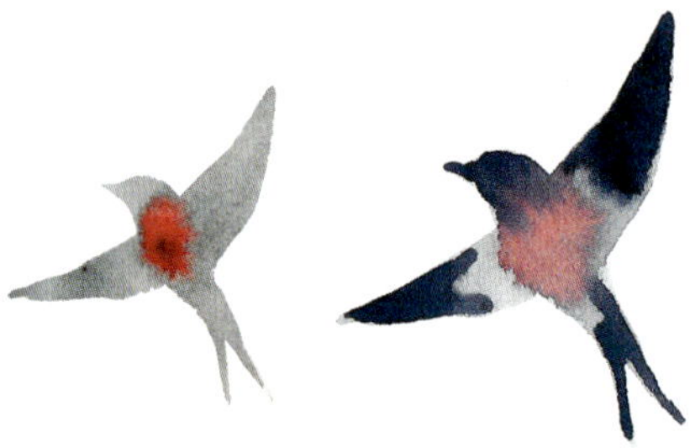

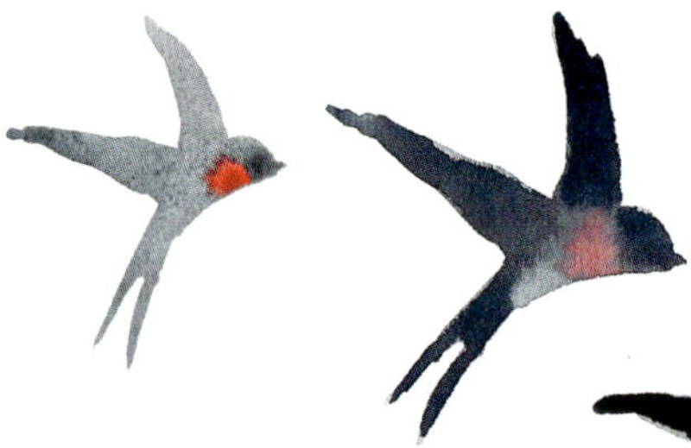

Die Schwalben ziehen ihren schönsten Smoking über ihr graues Kleid. Ein Hauch von Rot für die Kehle, und schon geht es los mit den Loopings!

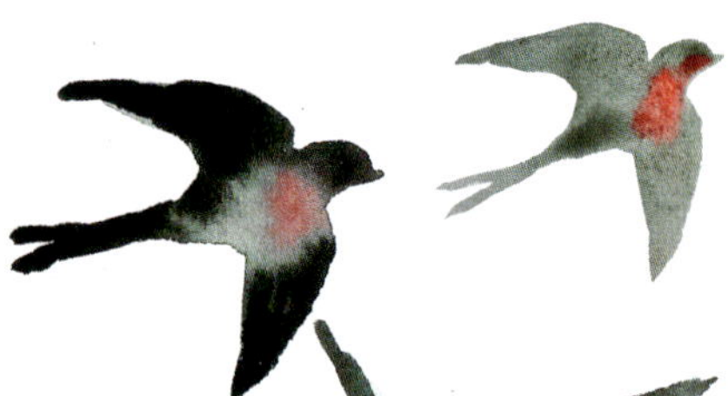

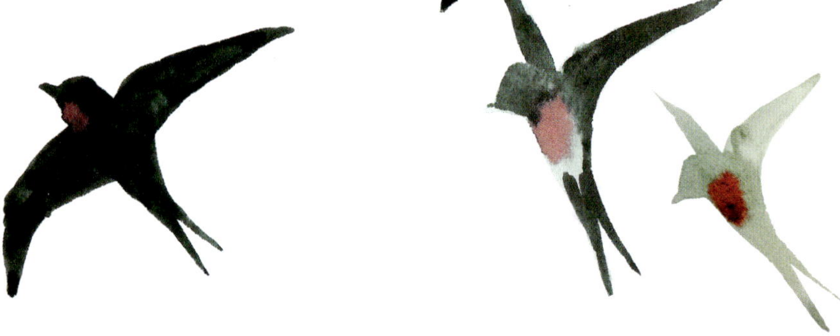

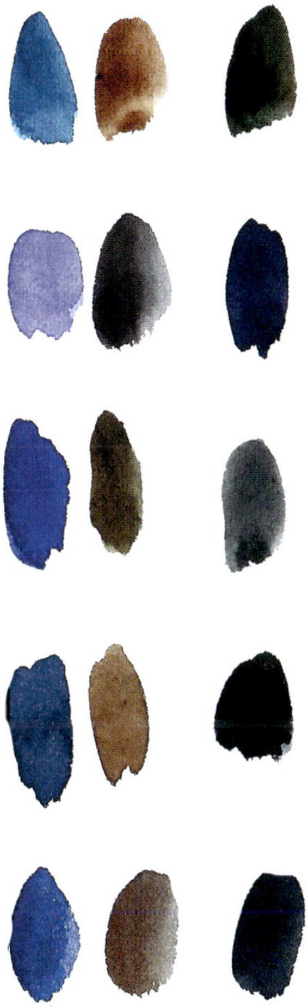

Das Geheimnis der Schwalben, sich von ihrer besten Seite zu zeigen? Alle Brauntöne deiner Farbpalette treffen beim großen Speed-Dating der Farbe Schwarz auf alle Blautöne in deinem Aquarellkasten. Es gibt grenzenlos viele Nuancen!

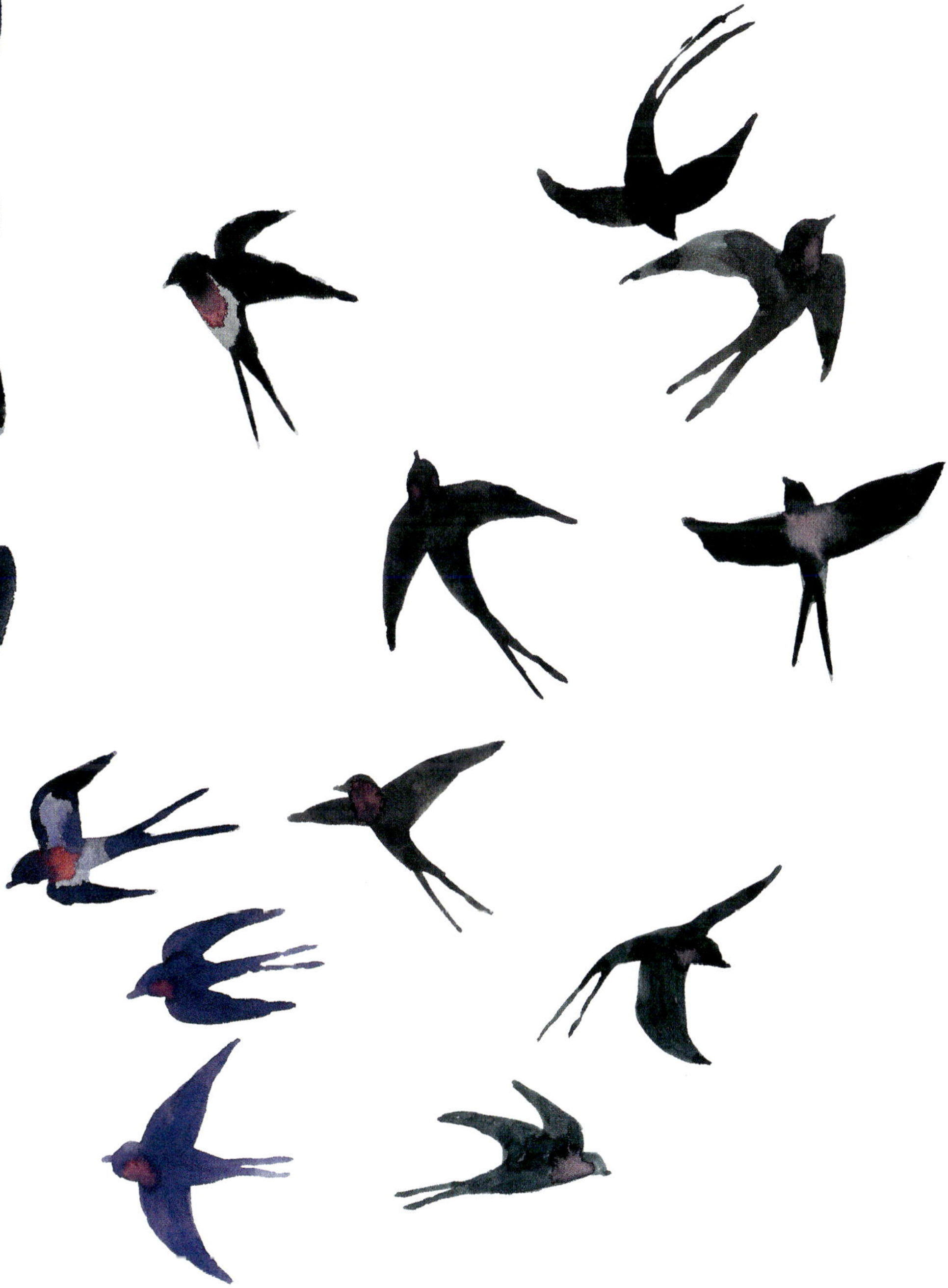

Zusätzliche Übung

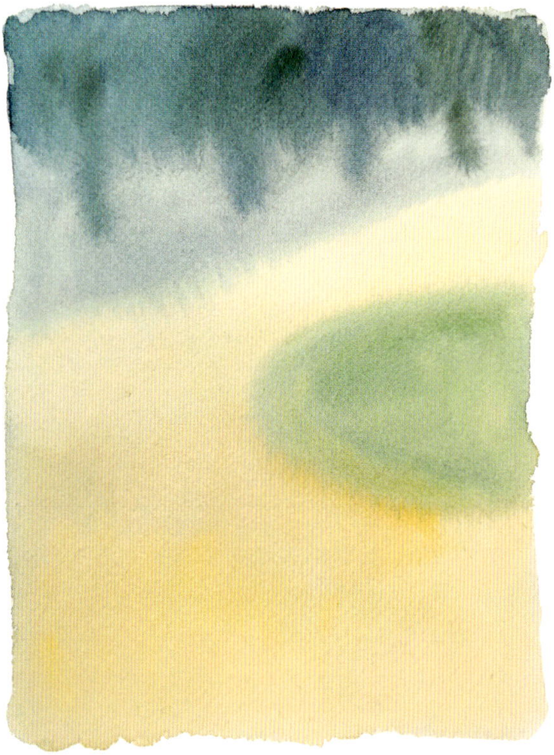

Um mich im Palais Royal auszuruhen, habe ich das kreidefarbene Ocker der Erde, ein Graugrün für den Brunnen und bläuliche Bäume für den Schattenbereich gemalt.

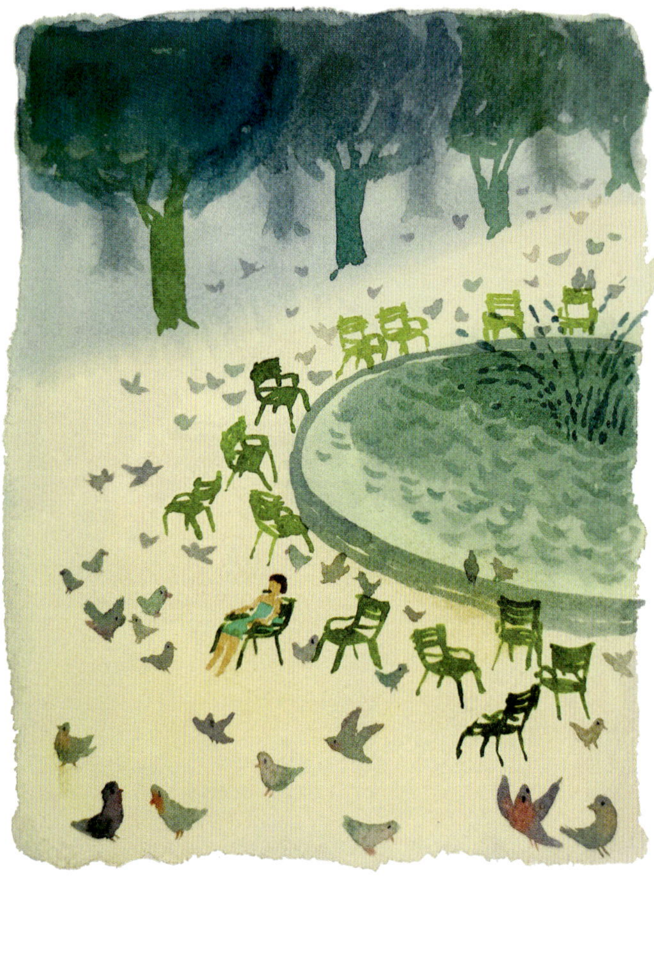

Dann habe ich ein paar grüne Parkstühle gemalt, auf denen man in der Sonne lesen kann, und ließ sie blasser werden, je weiter sie von uns entfernt sind. Ich habe für die Kulisse ein paar deutlich erkennbare Bäume hinzugefügt, und viele Tauben in tausend farbigen Grautönen. Wie für die Stühle gilt auch hier: Je weiter sie entfernt sind, desto heller und unschärfer sind sie.

Jetzt muss ich nur noch ein paar bläuliche Schatten hinzufügen, und fast bin ich fertig. Ein Schwalbenschwarm in farbigen Schwarztönen, und das Sonnenbad kann beginnen …

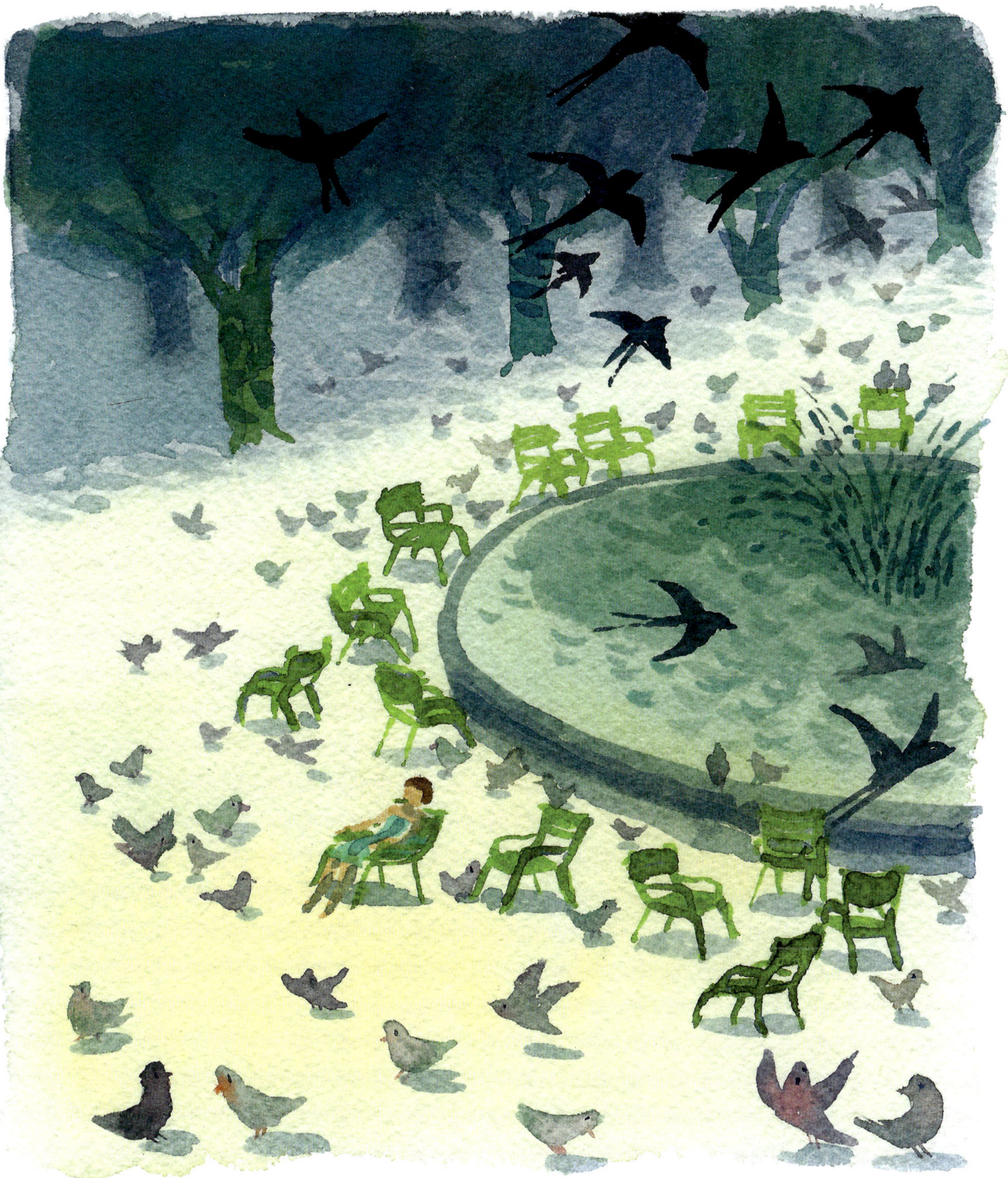

34. Woche

Den Pinselstrich anpassen

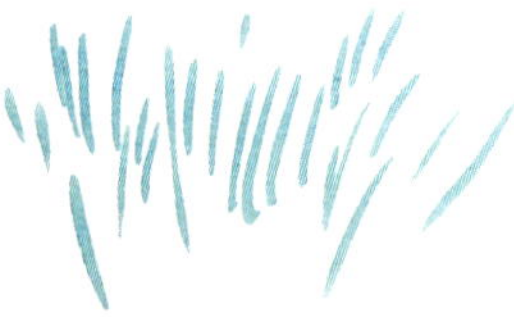

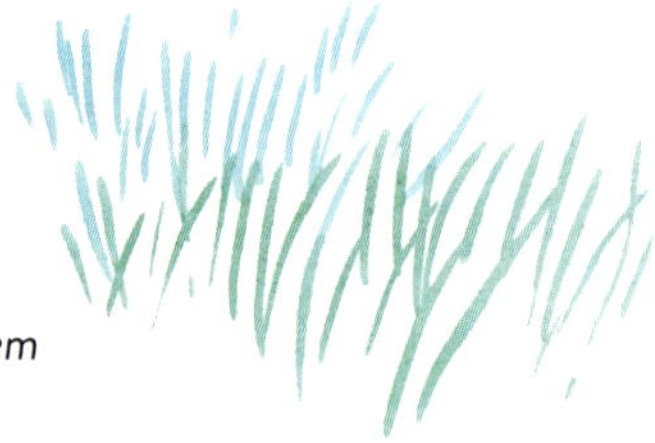

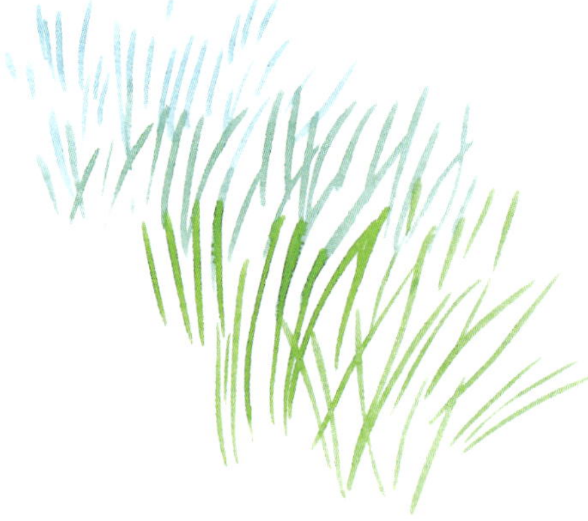

Diese Wildkräuter werden mit einem feinen Pinsel mit weichem und leichtem Strich gemalt.

Der Pinsel ist ein wertvolles Werkzeug und ich passe den Strich jeweils an den Gegenstand an, den ich male. Jede Form hat ihre eigene Handschrift: Es liegt an dir, den Pinsel zu wählen und den Strich herauszufinden, der am besten zum Charakter des Objektes passt!

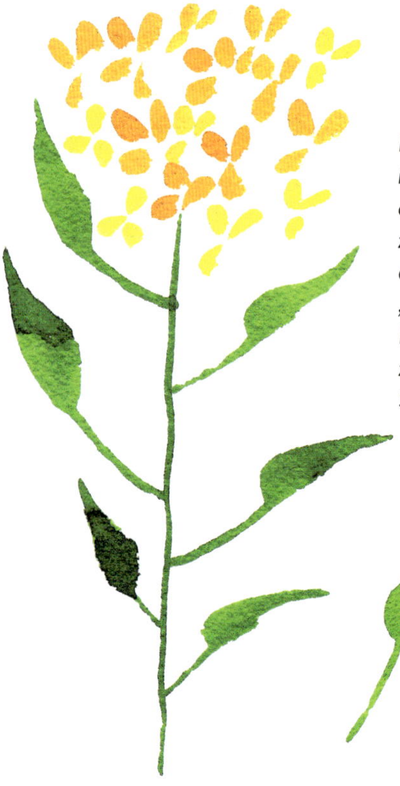

Die Blätter dieser Blumen male ich mit einem einzigen Strich, ohne den Pinsel abzusetzen, zuerst mit der Pinselspitze, dann drücke ich für den „Bauch“ des Blatts den ganzen Pinsel auf das Papier und male zum Schluss wieder nur mit der Spitze.

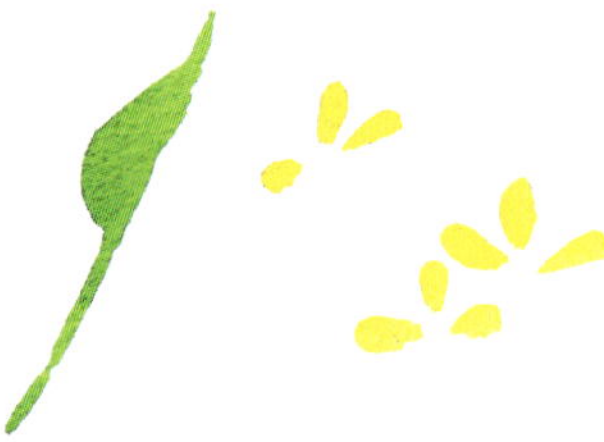

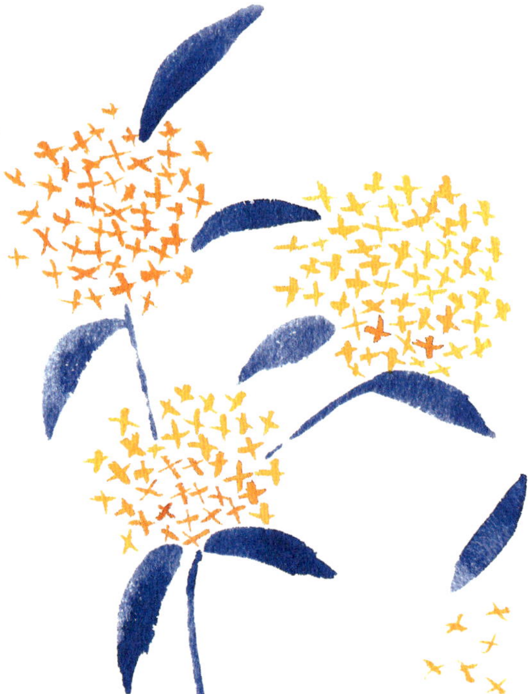

Für diese Blüten in Kreuzform nimmt man am besten einen sehr feinen Pinsel.

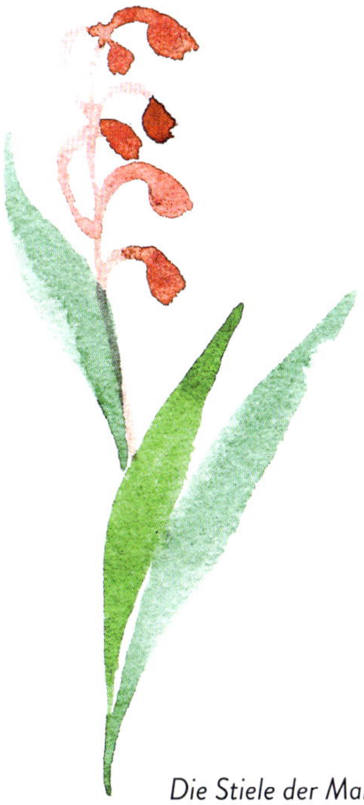

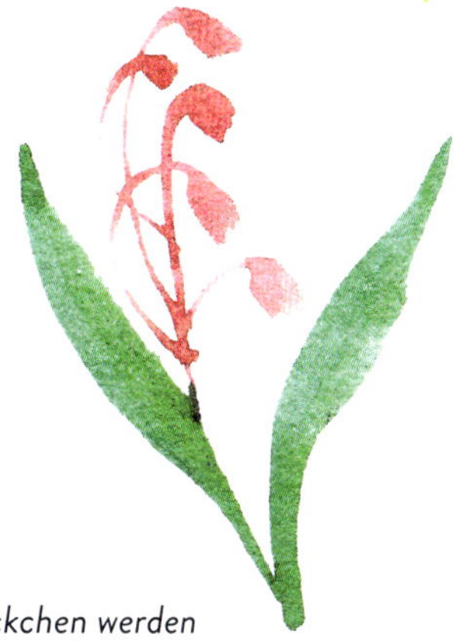

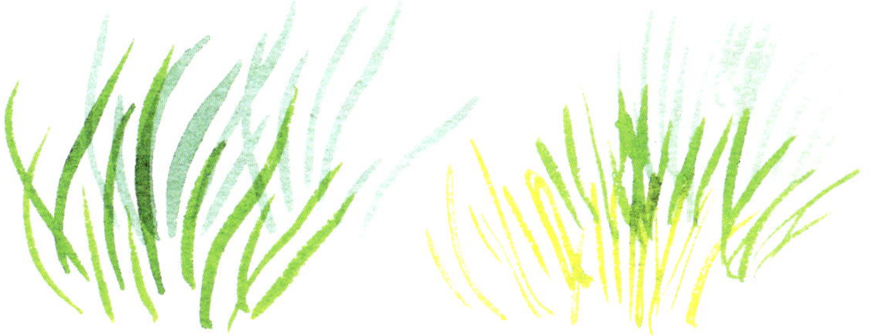

Die Blüten der Lupine werden mit kleinen, weichen Pinselstrichen aufgetragen …

Die Stiele der Maiglöckchen werden mit der Pinselspitze gezogen, dann male ich die Blüten, indem ich den ganzen Pinsel auf das Papier drücke.

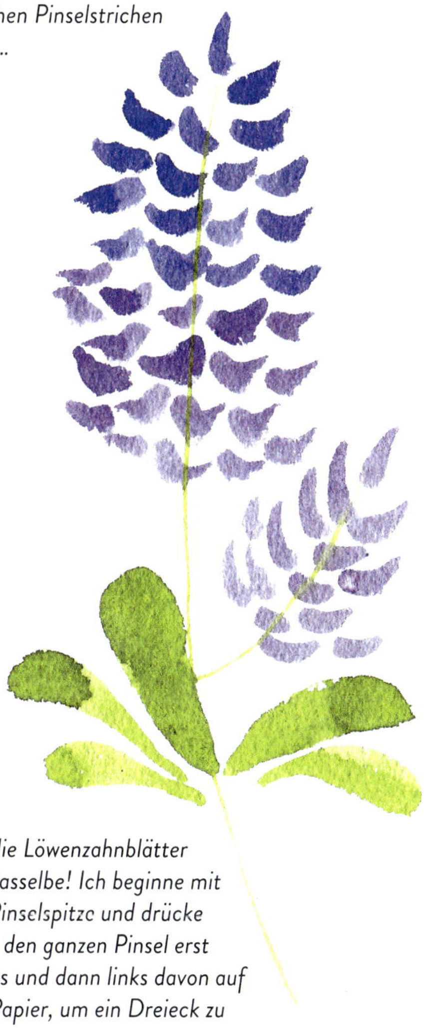

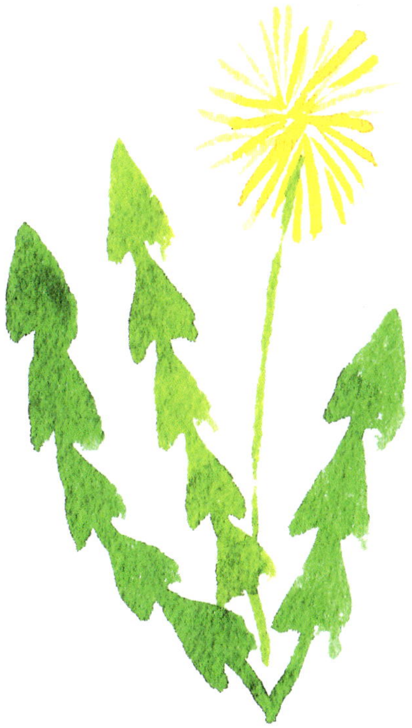

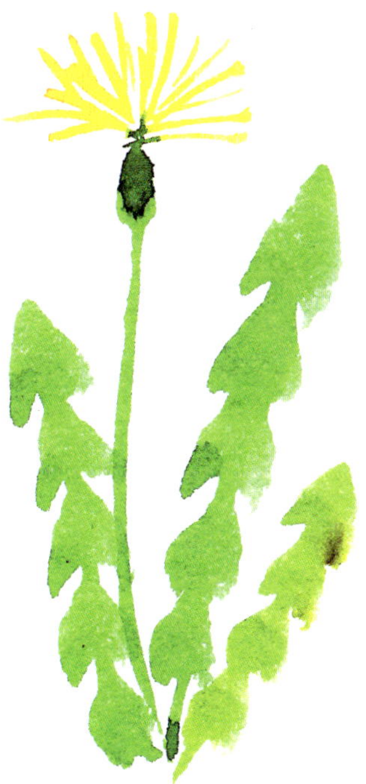

Für die Löwenzahnblätter gilt dasselbe! Ich beginne mit der Pinselspitze und drücke dann den ganzen Pinsel erst rechts und dann links davon auf das Papier, um ein Dreieck zu malen.

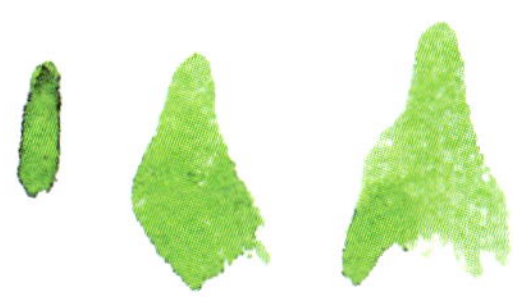

35. Woche

Tiere mit verschiedenen Pinselstrichen malen

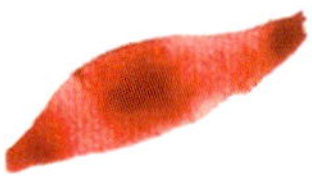

Wie bei den Blättern in der letzten Woche passe ich auch hier den Pinselstrich an: Ich nehme eine sehr feine Spitze, drücke den Pinsel mit allen Haaren auf das Papier, ziehe den Strich in die Länge, drücke die Farbe heraus ..., bis die endgültige Form entsteht, wie komplex sie auch sein mag.

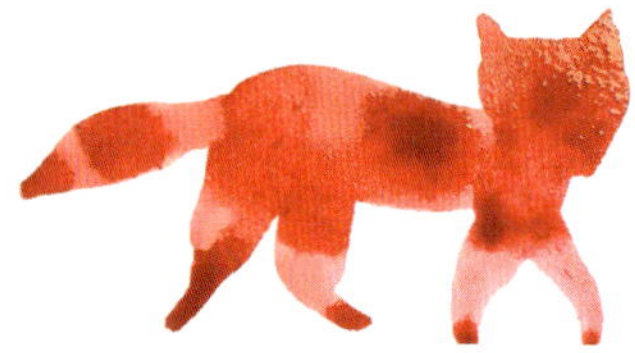

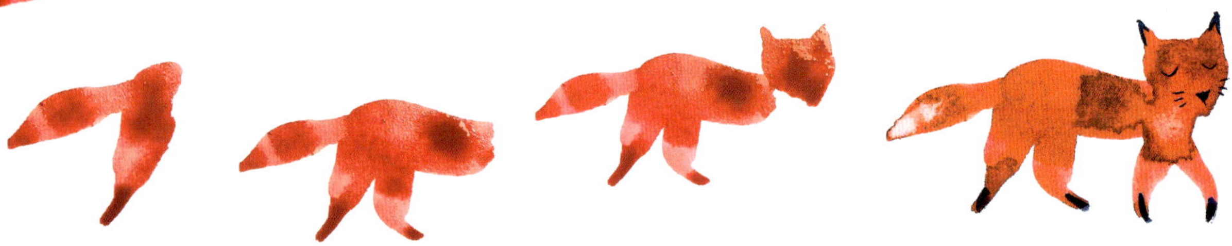

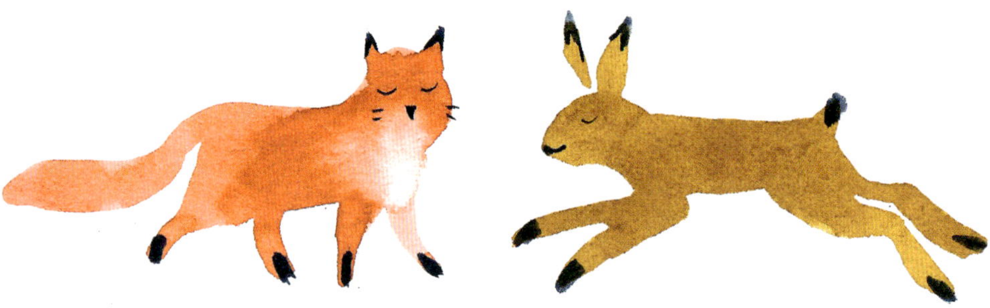

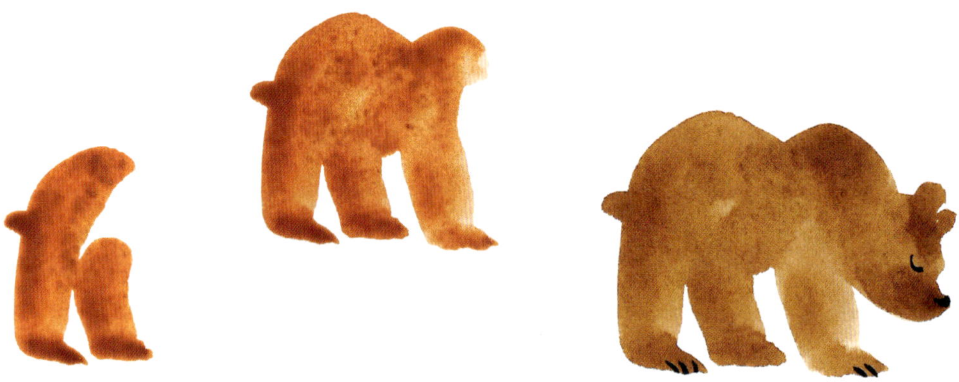

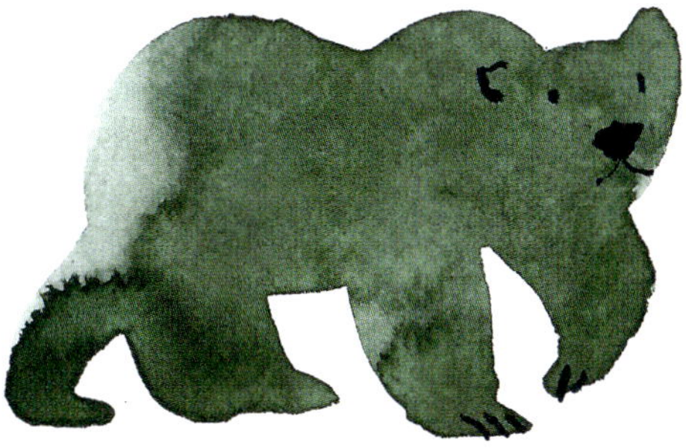

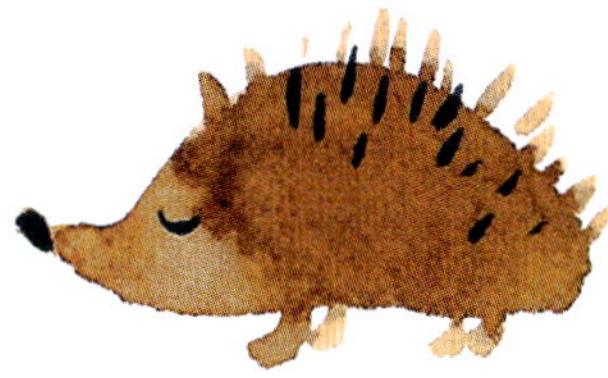

Diese Waldtiere sind das Ergebnis verschiedener Striche mit einem runden, mittelgroßen Pinsel mit feiner Spitze … Wenn der Körper trocken ist, male ich mit einem sehr feinen Pinsel die Details auf.

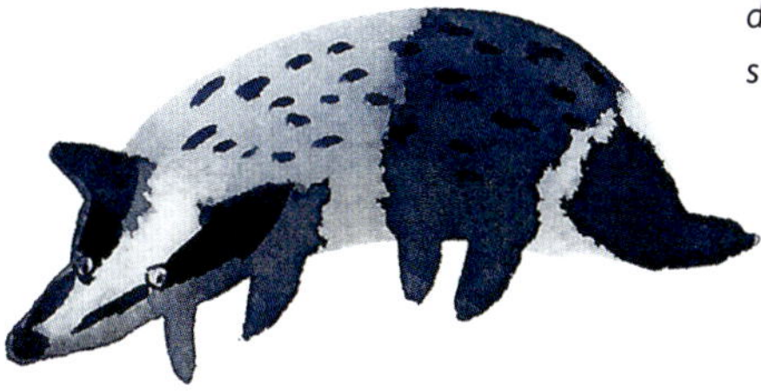

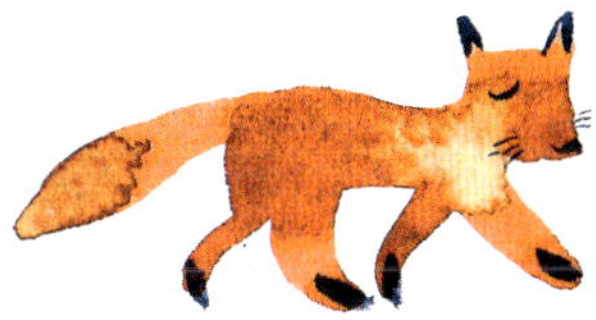

Wenn ich mit Aquarellfarben Formen male, koloriere ich sie nicht weiter. Ich betrachte sie vielmehr wie die Kalligrafie von Schriftzeichen. Das verleiht den Formen viel Dynamik und macht sie grafischer.

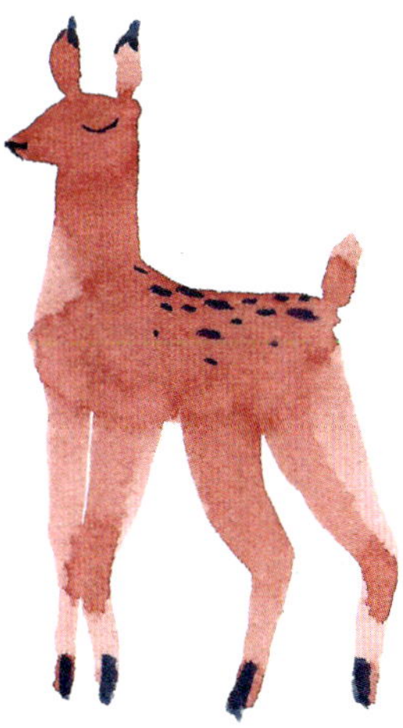

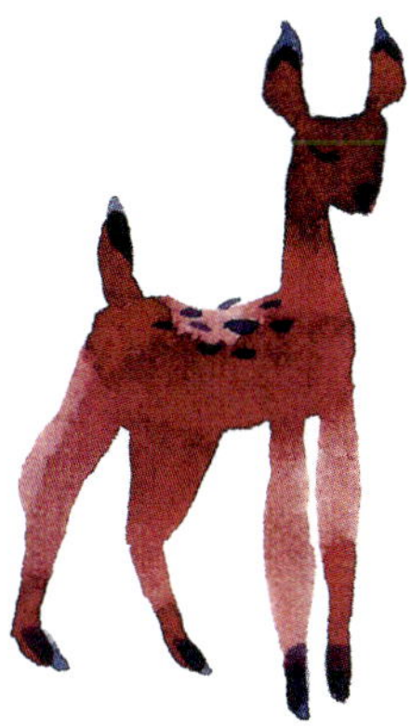

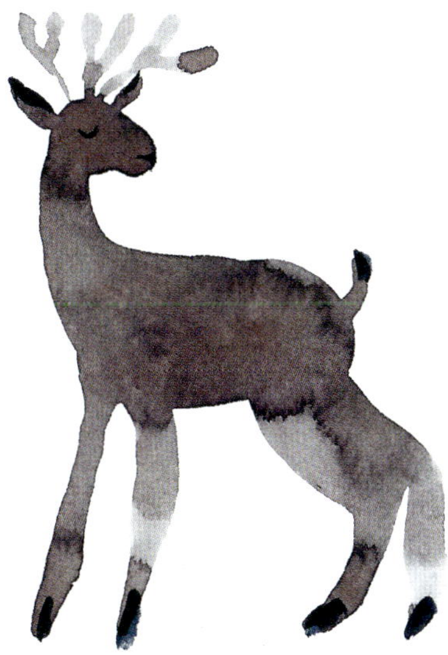

Zusätzliche Übung

Ich präsentiere dir meinen üppigen Gemüsegarten, damit du verschiedene Pinselstriche üben kannst: Das ist der Garten eines Malers!

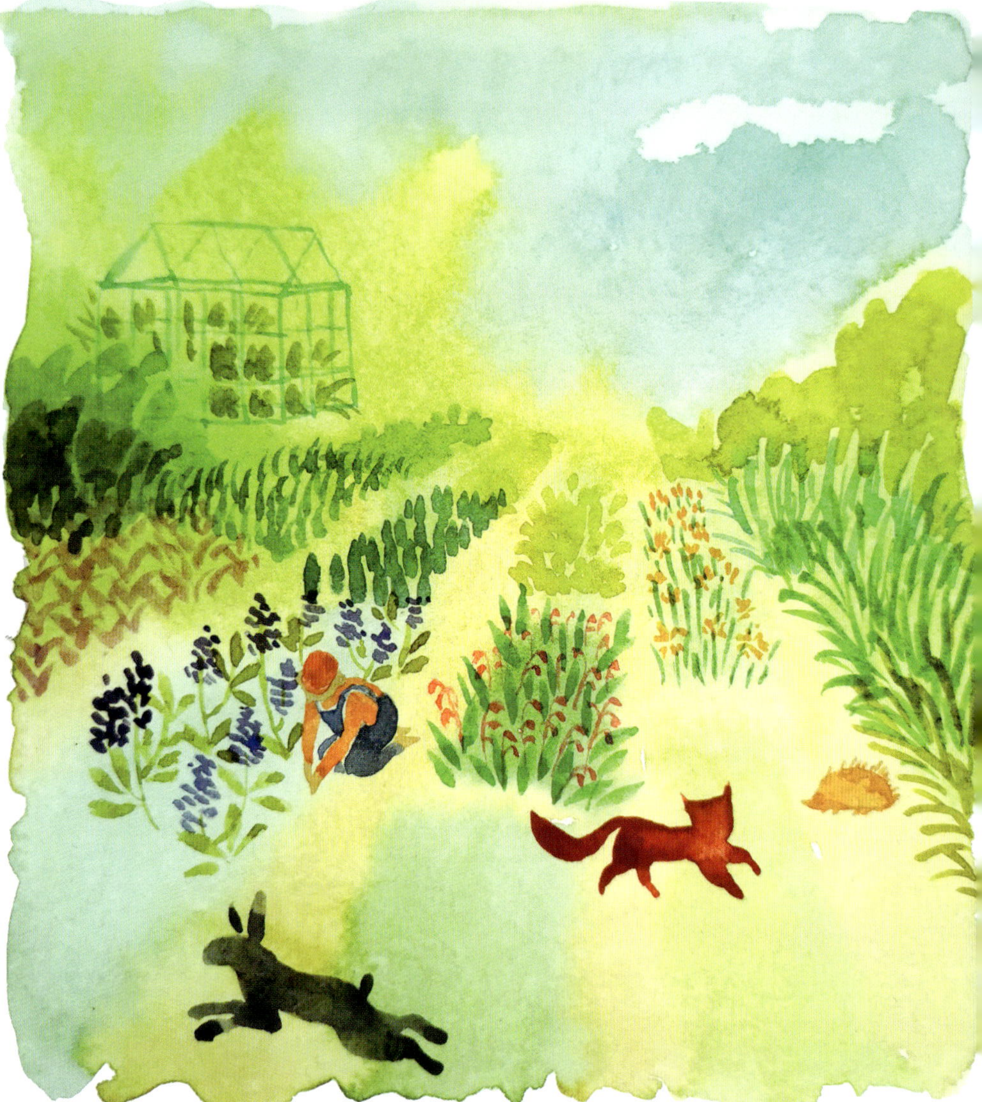

Ich habe zuerst die großen blauen, grünen und ockerfarbenen Bereiche meines Gemüsegartens in der Nass-in-Nass-Technik gemalt.

Ein paar ganz weiche Pinselstriche für die Gemüsepflanzen, Blumenbeete, ein Gewächshaus in der Ferne und ein paar Wildtiere, die dem konzentrierten Gärtner einen Besuch abstatten.

Die Blumen im Vordergrund sind sehr grafisch und lassen uns ins Bild hinein ... Noch ein paar Schatten einfügen und der Gemüsegarten sprüht vor Leben!

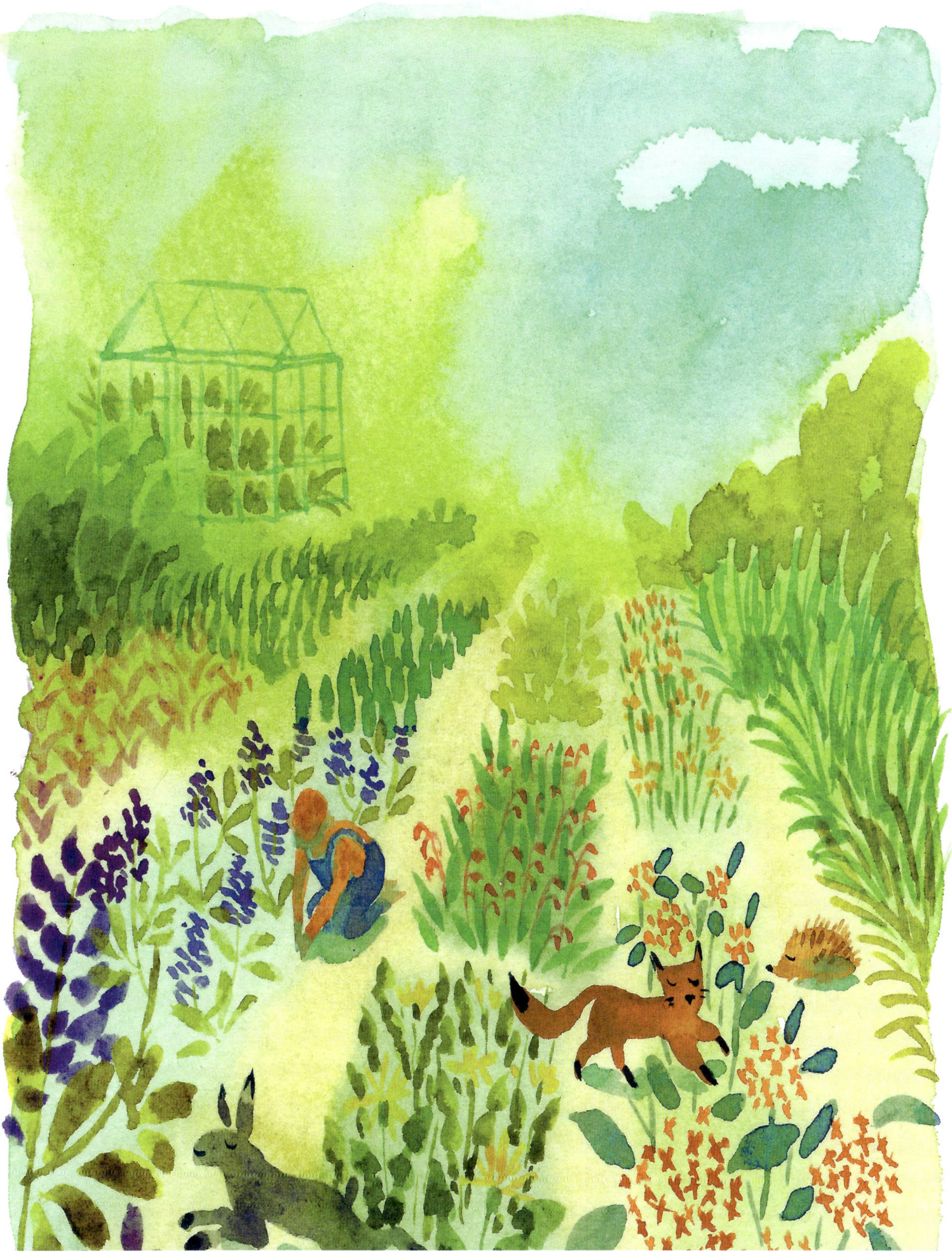

36. Woche

Expressiver Pinselstrich

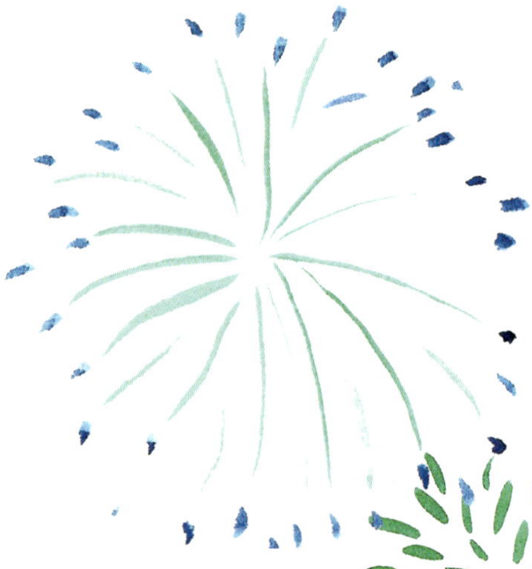

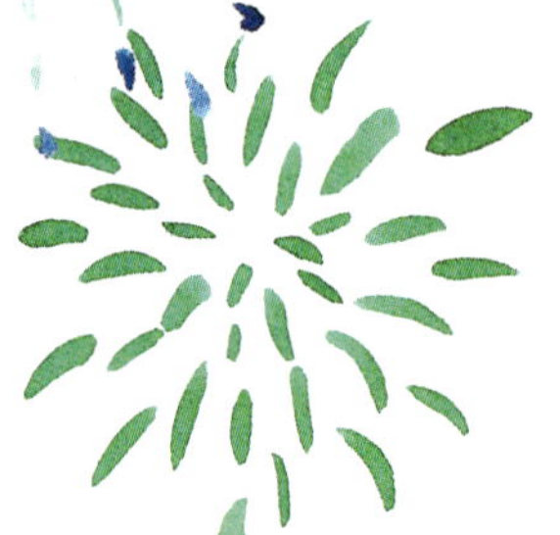

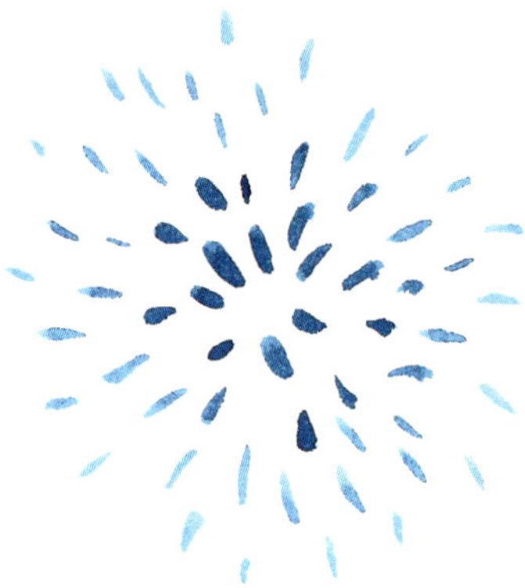

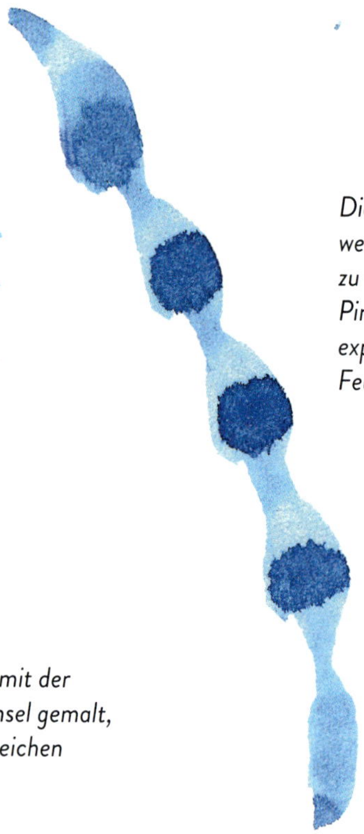

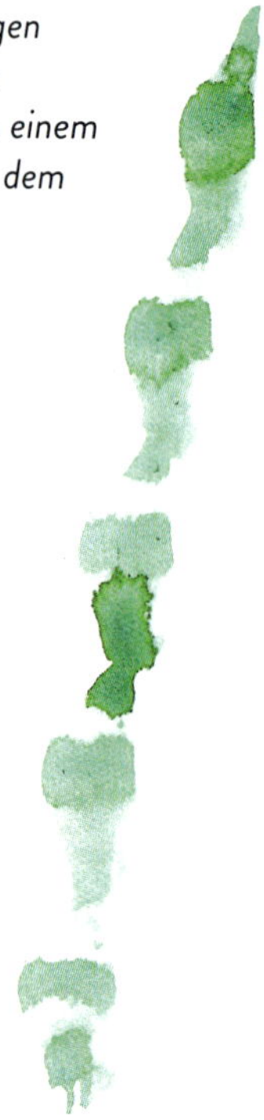

Diese Woche geht's weiter mit Übungen zu verschiedenen Pinselstrichen an einem explosiven Sujet: dem Feuerwerk!

Die Lichtstreifen werden abwechselnd mit der Pinselspitze und mit dem gesamten Pinsel gemalt, während die Blitze mit einem feinen, weichen Pinselstrich aufgetragen werden.

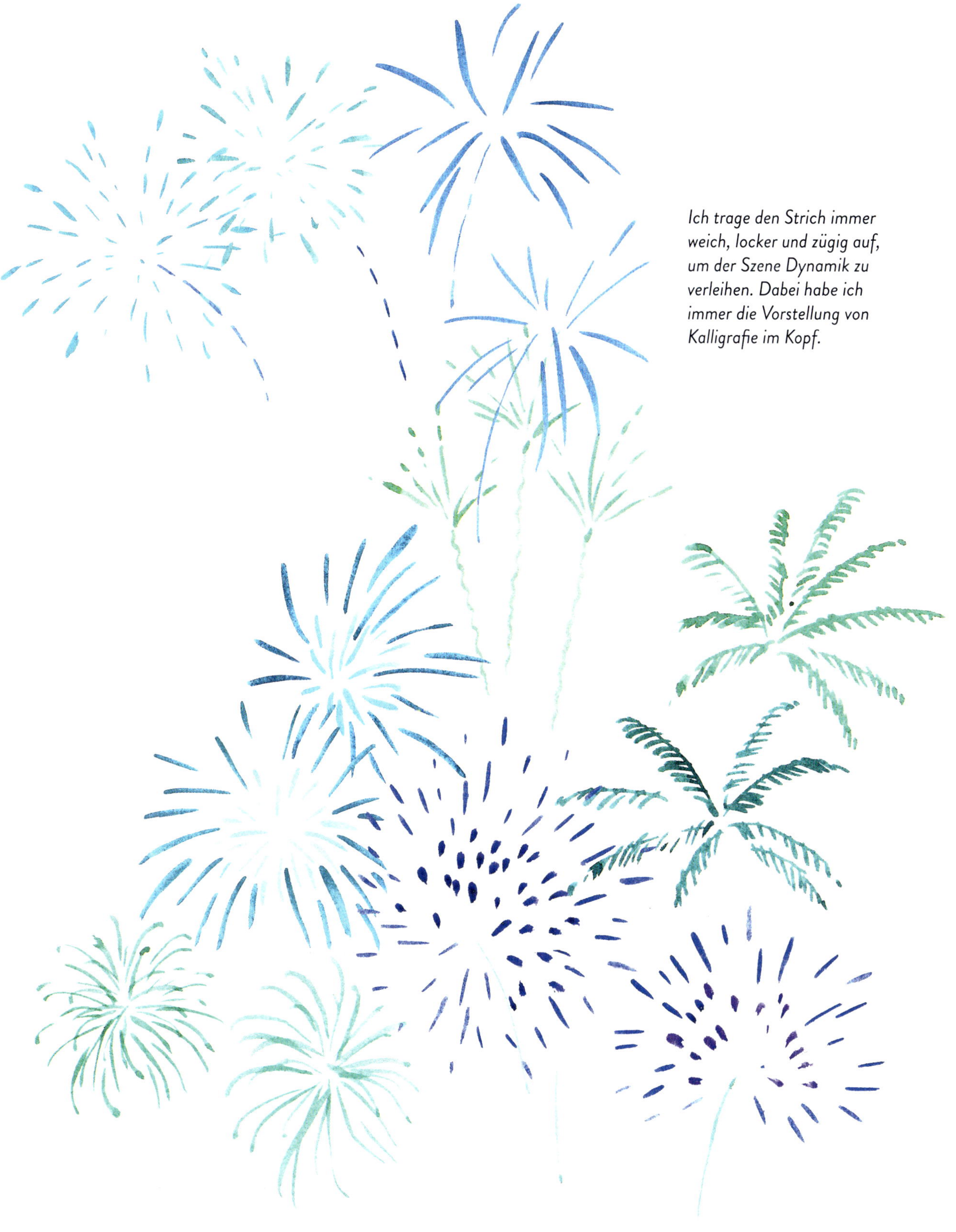

Ich trage den Strich immer weich, locker und zügig auf, um der Szene Dynamik zu verleihen. Dabei habe ich immer die Vorstellung von Kalligrafie im Kopf.

37. Woche

Vorteile des flachen Farbauftrags

Für jede Handschrift und jeden Stil gibt es den passenden Pinsel: Ein Feuerwerk male ich mit feinen und weichen Pinseln. Aber für Gebäude und Architektur verwende ich flache Pinsel, weil sich damit die festen Formen und Winkel besser umsetzen lassen.

Ein kleiner flacher Pinsel, um die Skyline am Horizont zu malen …

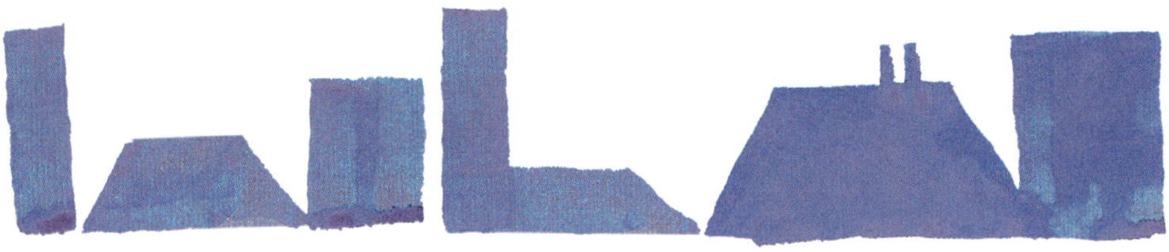

Ein mittelgroßer flacher Pinsel für die nahen Dächer …

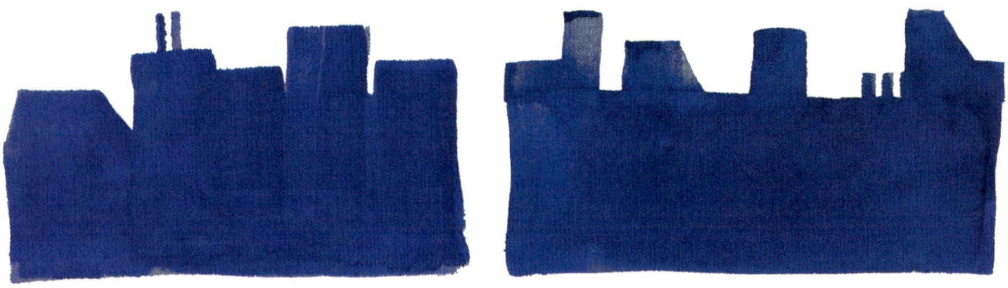

… und ein großer flacher Pinsel für die Gebäude ganz vorne. Ich male jedes Rechteck mit nur einem Pinselstrich, die Dächer mit zwei Pinselstrichen.
Die Schornsteine werden später hinzugefügt!

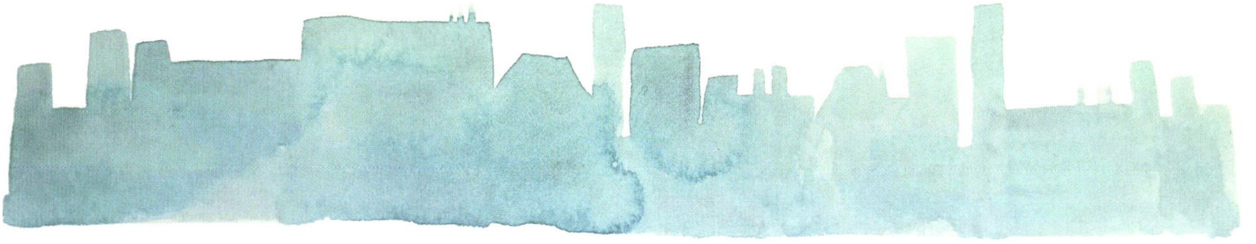

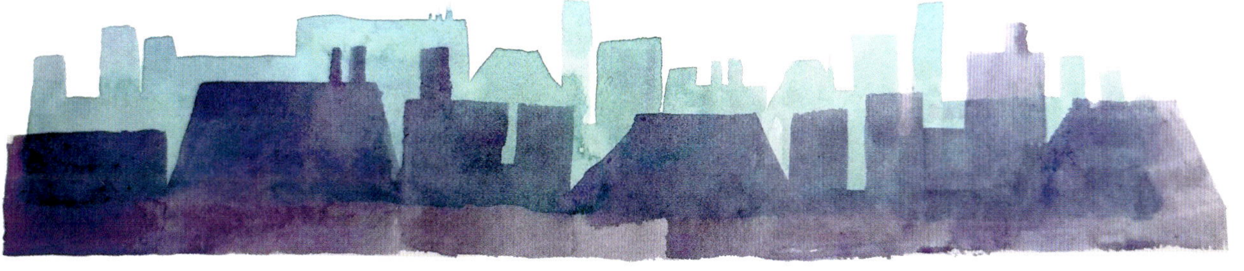

Ich setze die Schichten übereinander, um einen Horizont aus Dächern abzubilden. Den Hintergrund male ich in Cyanblau, den Mittelgrund in Violett und den Vordergrund in Dunkelblau, dabei verwende ich unterschiedlich große flache Pinsel.

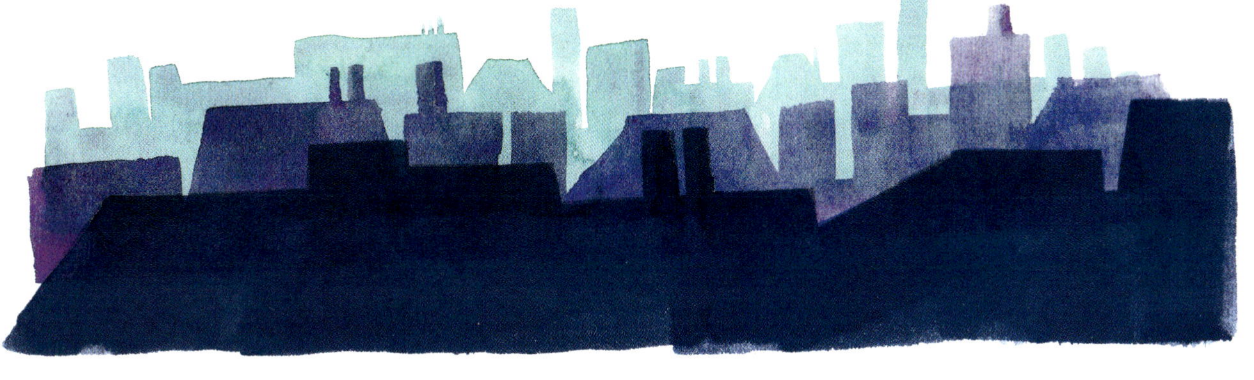

Zusätzliche Übung

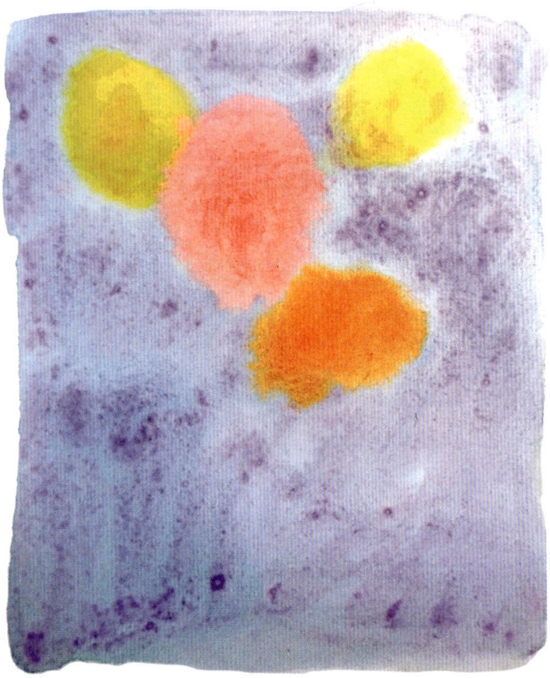

Ein schöner Sommerabend, um das Feuerwerk über der Stadt zu beobachten, beginnt mit viel Farbe: Mit der Nass-in-Nass-Technik male ich den violetten Himmel und die hellen Feuerwerksexplosionen.

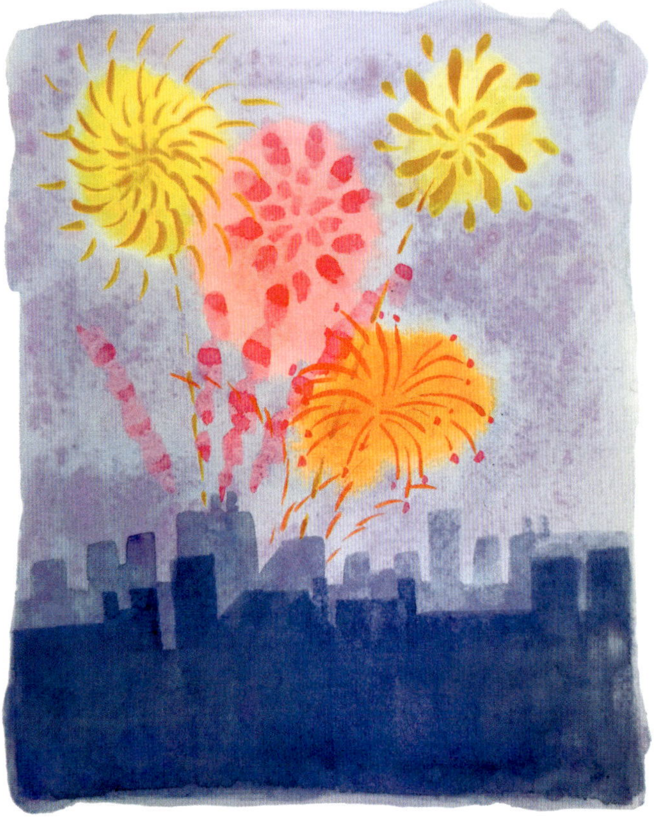

Wenn der Hintergrund trocken ist, male ich mit dem Pinsel noch Feuerwerk dazu und achte dabei auf einen weichen und expressiven Strich.

Dann breiten sich die übereinanderliegenden Dächer vor der Silhouette einer Zuschauerin aus, die auf einem Zinkdach sitzt.

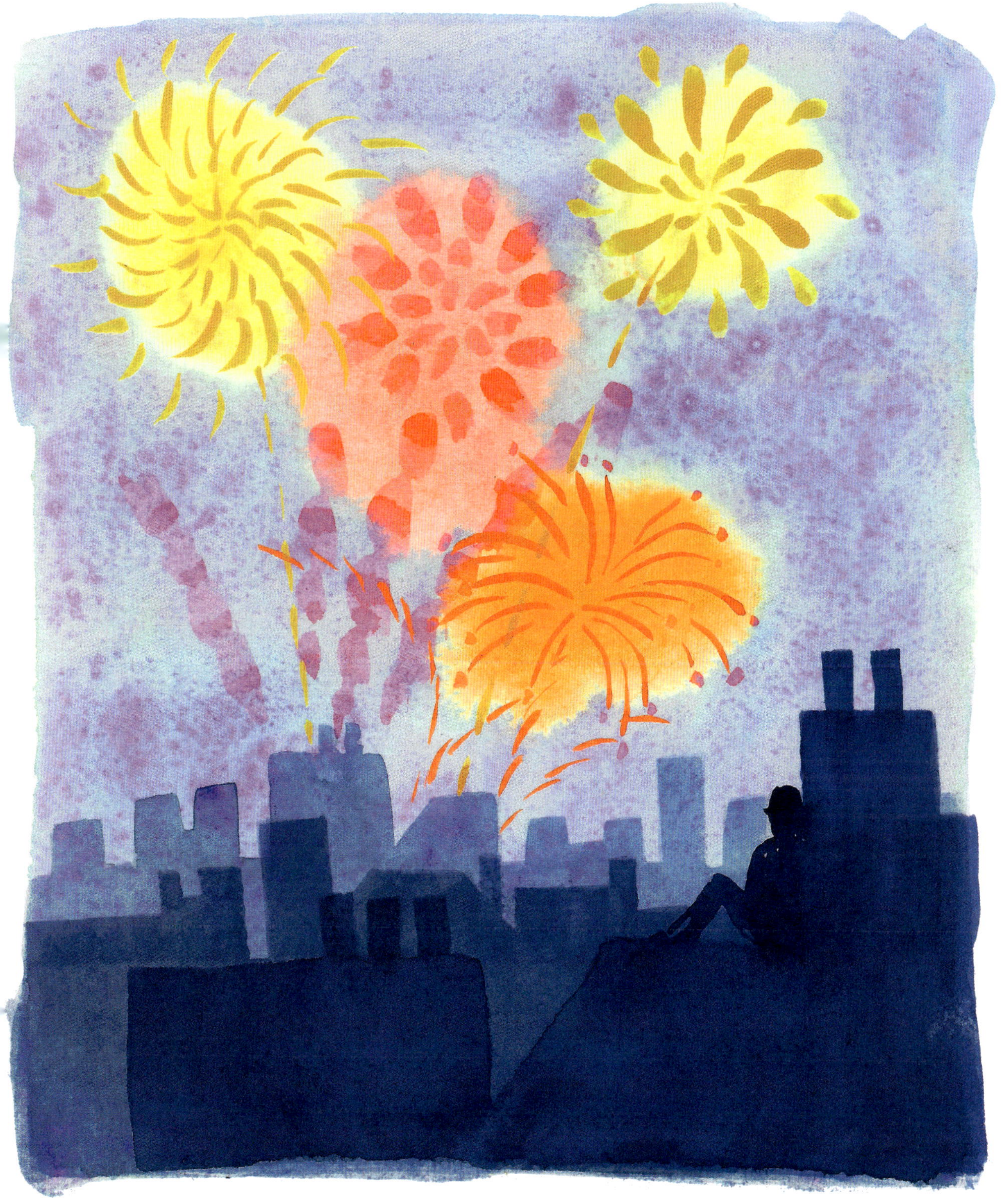

38. Woche

Mit trockenem Pinsel malen

Es gibt nichts Schöneres als einen trockenen Pinsel, um damit Fenchelzweige, Lavandelstängel oder Knoblauchblüten zu malen!

Achtung! Für diese Technik nehme ich einen alten, billigen Pinsel. Ich nehme damit nämlich nur wenig Wasser und wenig Farbe auf und „wische“ ihn dann auf einem Stück Papier ab, damit die Haare trocken werden, bis sie sich von einander lösen. Das könnte einen wertvollen Pinsel beschädigen.

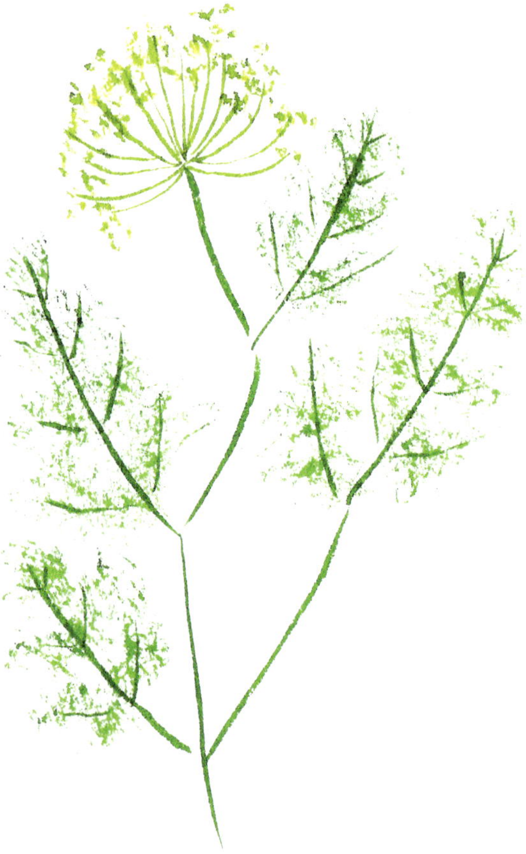

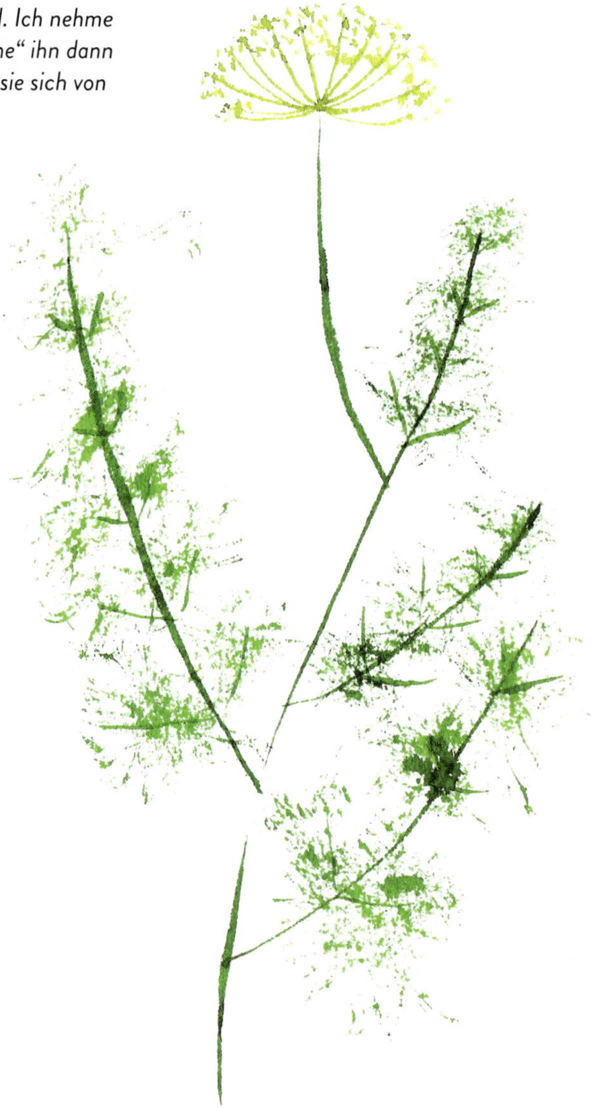

Mit dieser Technik versuche ich die Textur bestimmter Blüten und Blätter wiederzugeben. Ich probiere dabei immer, meinem Pinsel einen grafischen Schwung zu geben, damit die Blumen lebendig wirken!

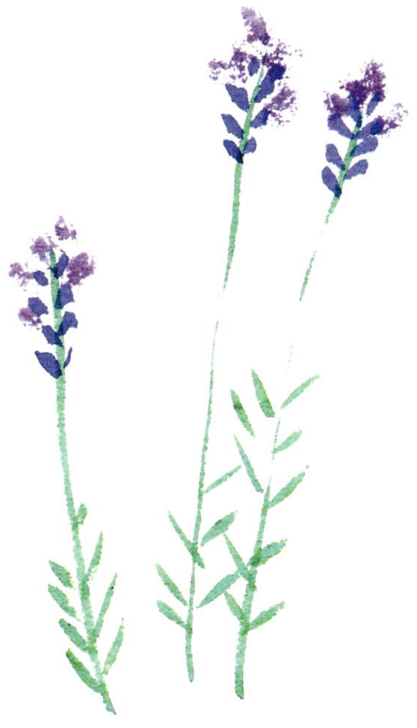

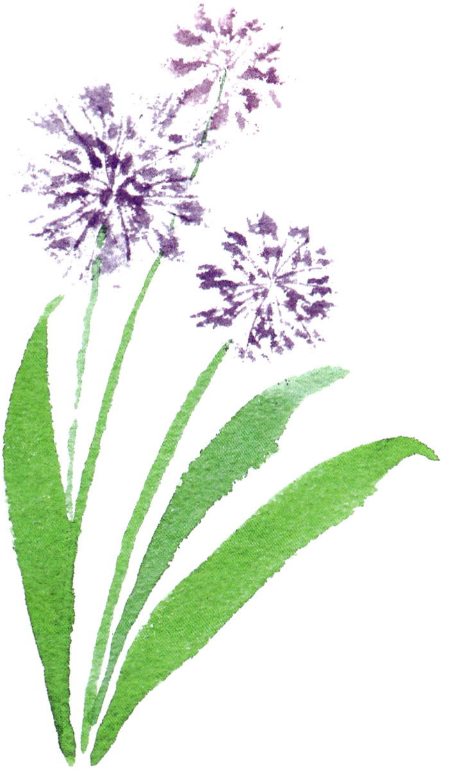

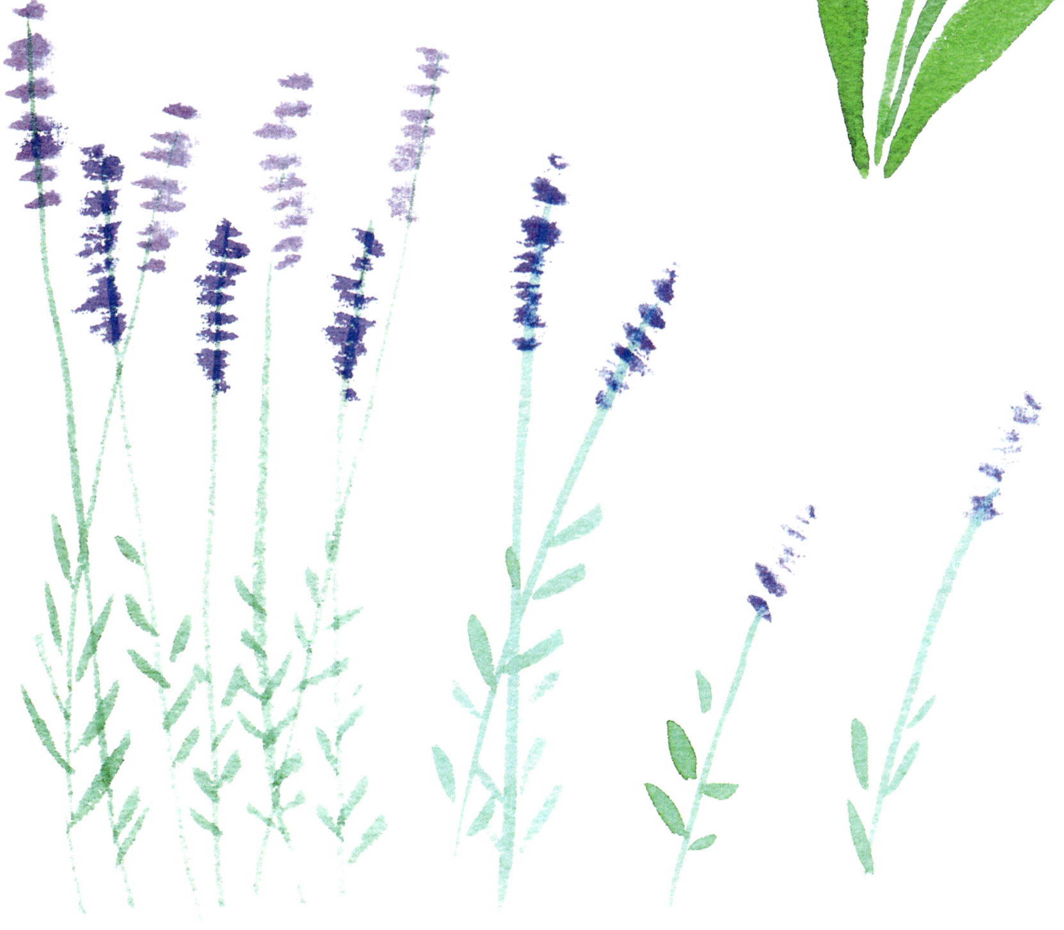

39. Woche

Spritzer und Flecken

Für die Spritztechnik nehme ich eine alte Zahnbürste, verdünne zunächst die Farbe mit viel Wasser und tauche dann die Zahnbürste hinein. Ich fahre dann mit dem Finger über die Borsten und richte die Bürste so aus, dass die Spritzer auf das Papier fallen. Wenn du das übst, probiere, leichte und sehr feine sowie auch kräftigere und dickere Spritzer in eine oder unterschiedliche Richtungen zu erzielen.

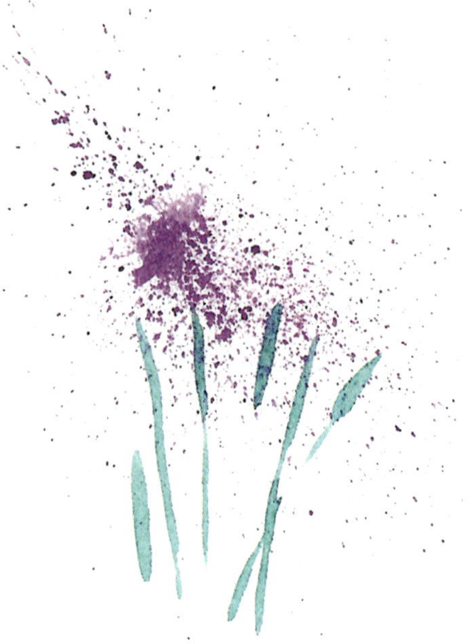

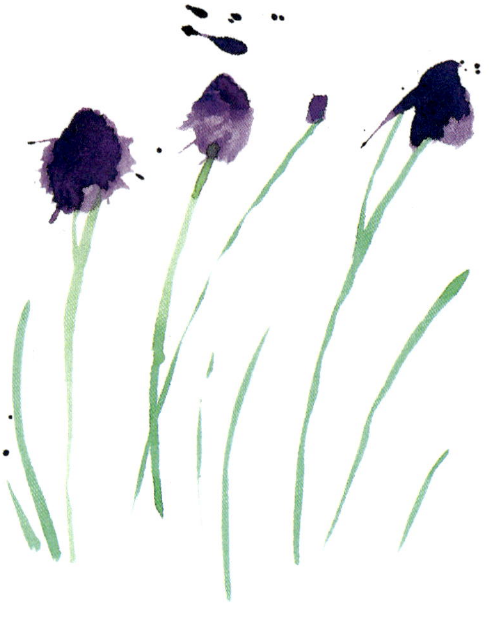

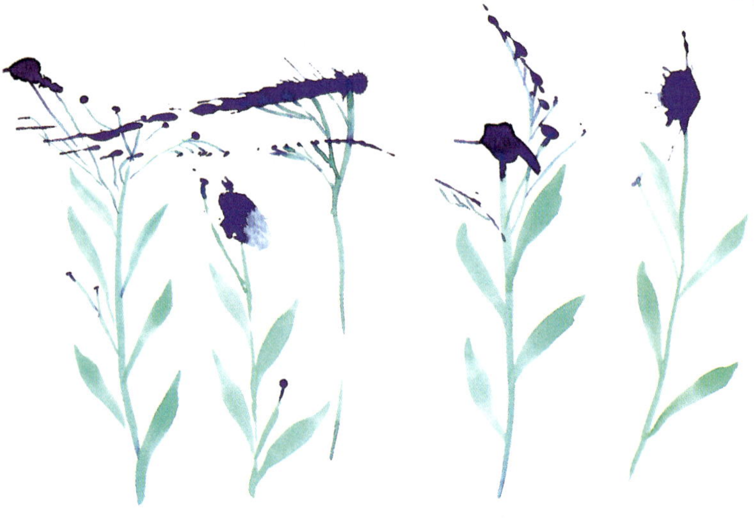

Flecken zu erzeugen ist keine Geheimwissenschaft: Egal, ob mit Zahnbürste oder Pinsel, ich spritze die gut verdünnte Farbe auf das Papier, so als ob ich sie abtropfen lassen wollte.

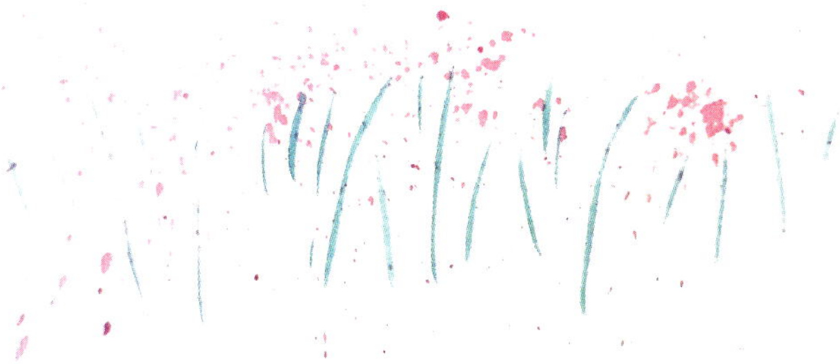

Diese Techniken sind überaus befriedigend und eine Ode an den Zufall. Es lebe das Kleckern und die Unzulänglichkeit!

Ich beginne mit einer ersten Schicht aus luftigen Spritzern mit der Zahnbürste und mit leichten, mit einem dünnen Pinsel gezogenen Strichen. Dann setze ich stärkere dunkle Farbspritzer mit der Zahnbürste und die dickeren, dunkleren Stängel dazu. Zum Schluss füge ich eine dritte Schicht mit Flecken hinzu. Ein Lavendelfeld entsteht!

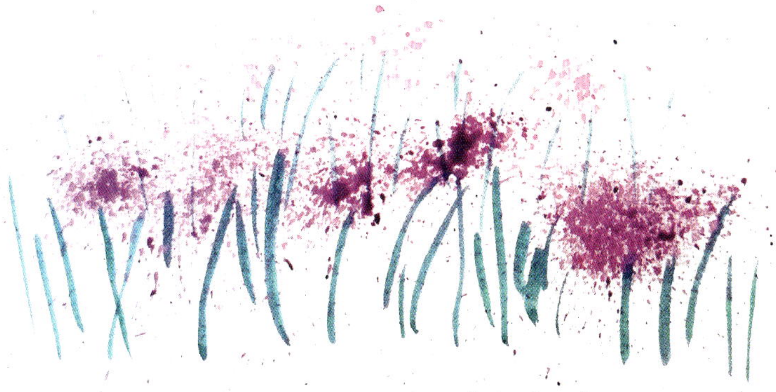

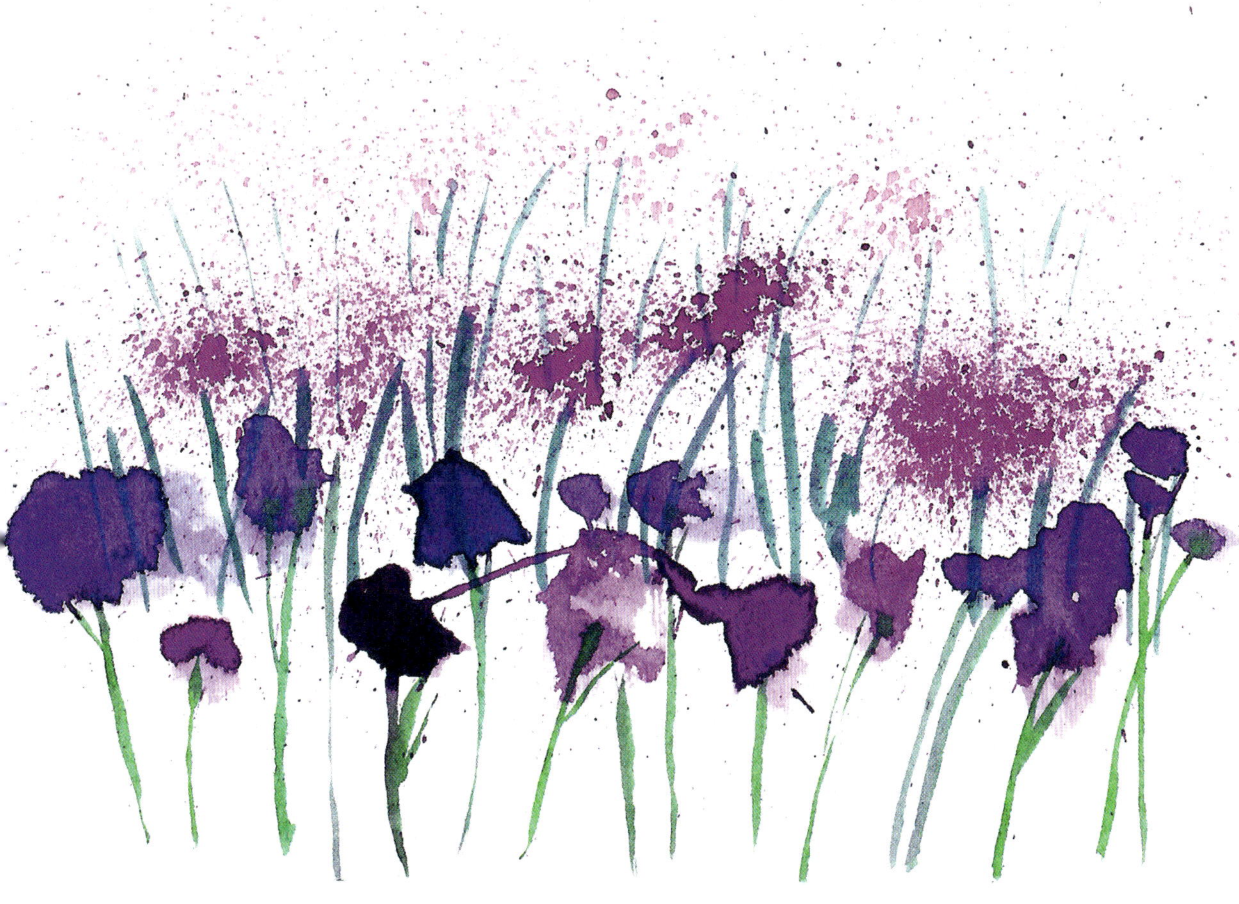

Zusätzliche Übung

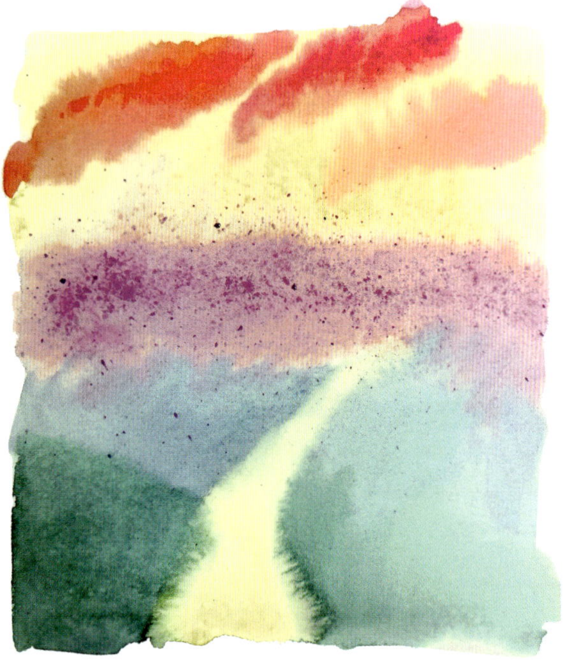

Für diesen Spaziergang in einem Lavendelfeld male ich breite Farbstreifen in Hellgelb, Parma-Lila und Blaugrün auf feuchtes Papier. Ohne die Farben trocknen zu lassen, werfe ich lässig einige lebhafte Wolken in kräftigen Farben dazu.

Sobald der Hintergrund getrocknet ist, spritze ich ein wenig Farbe für das Lavendelfeld im Hintergrund auf.

Mit der Zahnbürste füge ich dann eine zweite gröbere Schicht Farbspritzer in Dunkelviolett hinzu und male auch noch ein paar weiche Stängel auf. Eine Spaziergängerin im gelben Kleid erscheint dort und bildet einen Kontrast zum violetten Feld.

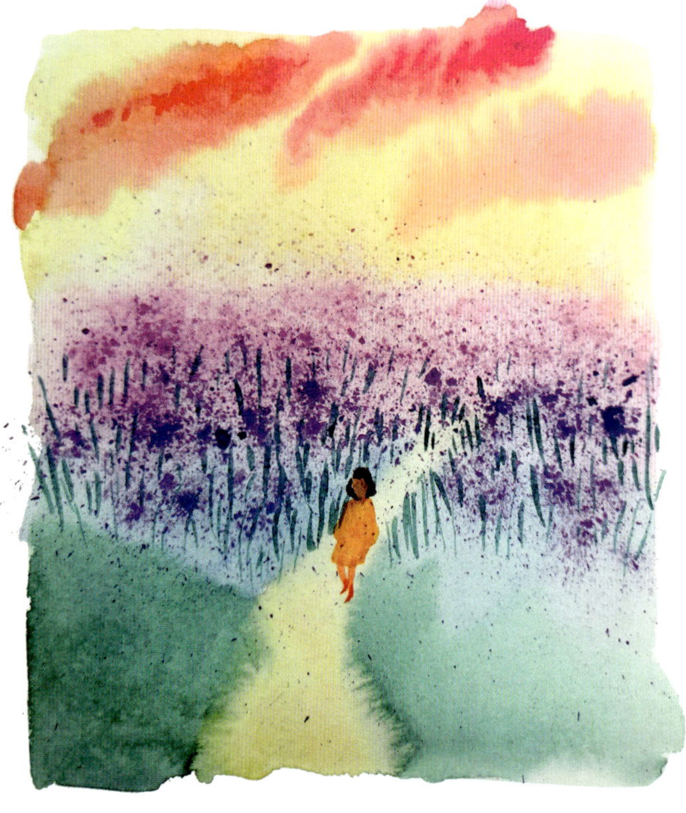

Im Vordergrund habe ich mich ausgetobt! Ein übermütiger Schwall aus blauen und violetten Flecken macht die Szene lebendig ... und ein paar Schatten auf der Figur vollenden die Stimmung im Sommerlicht.

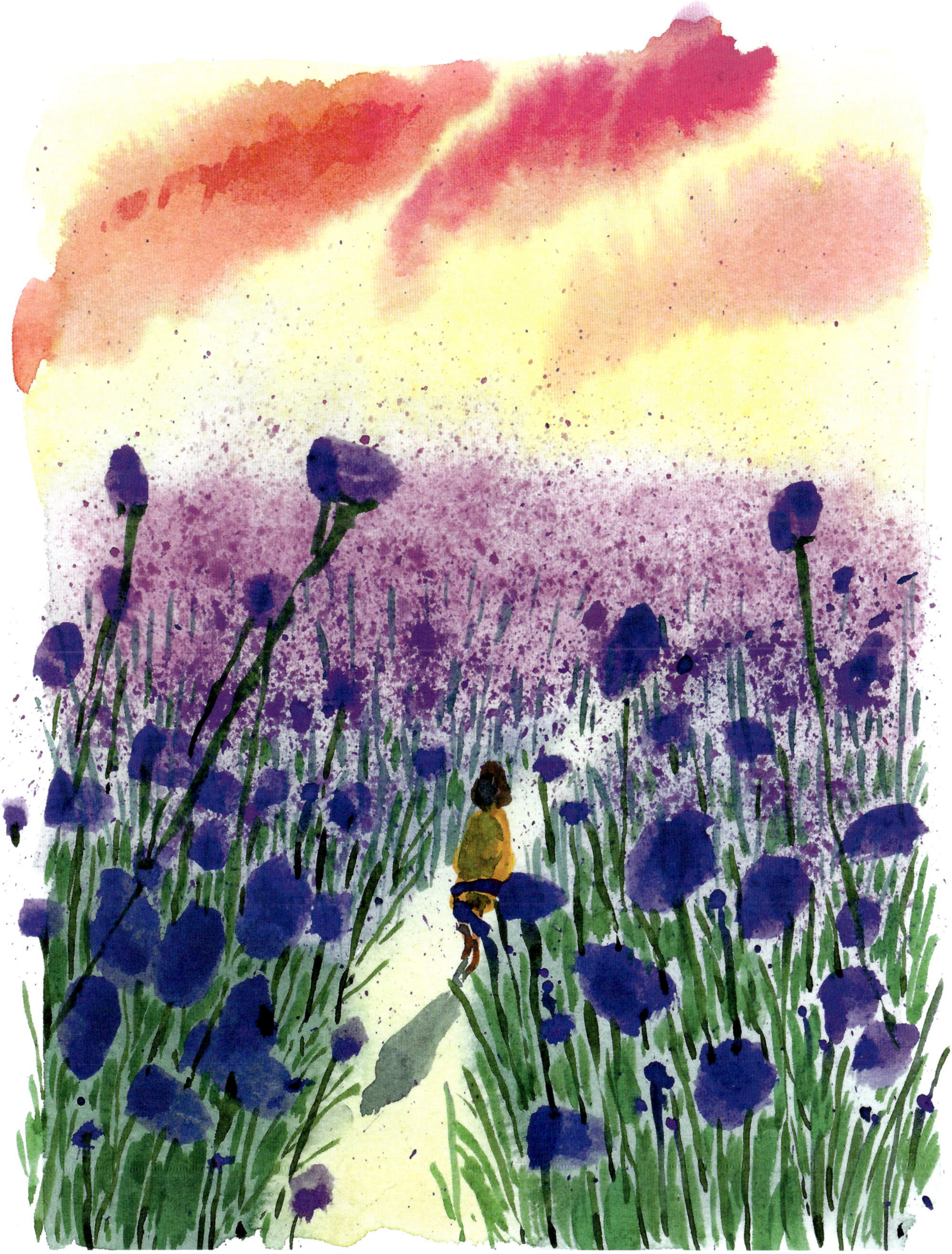

40. Woche

Mit Salz malen

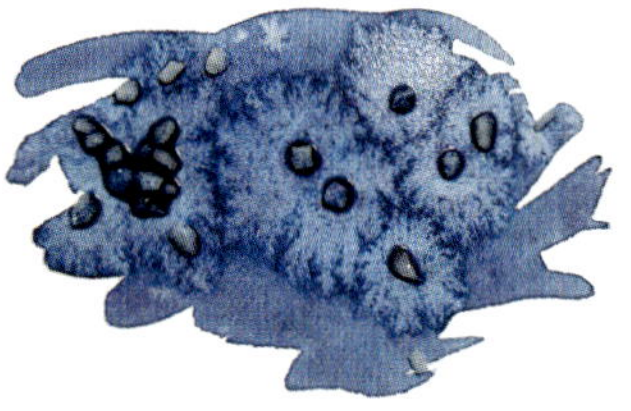

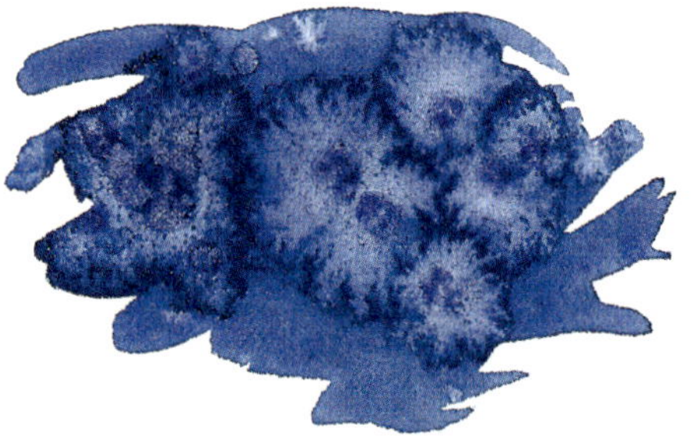

Diese Technik habe ich für dieses Buch ausprobiert. Die Salzkristalle stoßen die feuchten Farbpigmente ab und erzeugen so Sterne und Aureolen. Ich habe verschiedene Sorten Salz getestet (feines, grobes und Kristallsalz), am zauberhaftesten fand ich Fleur de sel (aus Guérande in der Bretagne – was für ein Luxus!).

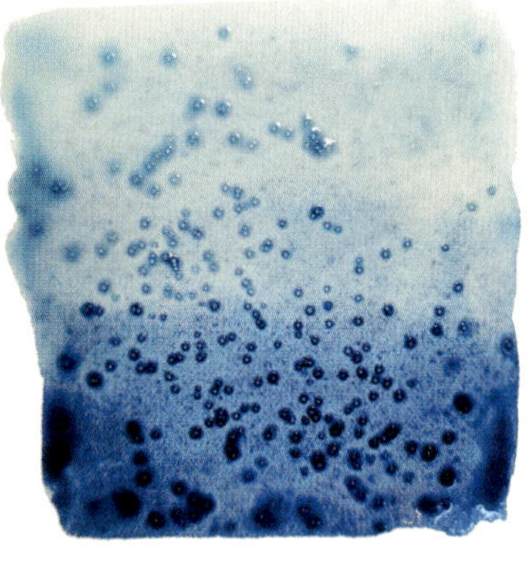

Ich habe eine Farbe mit Fleur de sel bestreut. Dann habe ich nichts mehr verändert, um die Wirkung nicht zu verderben. Man muss lange warten, bis sich die Sterne bilden und alles trocknet, weil das Salz die Feuchtigkeit aufnimmt.
Wenn das Papier vollständig getrocknet ist, muss man nur noch das Salz entfernen.

Links habe ich einen Farbverlauf hinzugefügt und dann die Schwimmerin aufgemalt, nachdem der salzige Hintergrund trocken war. Rechts habe ich zuerst die Schwimmerin und danach den Hintergrund gemalt.

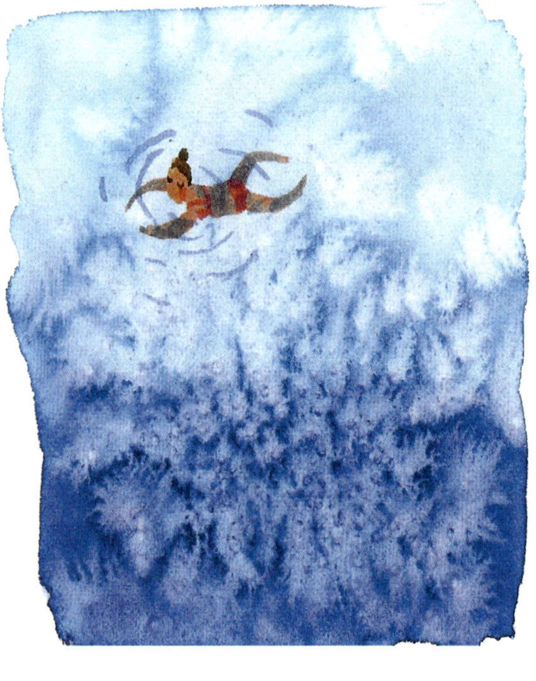

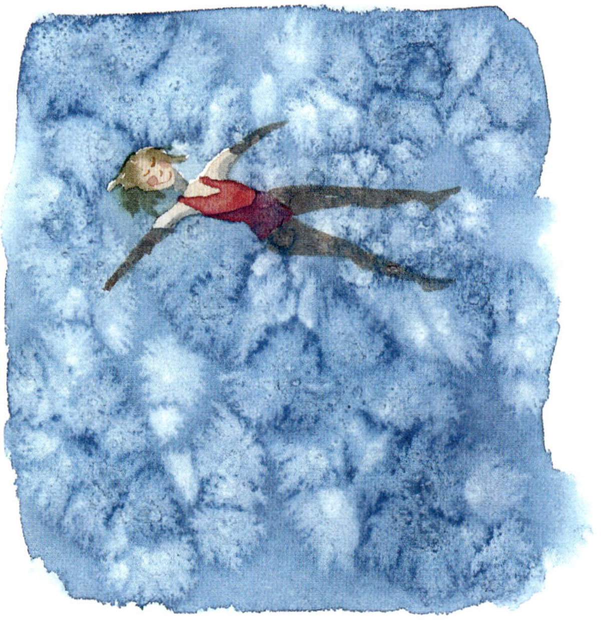

Wenn ich einen blauen Hintergrund mit violetten und grünen Schattierungen male, erzeuge ich mit dem Salz Nordlichter. Bei anderen Landschaften erinnern mich die Salzkristalle an einen starken Schneesturm und Eiseskälte.

Mein Fazit? Ich behalte diese Technik in meinem Repertoire! Damit kann ich hübsche Texturen realisieren, wenn ich eines Tages „ein Kleid in der Farbe des Wetters" male!

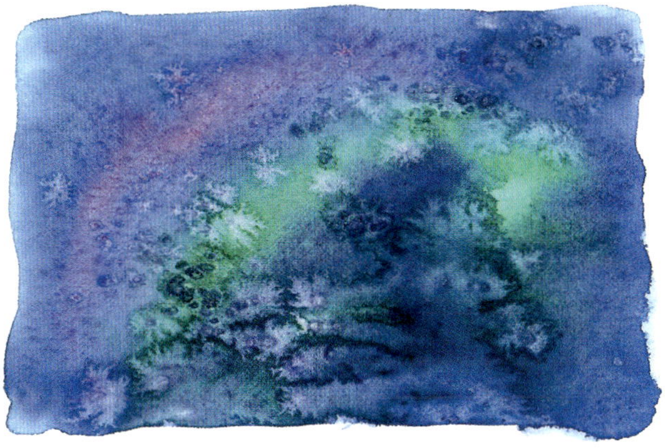

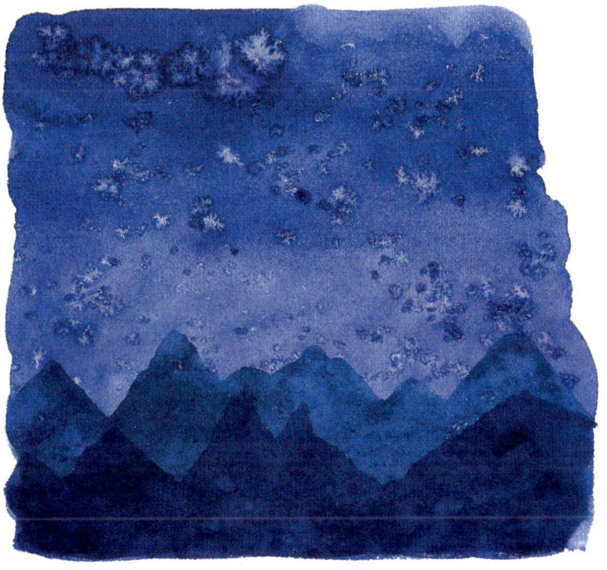

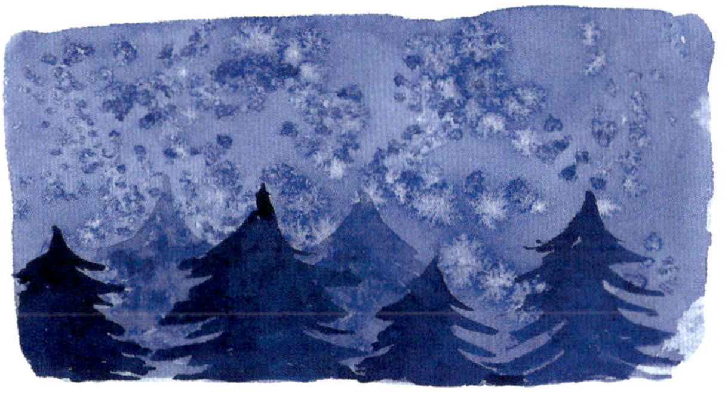

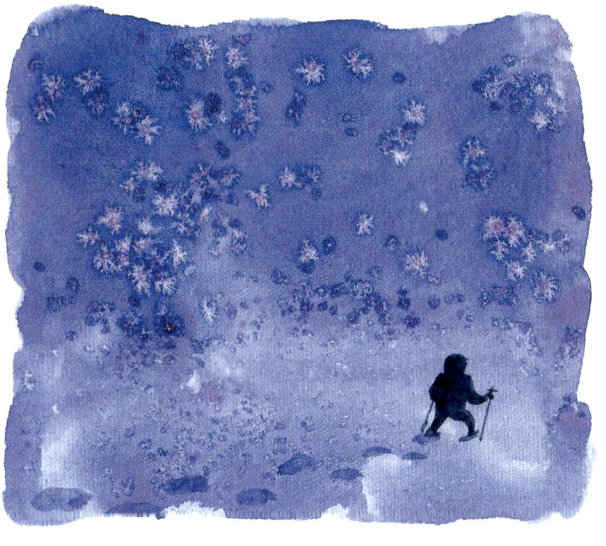

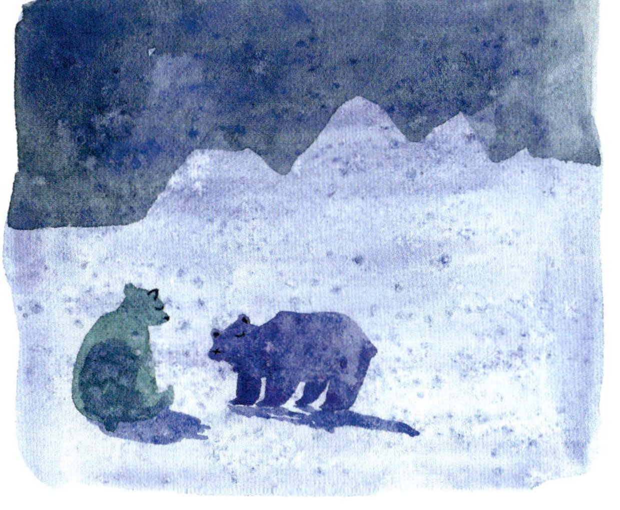

41. Woche

Die Maskiertechnik

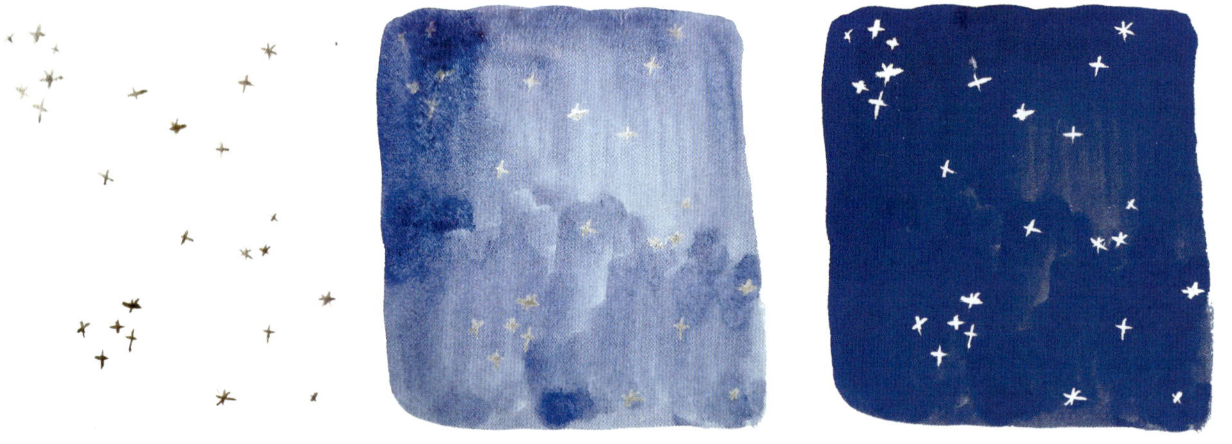

Zum Auftrag der Maskierflüssigkeit, auch Drawing Gum oder Liquid Frisket genannt, nehme ich einen billigen, feinen Pinsel, weil die Technik die Borsten stark beschädigt. Anschließend reinige ich den Pinsel sofort, weil die Flüssigkeit sehr schnell trocknet, und dann ist es vorbei! Ich tauche die Pinselspitze in die Flüssigkeit und male damit die Sterne. Ich warte fünf Minuten, bis sie getrocknet sind, und male dann den Hintergrund, dabei male ich über die Sterne. Ich warte, bis die Aquarellfarbe ganz trocken ist, und rubbele (mit einem normalen Radiergummi) über die maskierten Stellen. Das Maskiermaterial zerfällt in Krümel ... tatam! Die Sterne sind weiß geblieben!

Die Maskiertechnik ist sehr praktisch, wenn man auf einem Bild bestimmte Bereiche weiß lassen möchte, vor allem, wenn man für einen Untergrund mehrere farbige Flächen aufträgt. Ich setze sie vor allem ein, um Reflexe zu realisieren, etwa in Wasser.

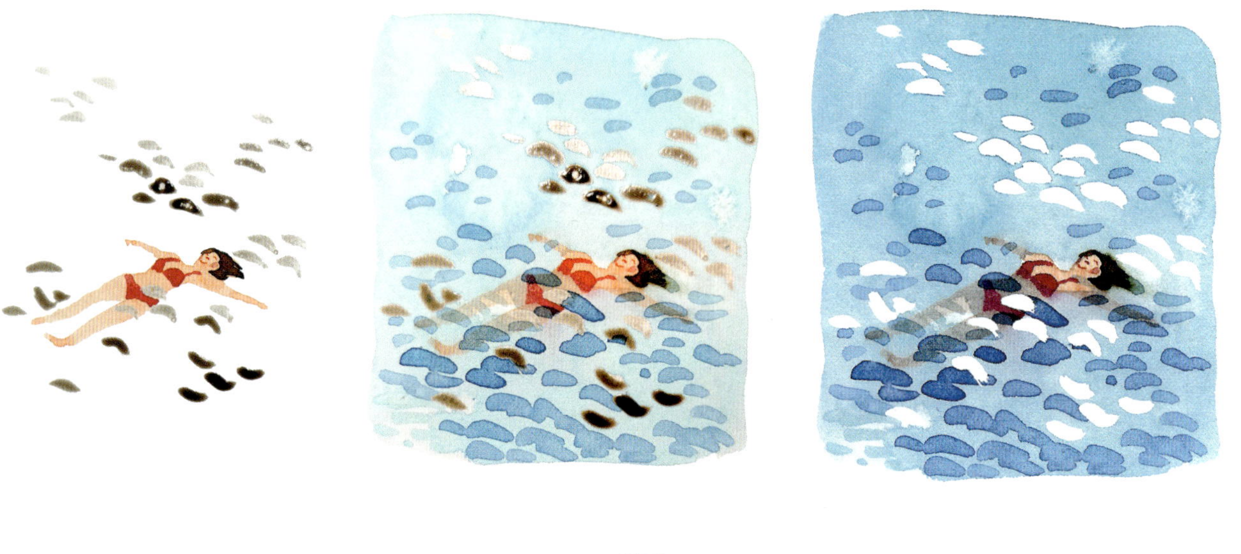

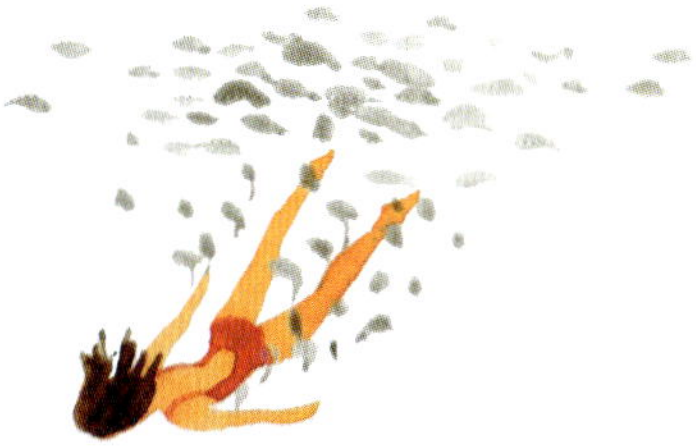

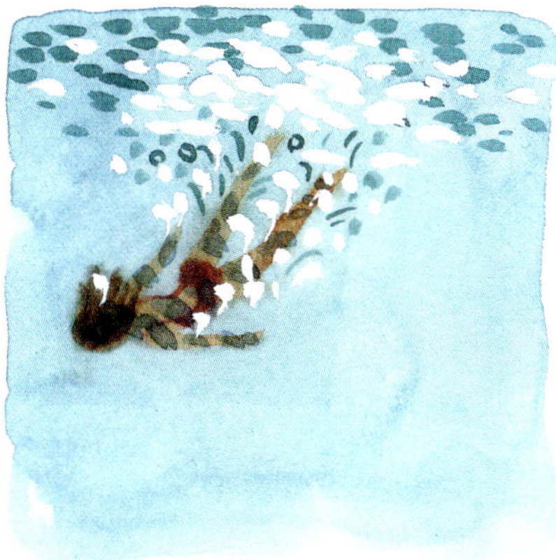

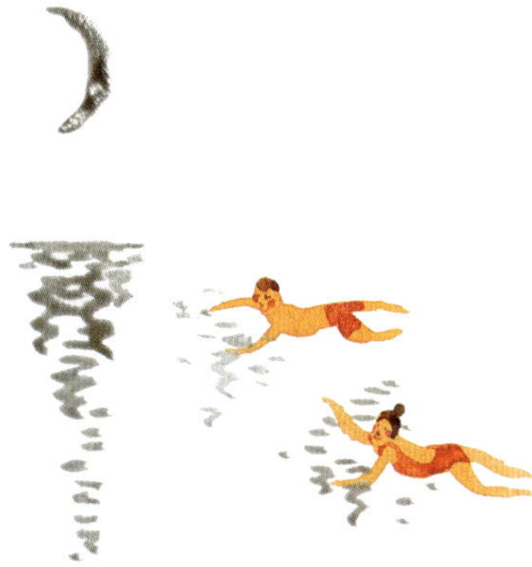

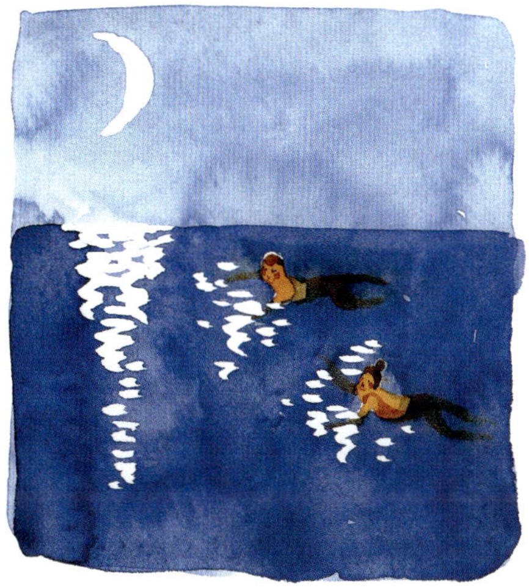

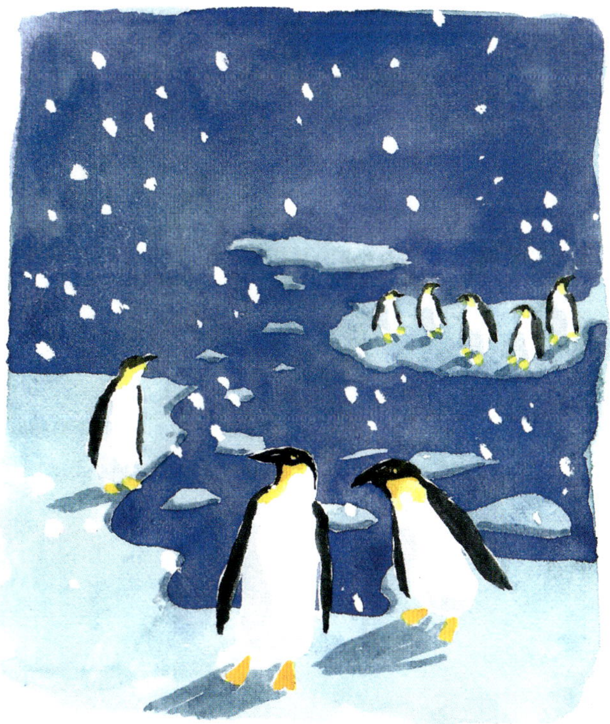

Wenn ich den Hintergrund flächig über die Maskierflüssigkeit male, bleiben Aquarellspuren zurück, wie bei den Pinguinen rechts. Diese Spuren gehen am Ende, wenn ich radiere, gut weg.

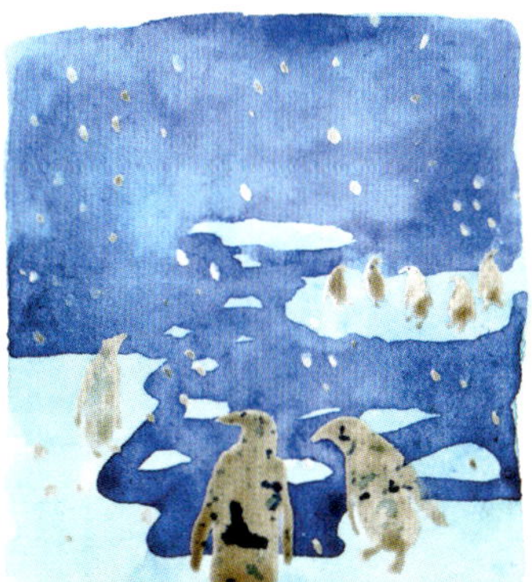

Zusätzliche Übung

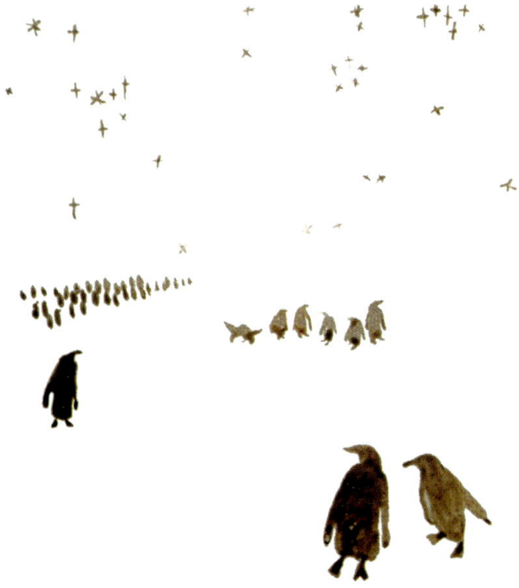

Um diese Polarlandschaft zu malen, trage ich für die Pinguine und für ein paar Sterne Maskierflüssigkeit auf.

Wenn sie trocken ist, male ich großflächig Hellblau auf das ganze Papier, dann für den Himmel Dunkelblau. Auf das noch feuchte Dunkelblau streue ich Salz für die Kristalle.

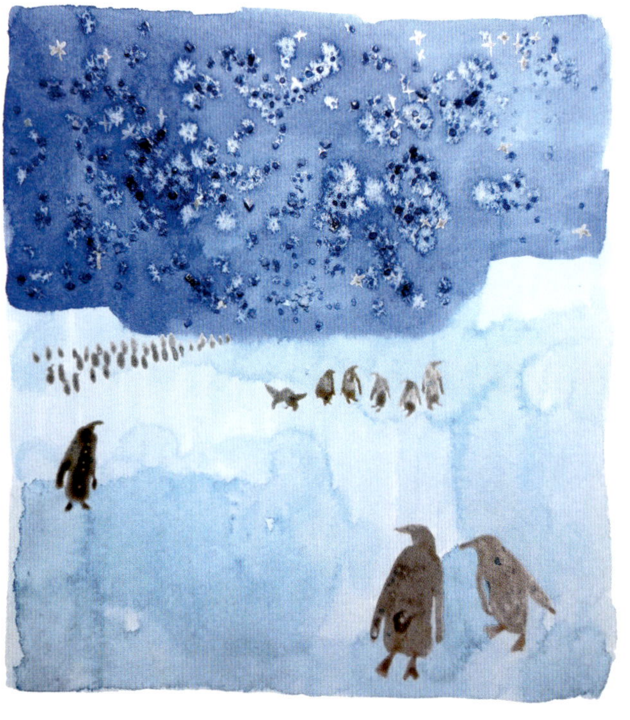

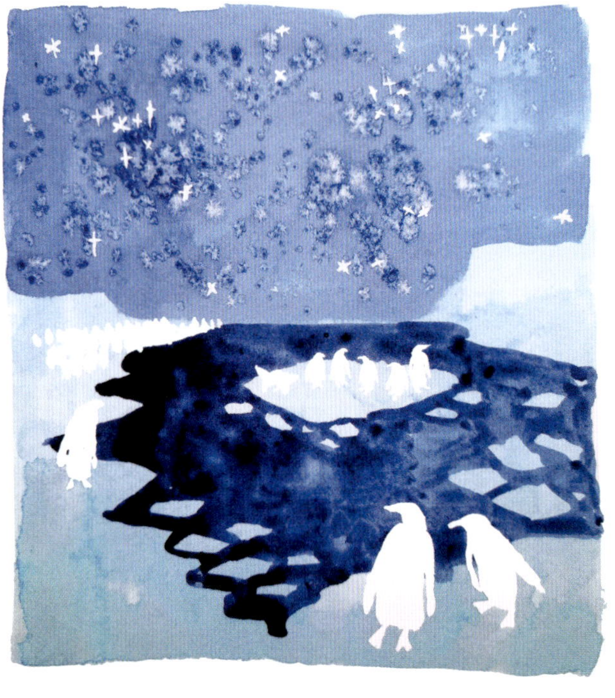

In sehr dunklem Blau male ich dann das Wasser und füge zügig eine spitze Eisscholle hinzu.
Beim Radieren lasse ich mir Zeit: Der Himmel ist sternenübersät und die Pinguine sind makellos!

Jetzt muss ich nur noch die Pinguine in Gelb und Schwarz anziehen und ihnen dann mit einem Hauch Blau für einen Schatten geben, ebenso der Kante der Eisscholle.

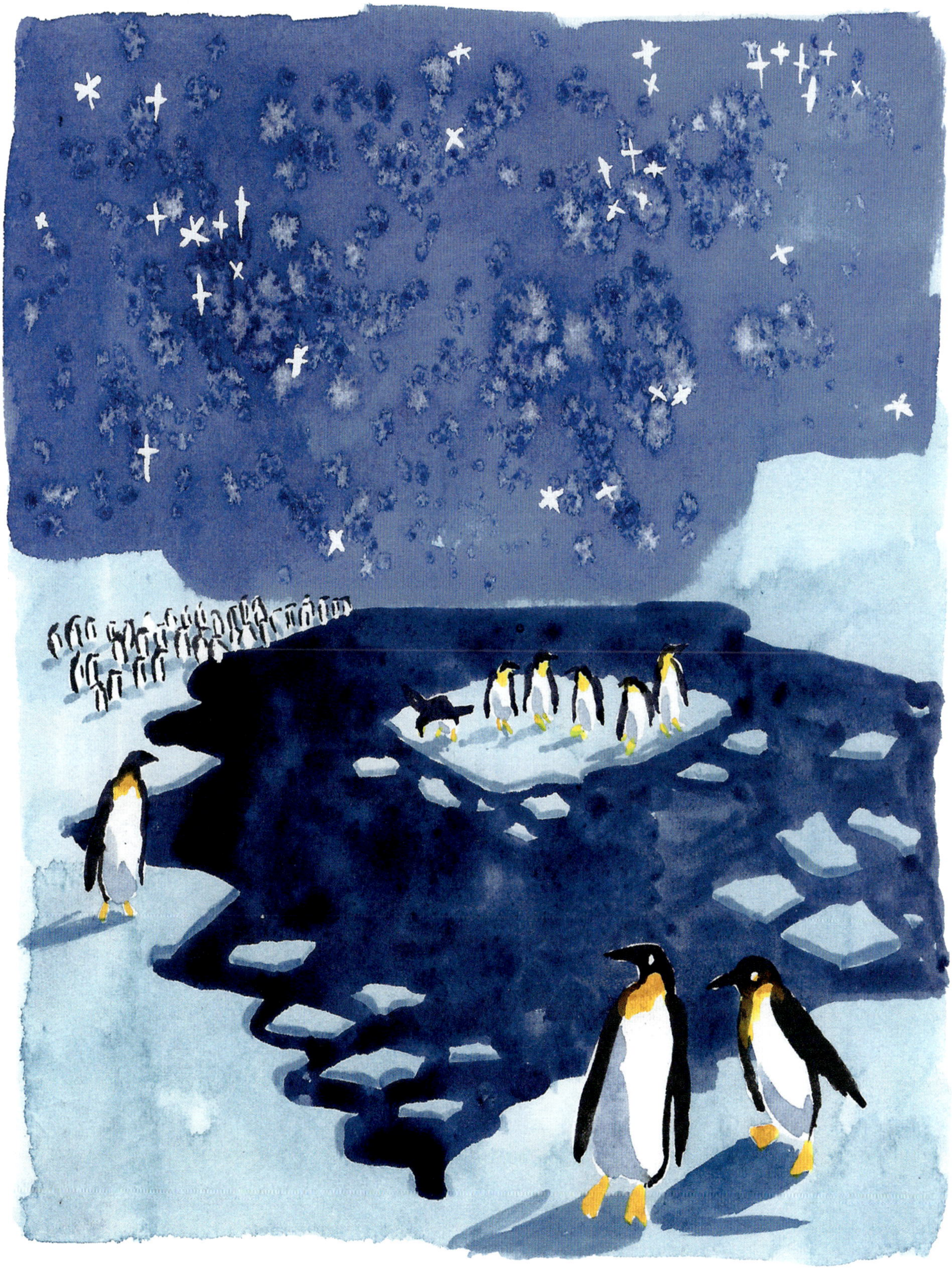

42. Woche

Texturen verstehen

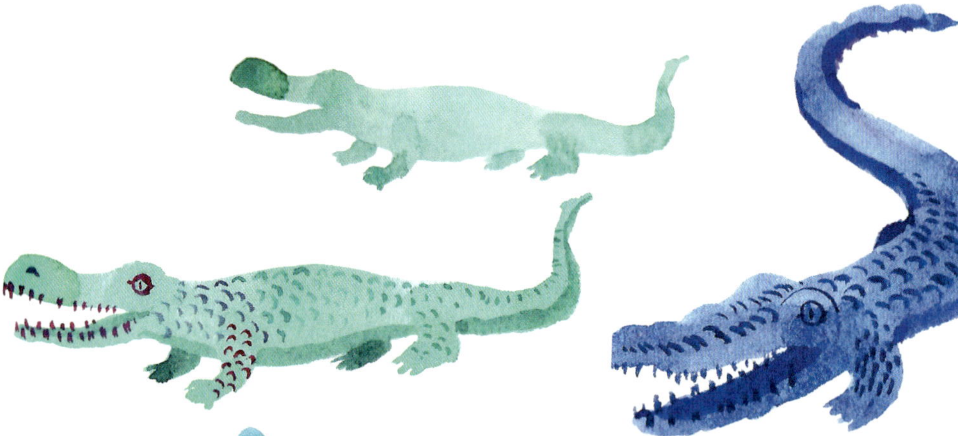

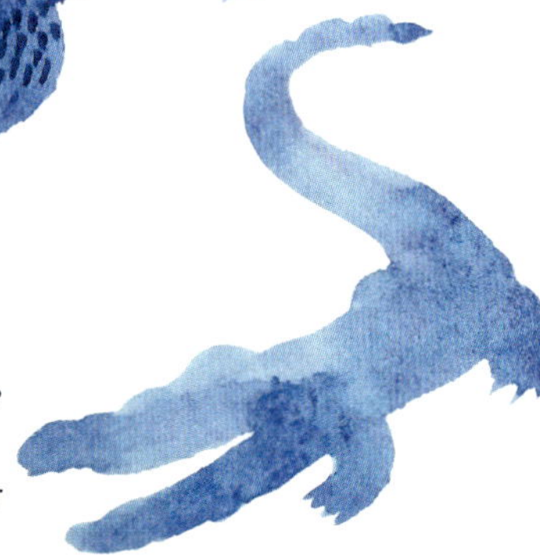

Die Devise? Mein ultimativer Rat? Man ist nie fertig, ich versuche nie, alles zu vollenden!
Damit eine Textur interessant wird, deute ich sie an. Ein paar Schuppen genügen, am besten auf dem Teil des Krokodils, der uns am nächsten ist.

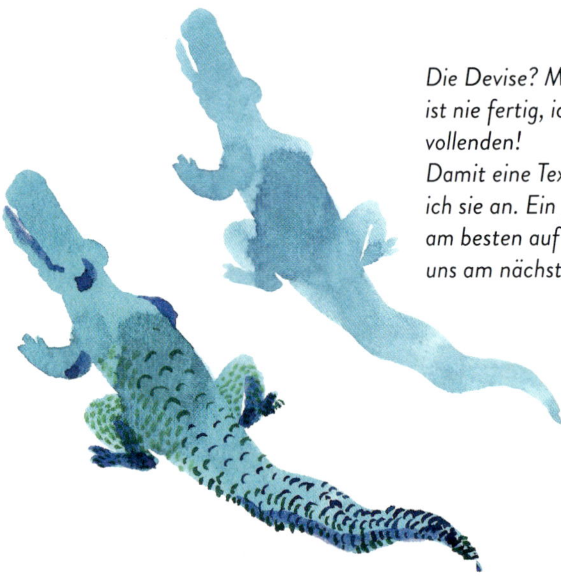

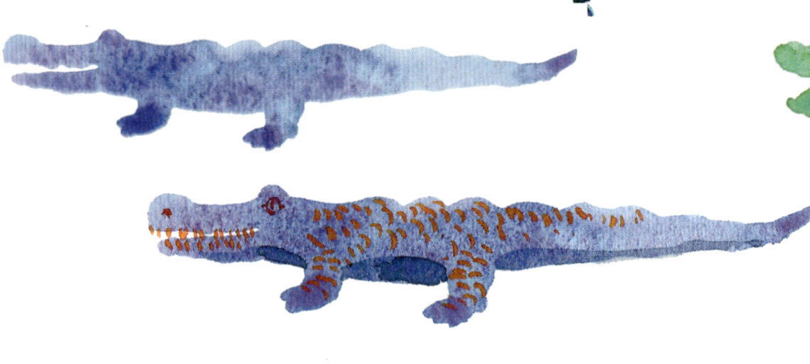

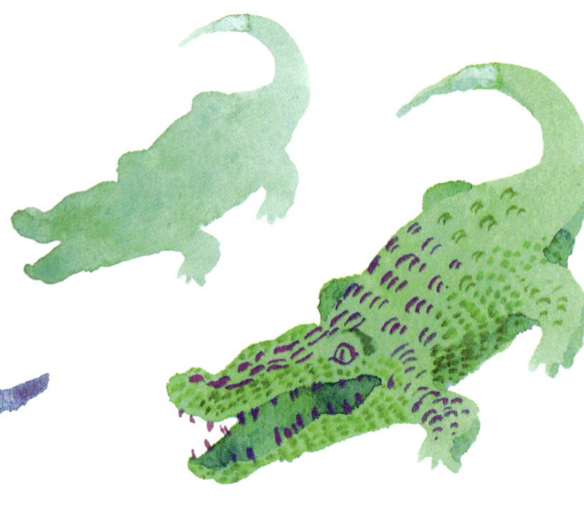

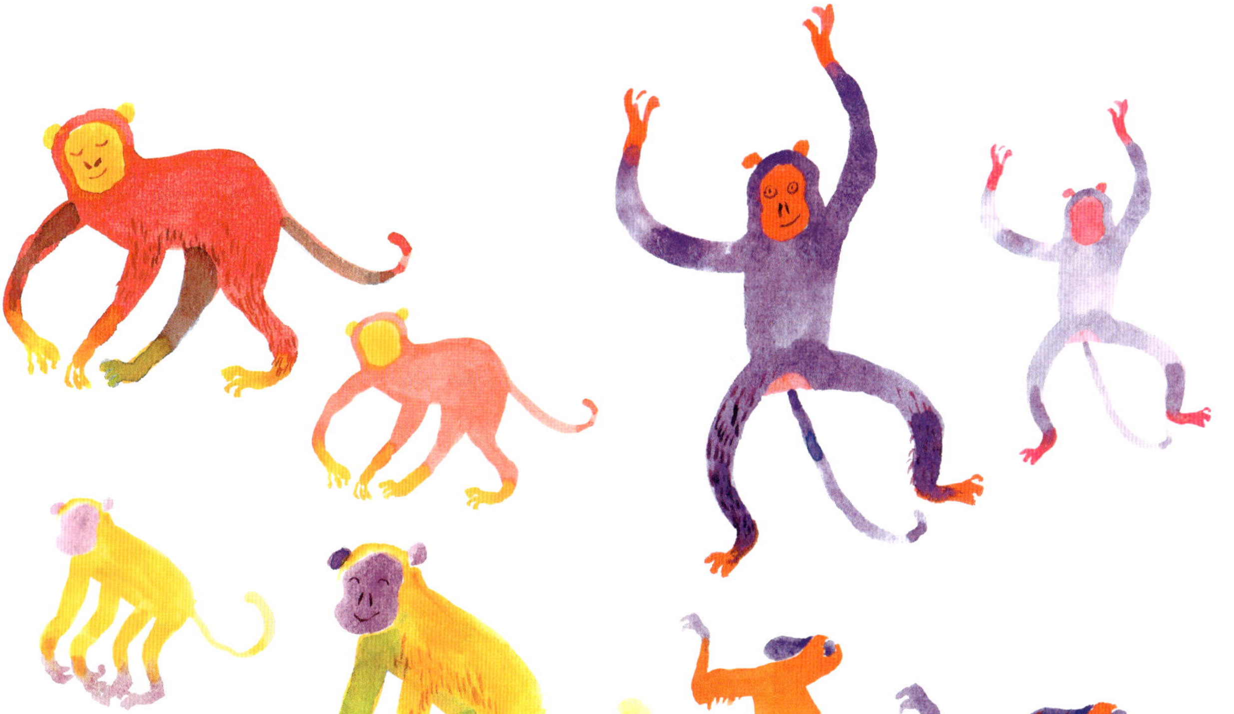

Ein paar gestrichelte Haare reichen, damit das Fell der Affen lebendig wirkt … Wenige angedeutete Federn bei den Flamingos vermitteln den Eindruck eines Gefieders.

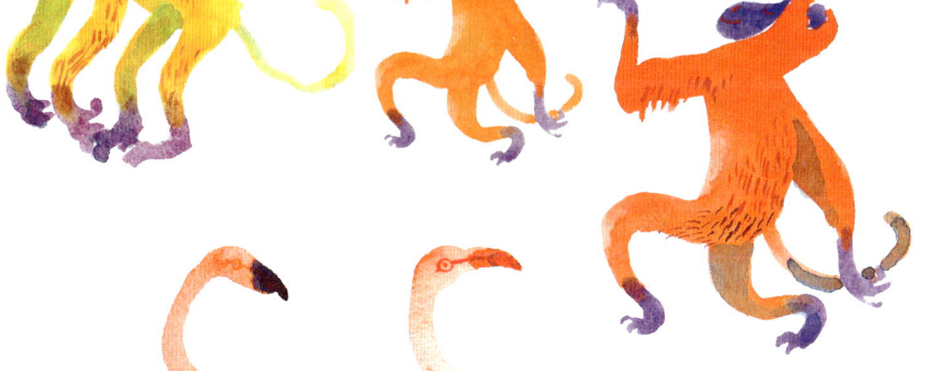

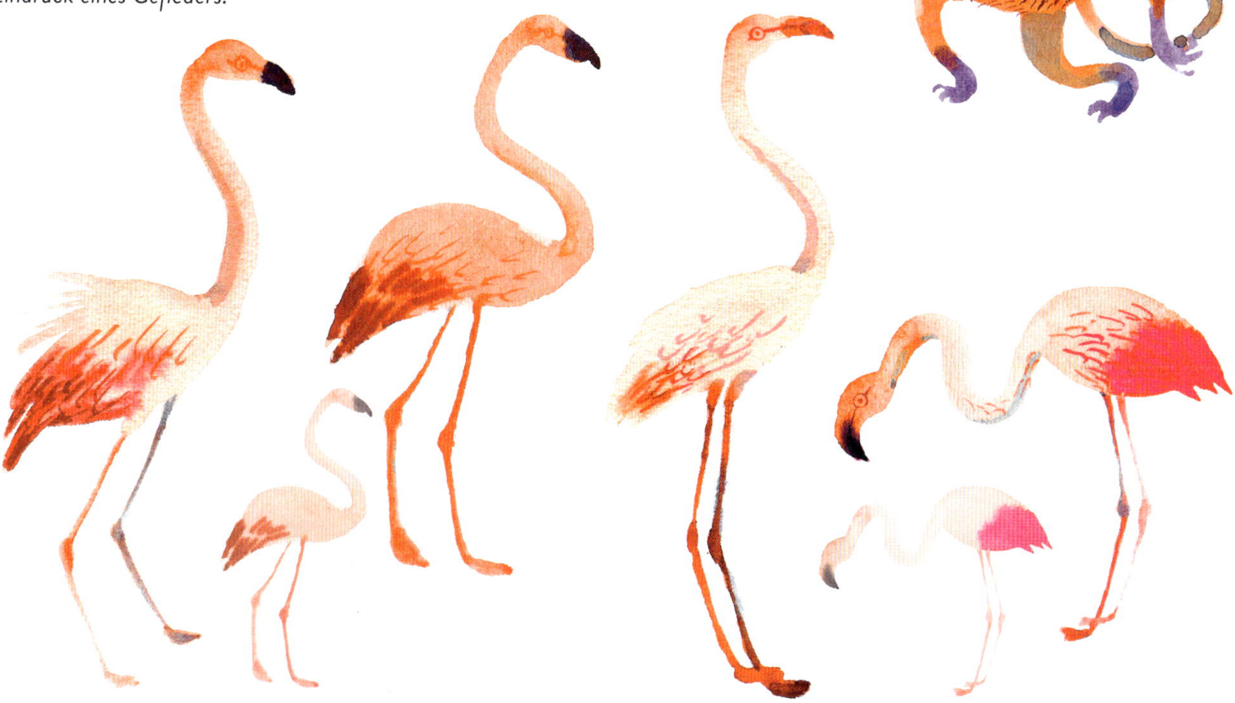

43. Woche

Motive mit Mustern beleben

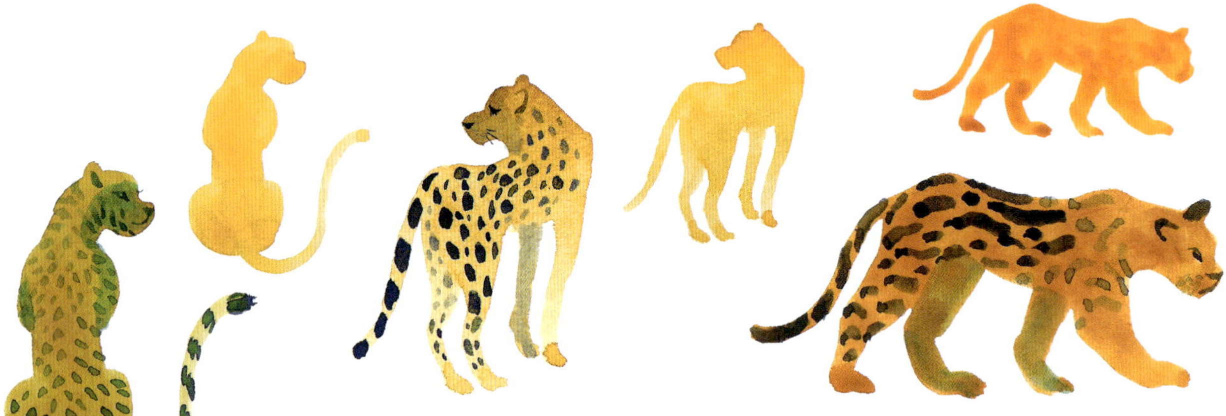

Erinnerst du dich an mein Mantra? Ich werde nicht fertig … Das gilt auch für die Muster! Um dem Fell meiner Raubkatzen Leben einzuhauchen, deute ich es nur an.

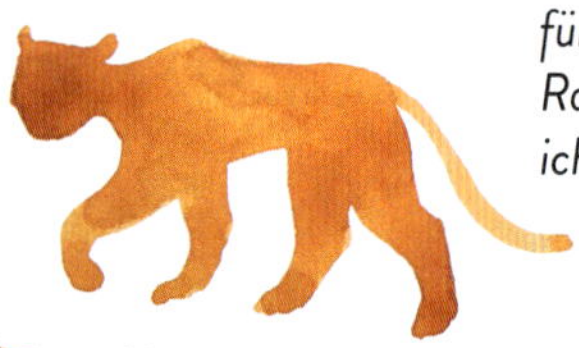

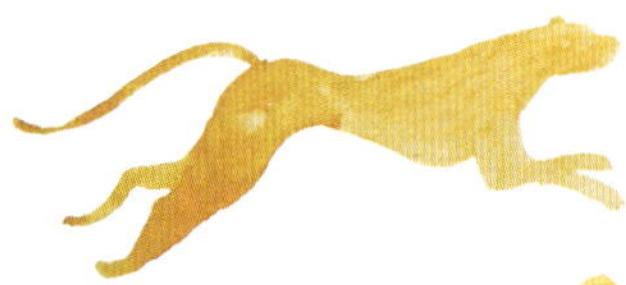

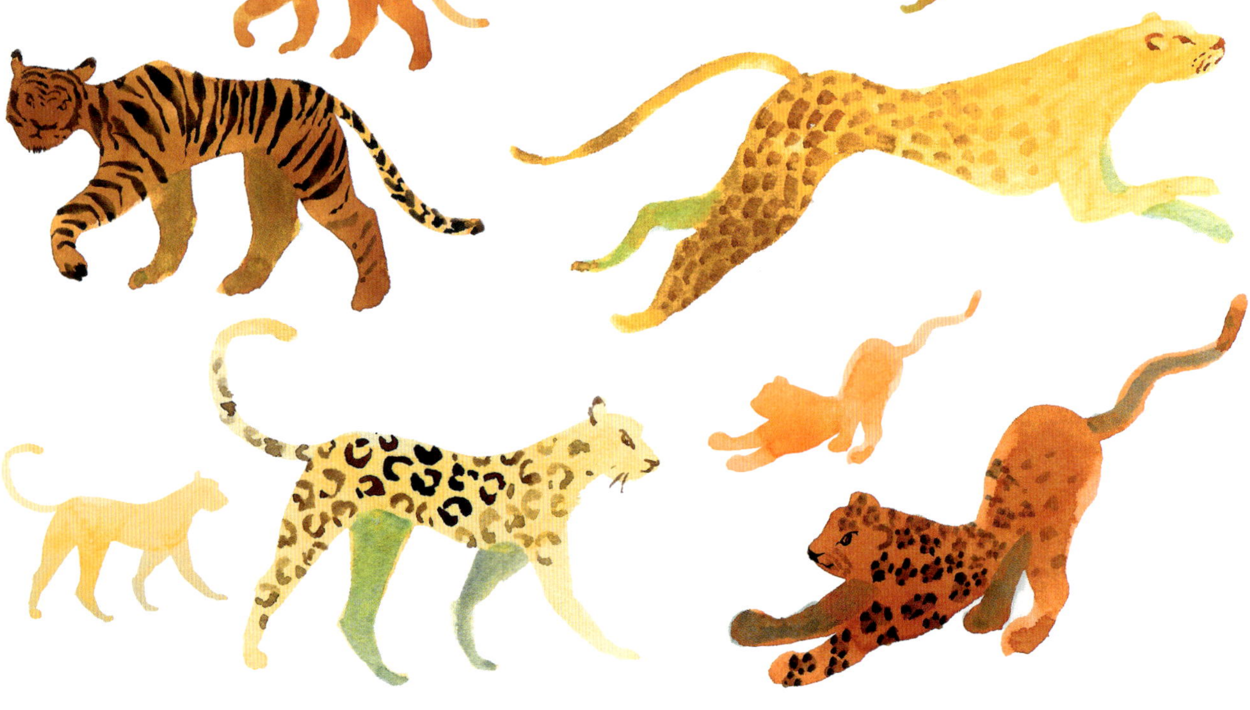

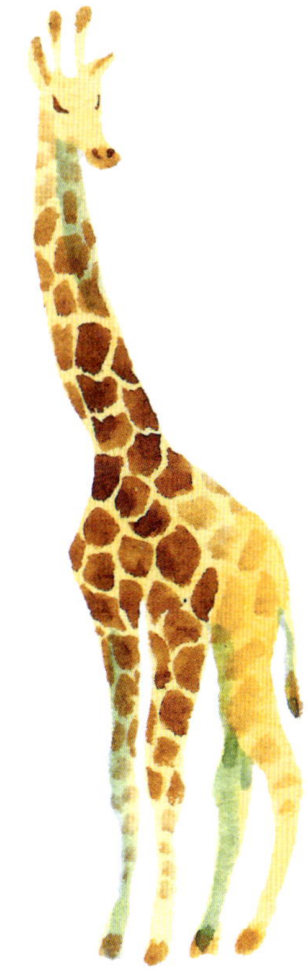

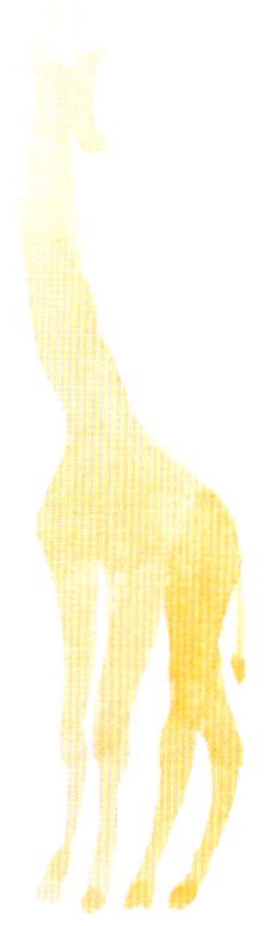

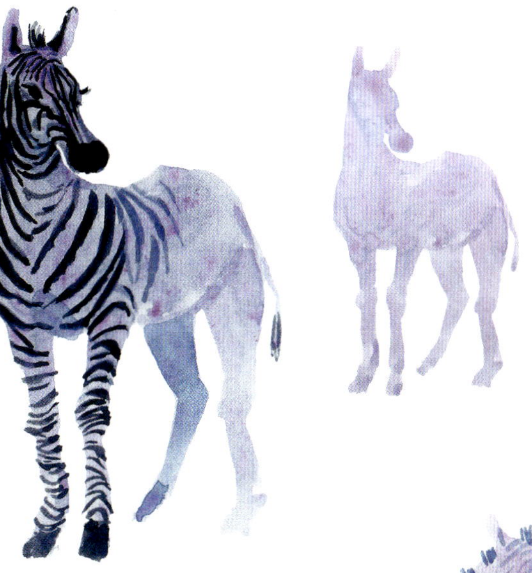

Ich lasse dem Betrachter Raum, die Muster selbst zu vollenden. Freiraum für die Vorstellungskraft zu schaffen, ist der Schlüssel für ein lebendiges Bild!

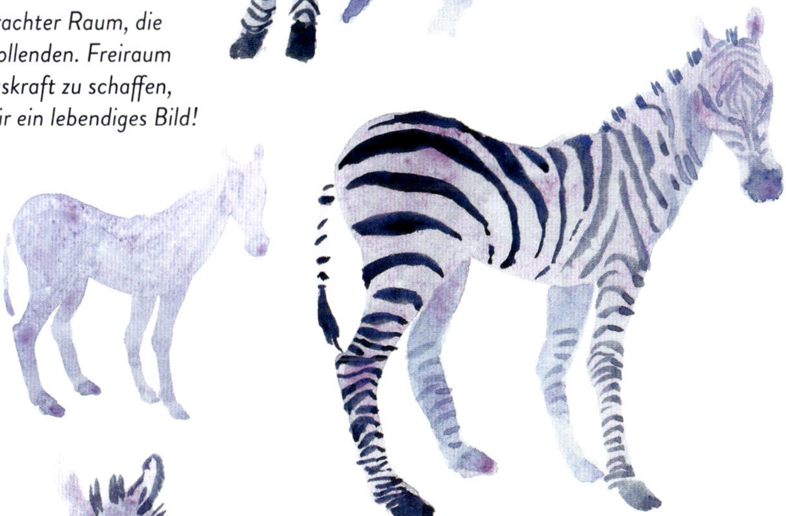

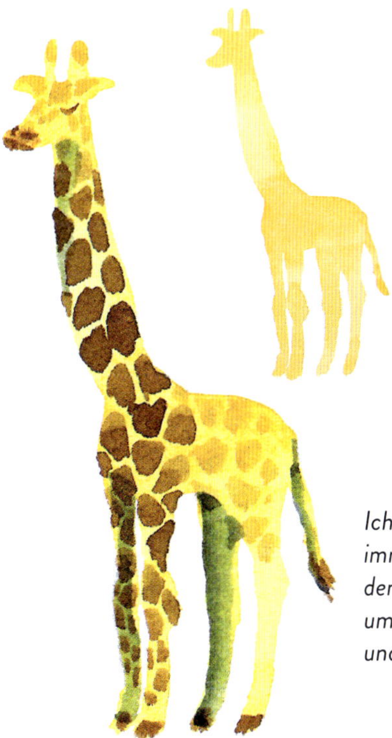

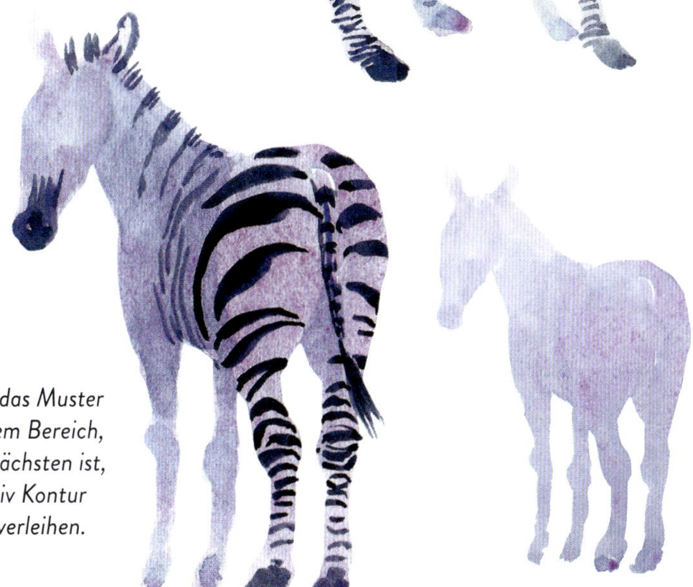

Ich platziere das Muster immer auf dem Bereich, der uns am nächsten ist, um dem Motiv Kontur und Tiefe zu verleihen.

Zusätzliche Übung

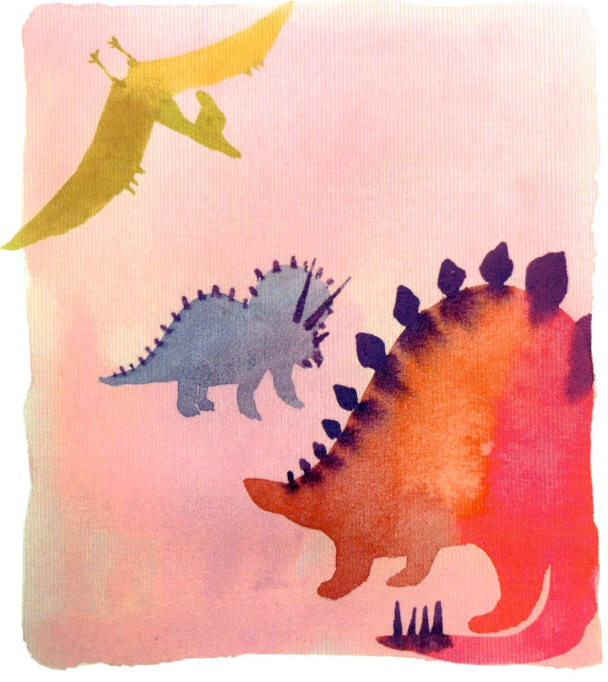

Ich habe vorhin vom nötigen Spielraum für die Vorstellungskraft des Betrachters gesprochen ... Folgerichtig lade ich nun zu einem Spaziergang durch den Jurassic Park ein, der mit einem hellrosa Farbauftrag beginnt.

Ich setze einen Stegosaurus, eine Pterodactylus und einen Triceratops hinzu und arbeite einen Farbverlauf ein.

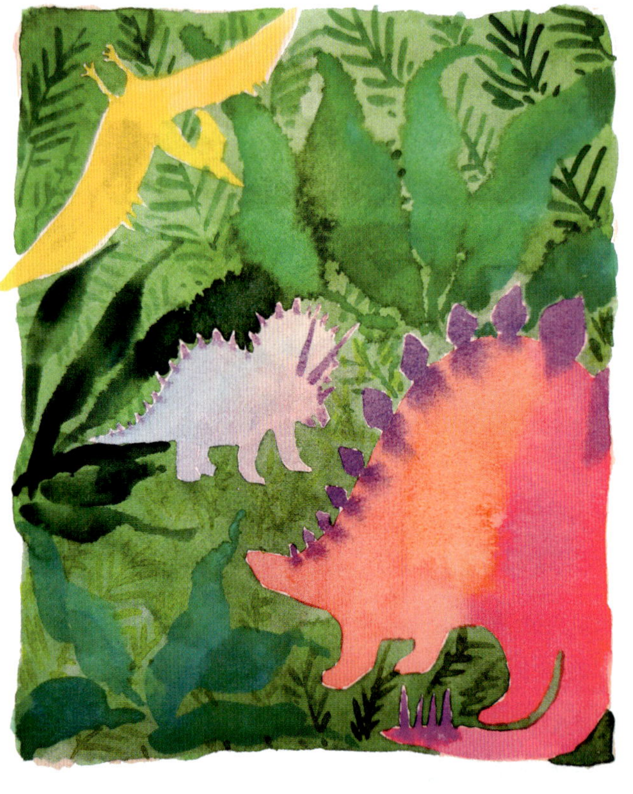

Mit der auf Seite 16 beschriebenen Technik des flächigen Farbauftrags ergänze ich Grün, wobei die Dinosaurier gut sichtbar bleiben. Ohne die Farbe trocknen zu lassen, setze ich mit weichem Pinselstrich Pflanzen in den Hintergrund. Die Sträucher im Vordergrund werden gemalt, wenn der grüne Hintergrund getrocknet ist, damit sie mehr Kontur gewinnen und nach vorne „gleiten".

Zuletzt verleihe ich den Dinosauriern und den Blättern im Vordergrund Schatten. Schließlich belebe ich die Oberflächen, indem ich sparsam Schuppen und Haare andeute.

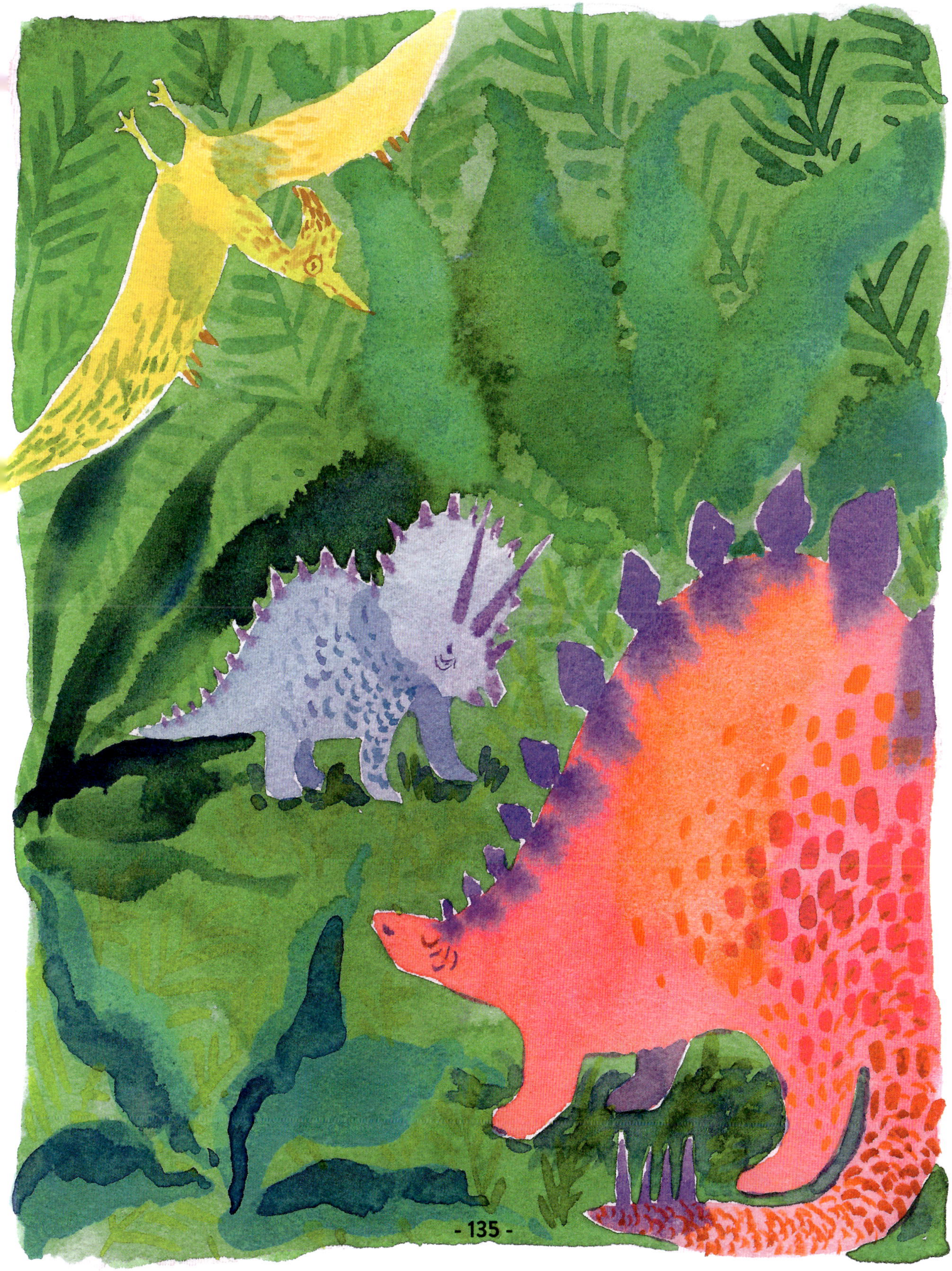

44. Woche

Körper und ihre Textur

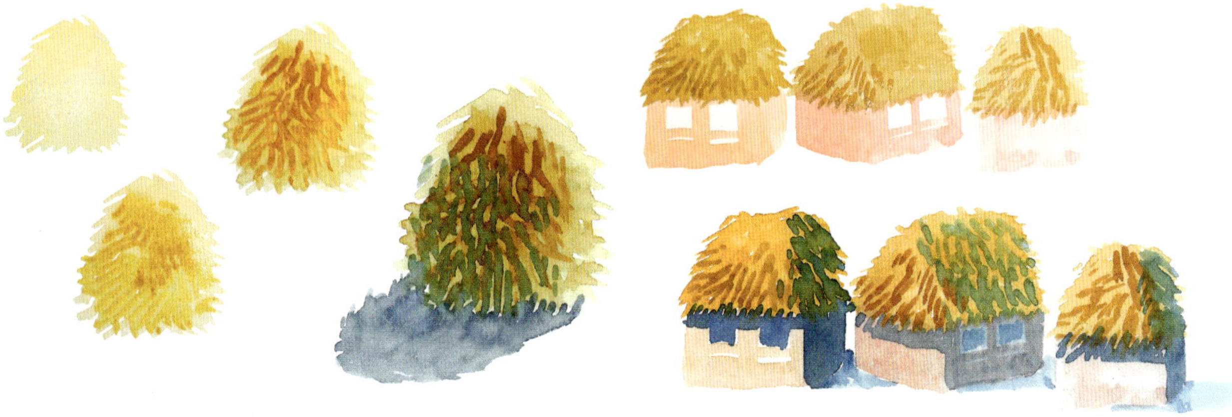

Wie bei der Textur für die Tiere in der 42. Woche male ich den Körper in der jeweiligen Grundstruktur und füge dann nur ein paar Elemente en détail hinzu.

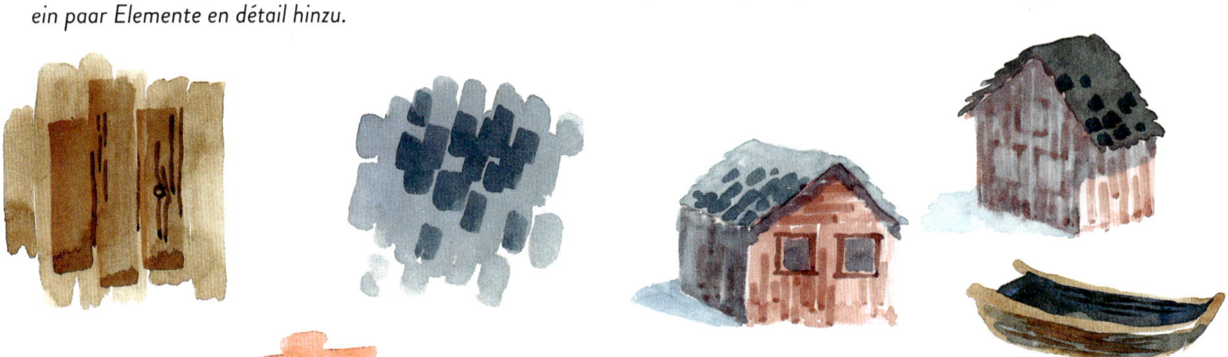

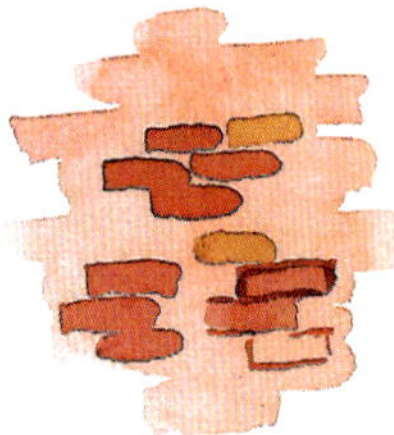

Um eine Wand aus Ziegeln, aus Holz, eine Rasenfläche, ein Heubündel oder eine andere „Textur“ wiederzugeben, malt man nicht Ziegel für Ziegel, Halm für Halm, Stängel für Stängel.
Man malt die ganze Form und fügt ein paar Details hinzu.

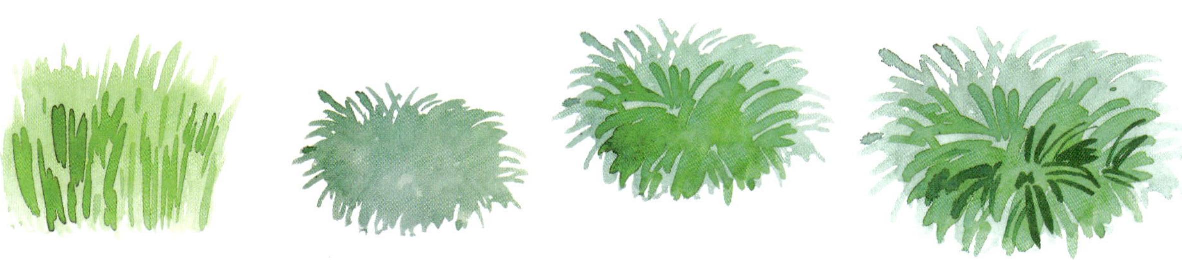

Die Lektion dieser Woche ist für mich eine der wichtigsten! Ob ich ein Tier oder eine Landschaft male, ein Holzboot oder ein Reetdach, ich lasse dem Betrachter Raum, denn ich mag die „geleckten“ und komplett ausgearbeiteten Bilder nicht. Ich bevorzuge die Kraft der Andeutung!

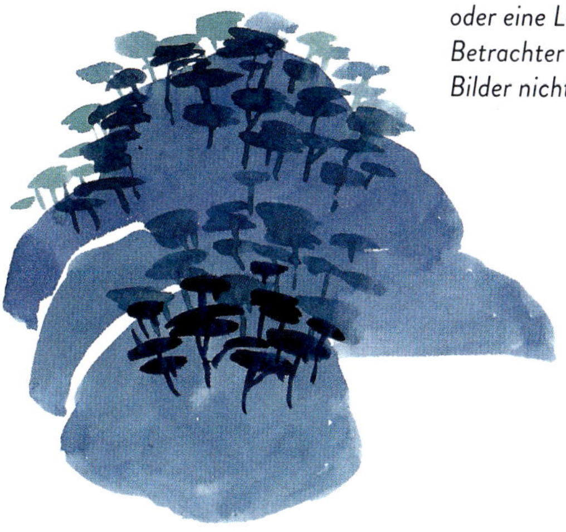

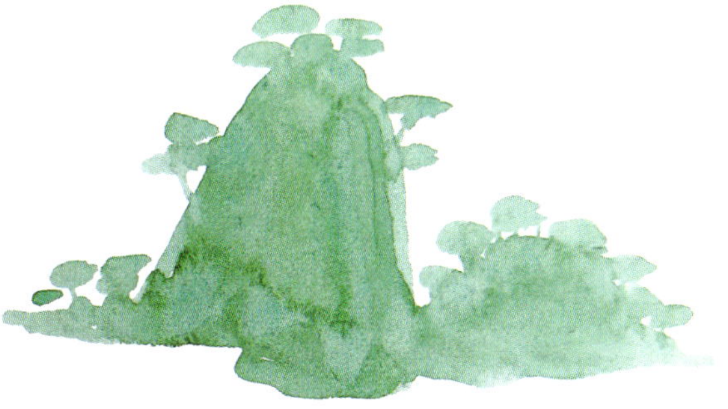

Ich gehe ähnlich vor, als wenn ich eine Landschaft male: Ich mache die Körper und Texturen ausfindig. Der Grundkörper wird in der Nass-in-Nass-Technik gemalt, dabei geht es nur um den „Rhythmus“. Wenn die Grundform getrocknet ist, führe ich den Vordergrund, die farbigeren und dunkleren Details genauer aus.

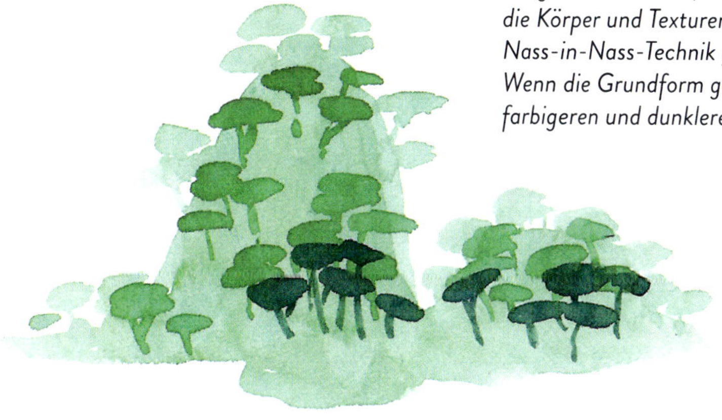

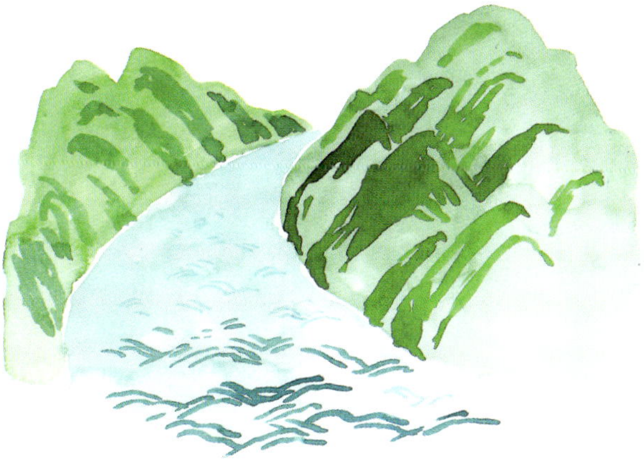

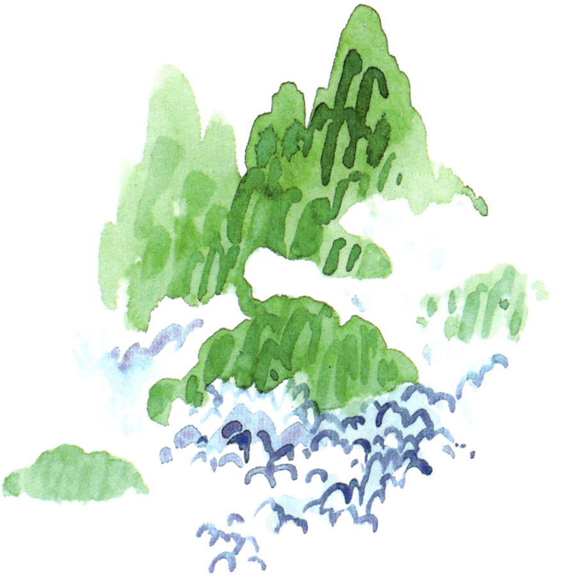

45. Woche

Blätter, Bäume und Wälder

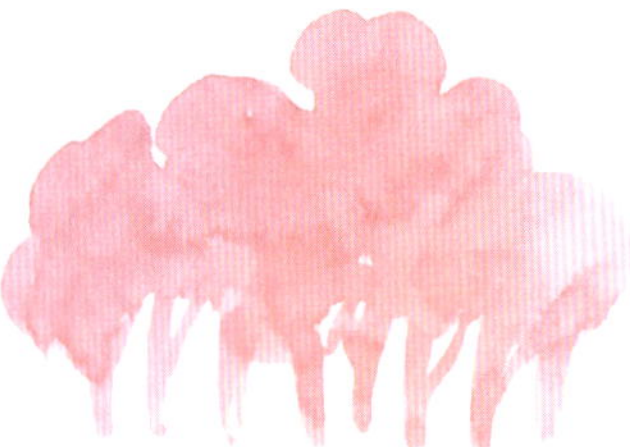

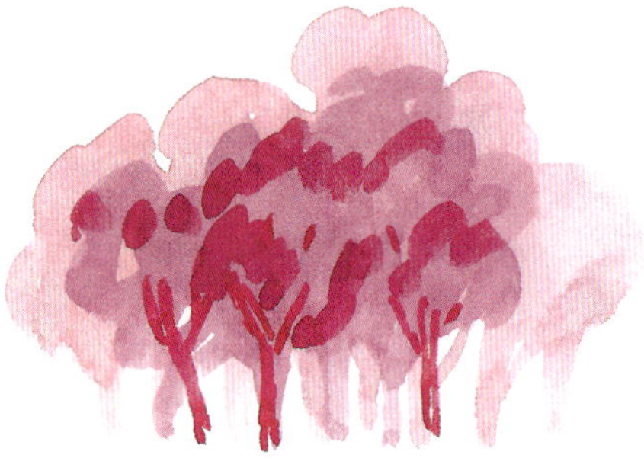

Ich betrachte einen Baum oder einen Wald wie eine Textur: Ich male den Körper und seine Grundstruktur und füge dann detaillierte Elemente hinzu. Das reicht meist, um einen Baum darzustellen, wobei ihm noch Tiefe verliehen wird.

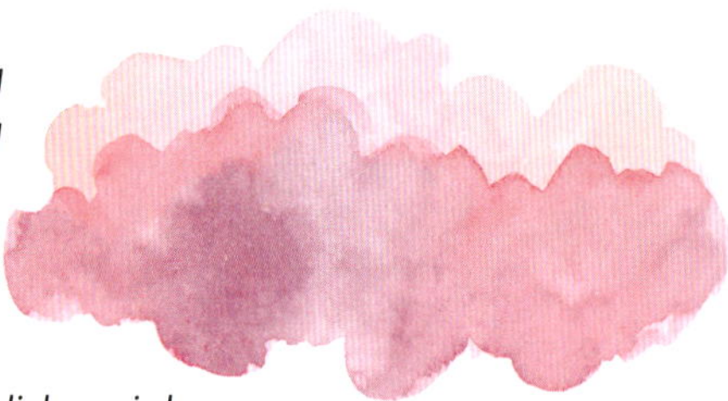

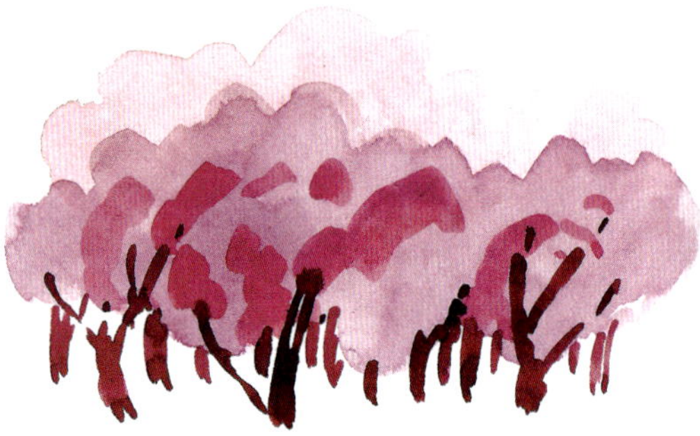

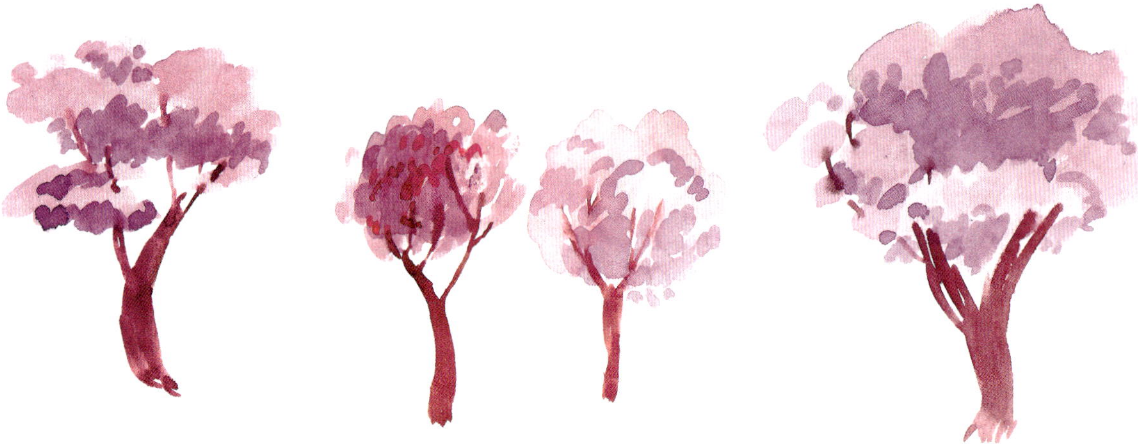

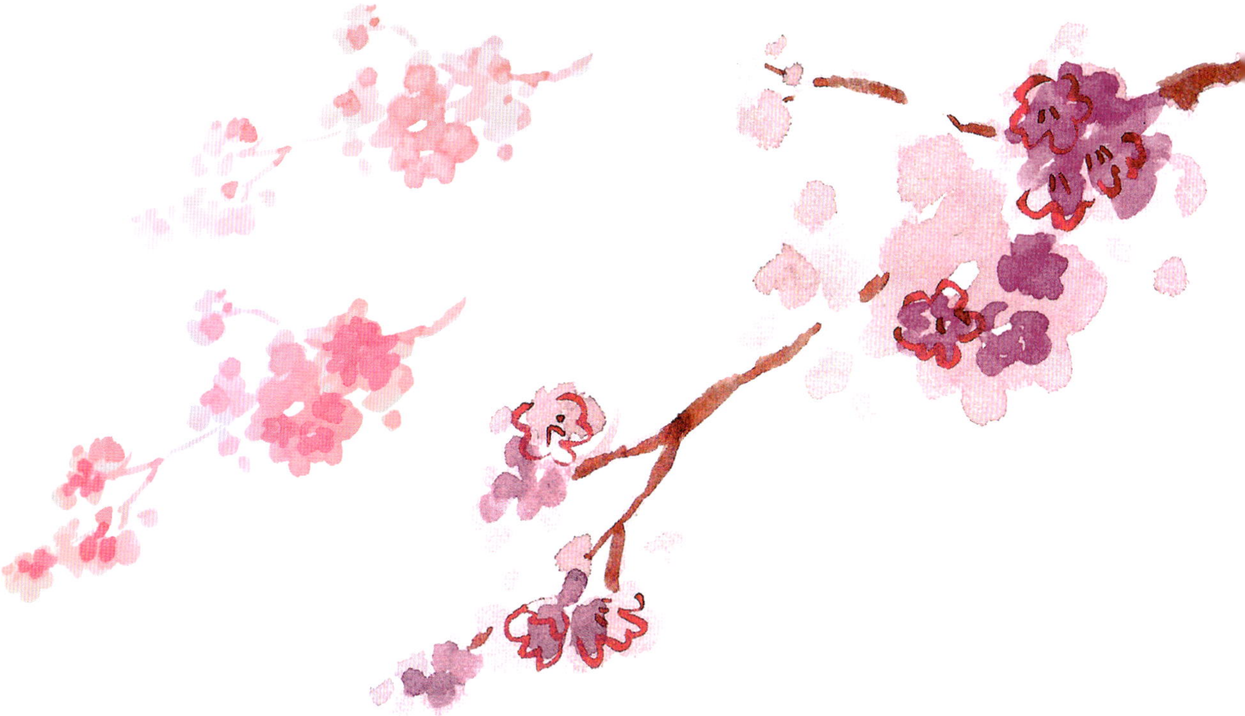

Ich male nicht Zweig für Zweig, Blatt für Blatt. Ich male vom Allgemeinen zum Besonderen, ohne mich in Details zu verlieren.

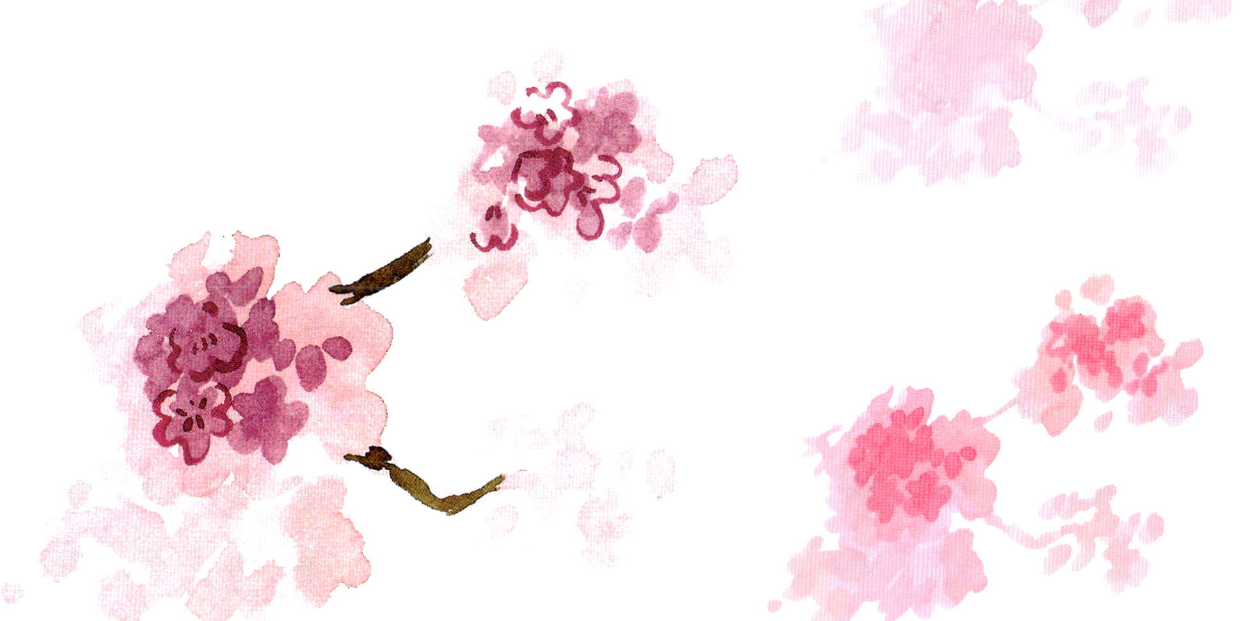

Zusätzliche Übung

In den Gärten meines Vaters blühen die Kirschbäume ... Und ich beginne, mit Hellrosa ihre Grundstruktur zu malen.

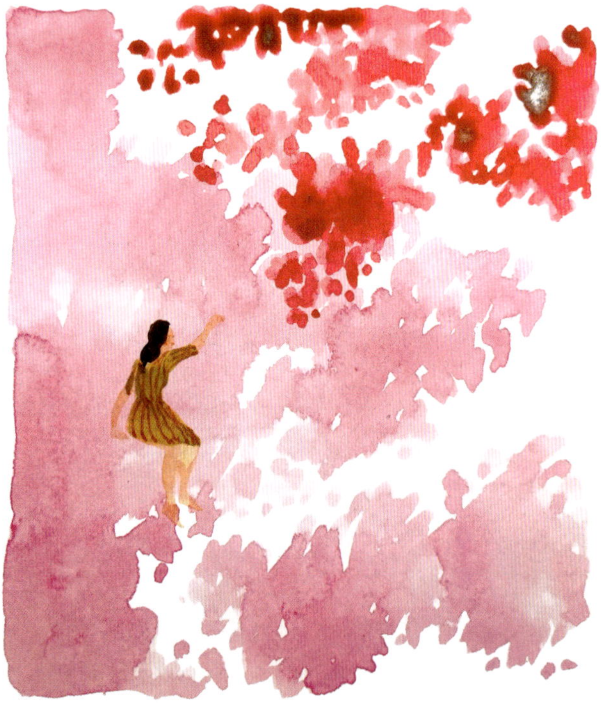

Alle Vögel der Welt stellen sich ein, um hier ihr Nest zu bauen, und eine junge Frau setzt sich mitten ins Geäst. Ich male den Vordergrund in dunklerem Rosa, aber ebenso mit einem wachen Pinselstrich, der den Rhythmus der blühenden Zweige aufnimmt.

Ein paar Zweige, wenige Details, ein paar Blumen etwas genauer – wie schön, wie wunderschön ist das!

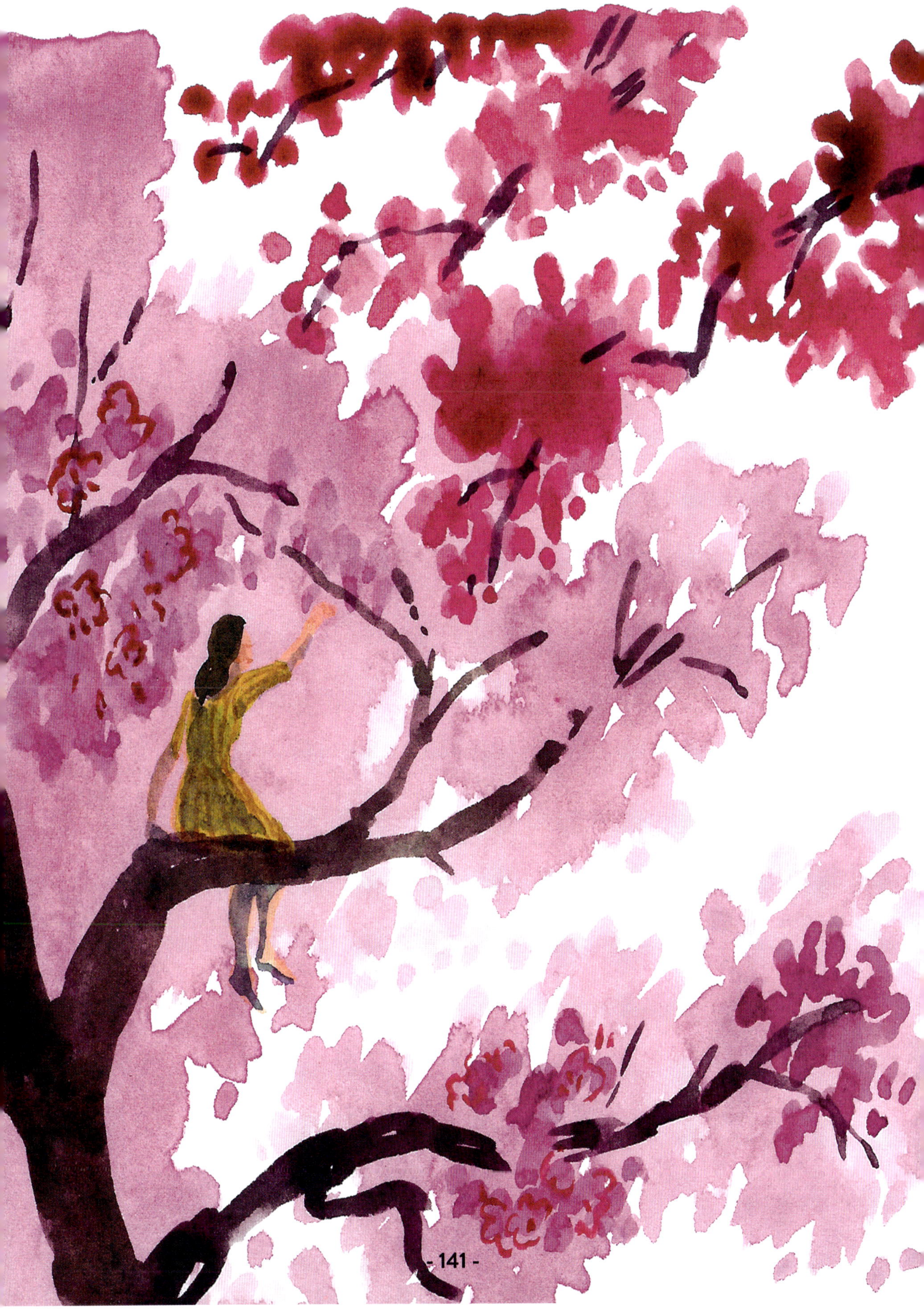

46. Woche

Eine Menschenmenge malen

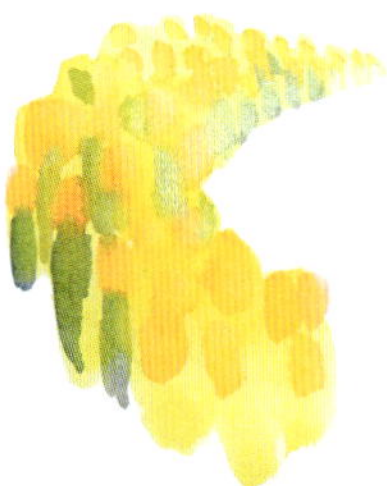
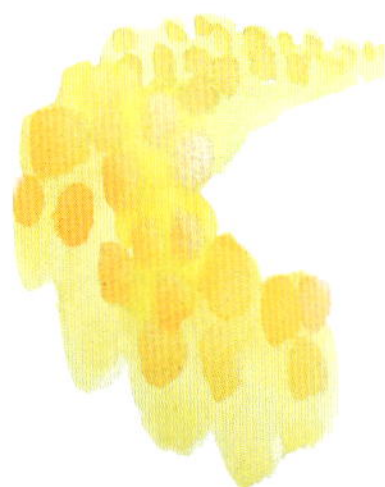

Ich male eine Menschenmenge, wie ich einen Wald male …

Wenn man Figur für Figur darstellt, entsteht keine Menge. Die Grundform der Menschenschlange wird in der Nass-in-Nass-Technik gemalt, dabei geht es nur um den „Rhythmus". Wenn die Grobstruktur getrocknet ist, präzisiere ich den Vordergrund mit farbigeren und dunkleren Elementen. Ich füge meinen Figuren im Vordergrund dann noch ein paar Details hinzu.

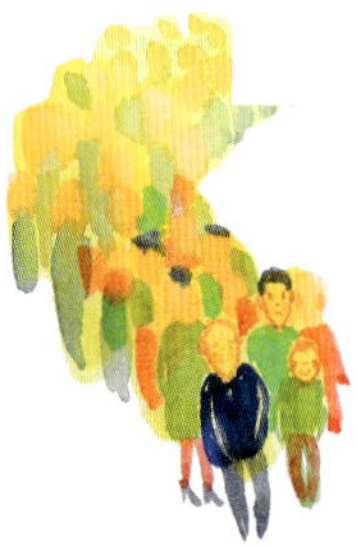
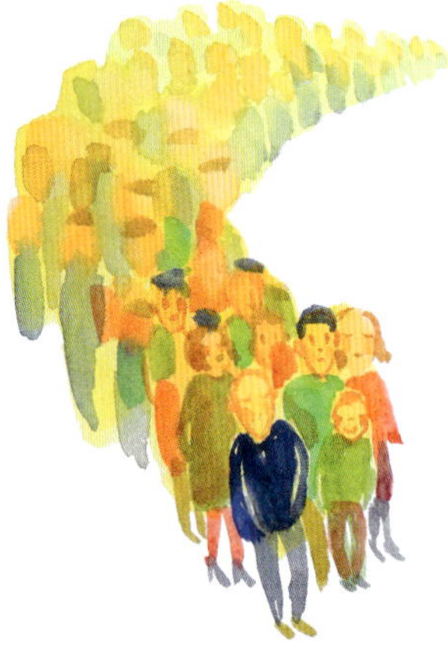

Zuerst den Körper, mit der ihm eigenen Wirkung von Struktur und Textur, dann modelliere ich ein paar Details. Nur wenige Figuren sind exakt ausgearbeitet, während die hinteren verschwommen und vage bleiben, auch heller.

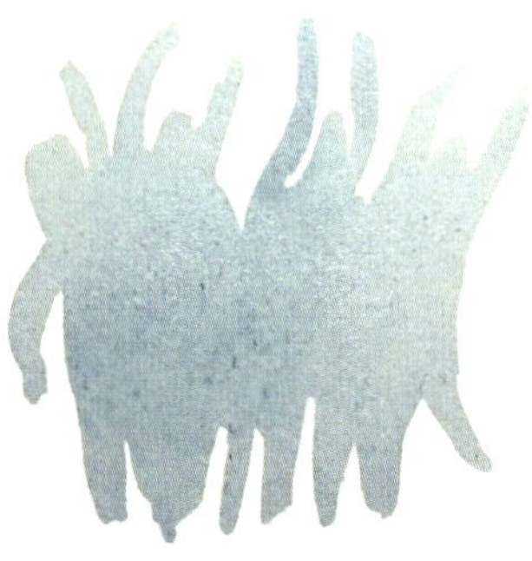
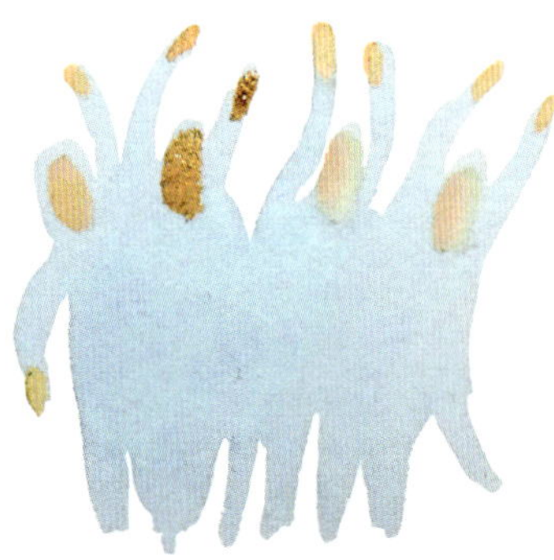
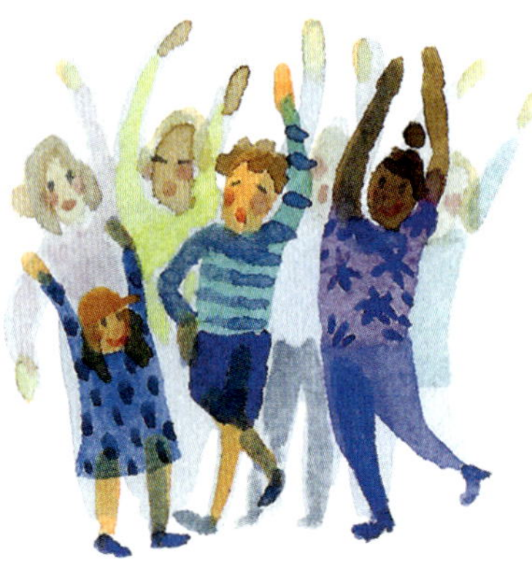

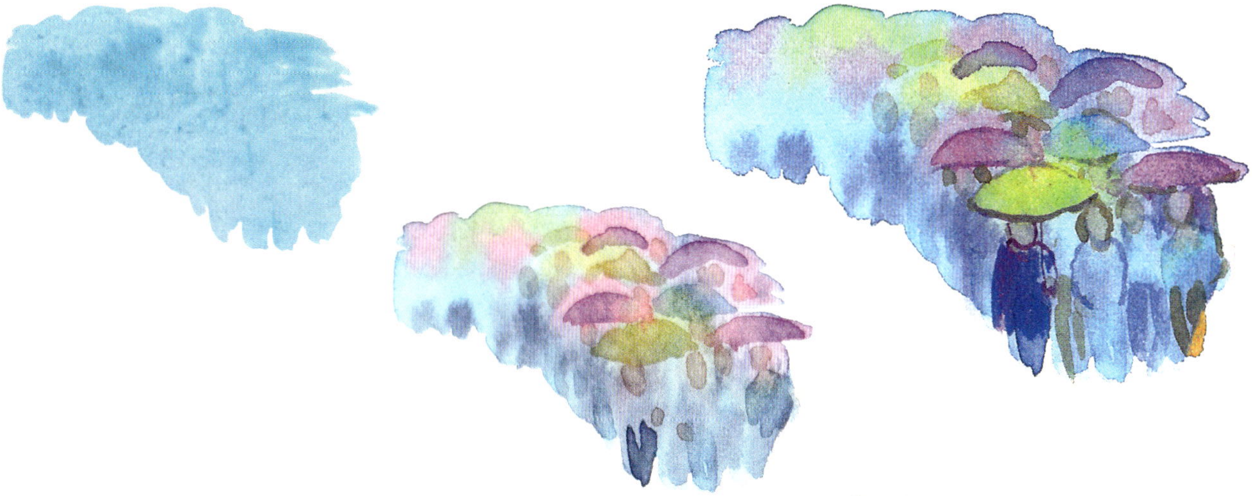

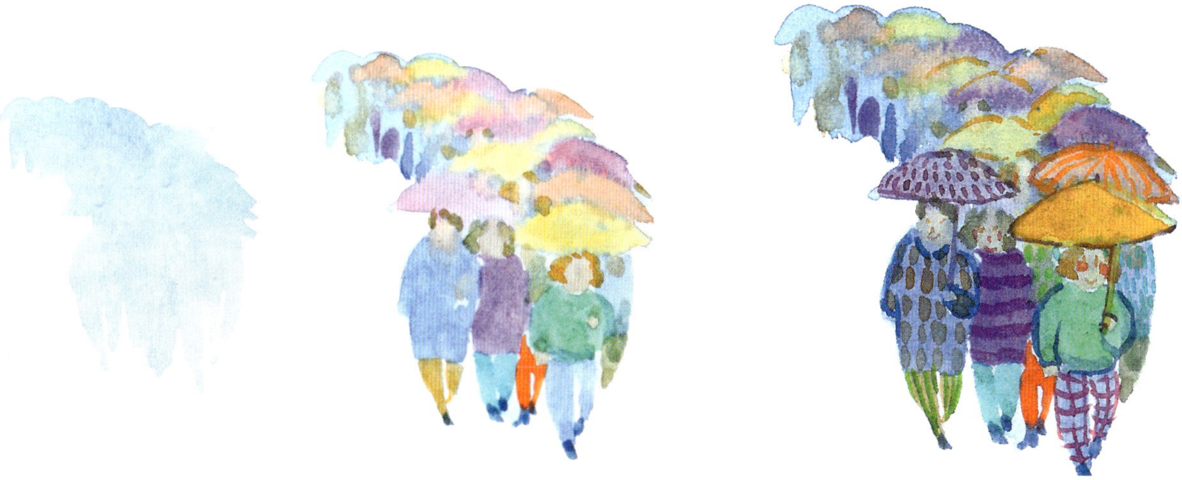

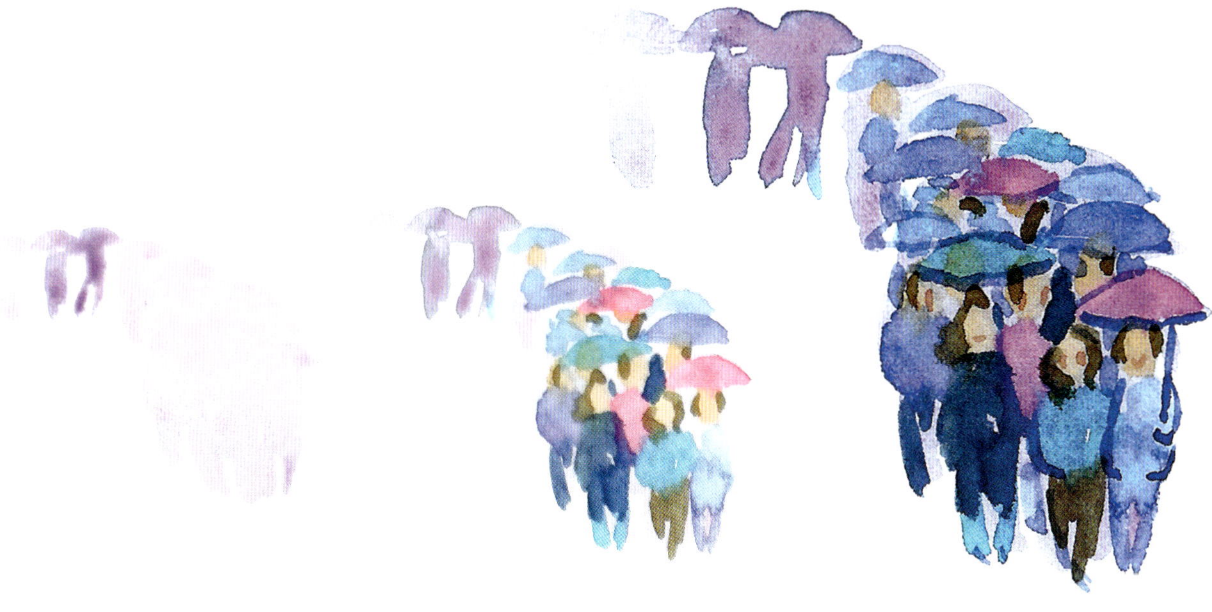

47. Woche

Personen und ihr Gang

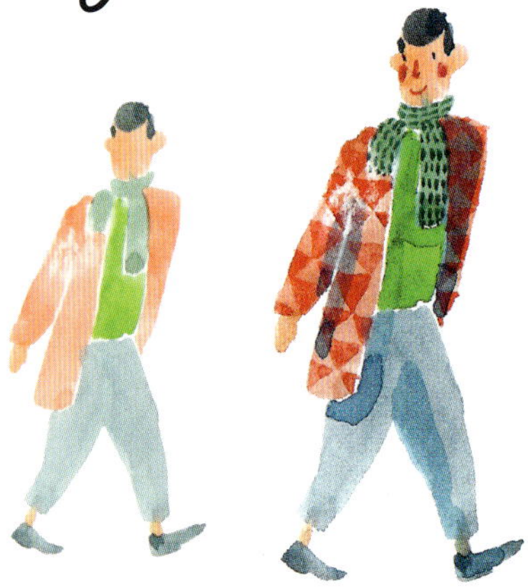

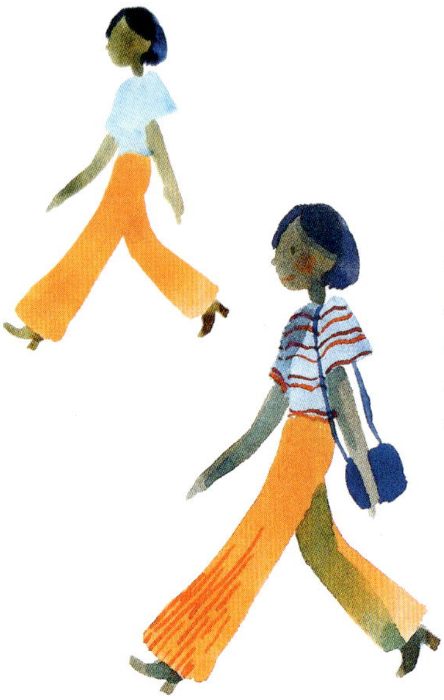

Was ich am liebsten mache? Passanten beobachten und ihren Gang skizzieren. Ich werfe mit ein paar Pinselstrichen ihren Körper und ihre Kleidung auf Papier, erst dann füge ich ein paar Details, wie das Muster ihrer Kleidung, hinzu. Wie immer gilt: Nicht alles malen! Ich lasse Raum für …
die Imagination, voilà, das kennst du jetzt schon!

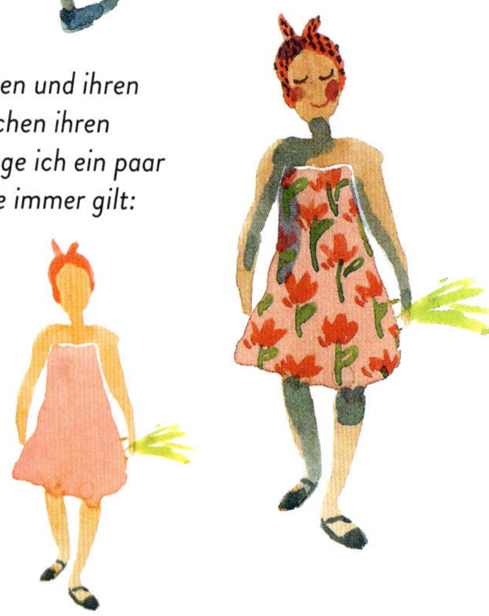

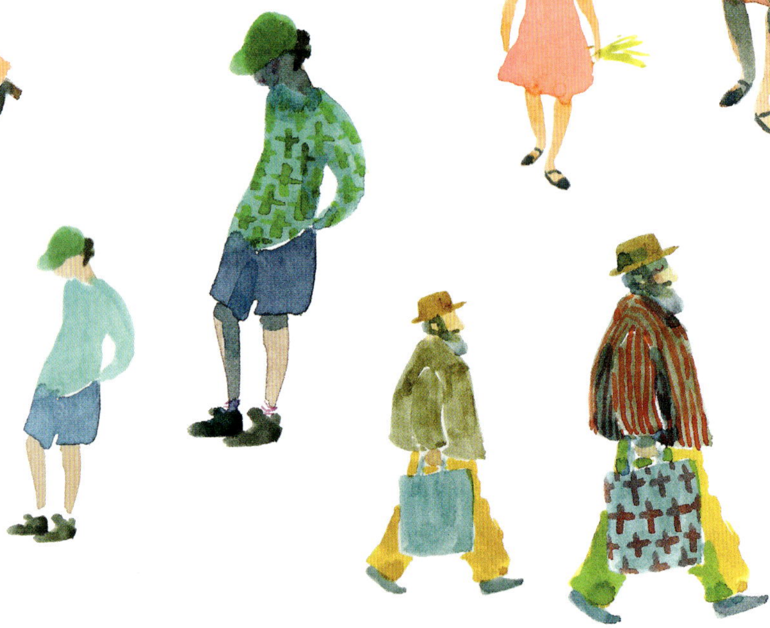

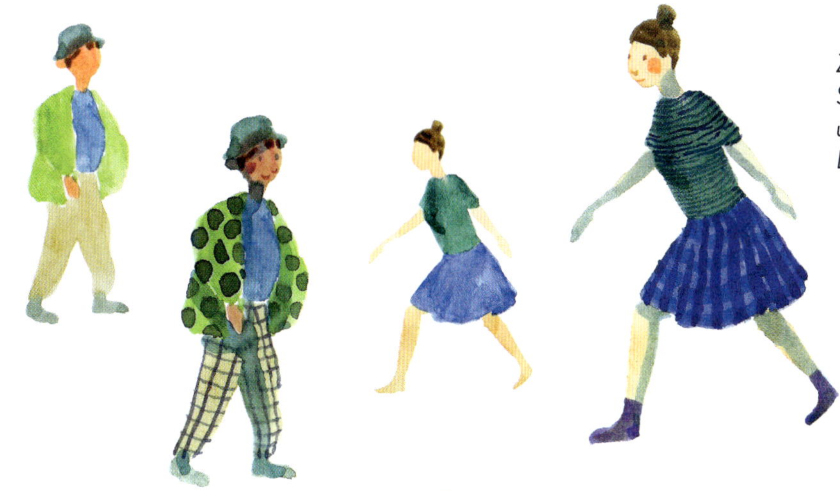

Zum Schluss etwas Blau für den Schatten, das ist immer magisch und erweckt die Silhouette zum Leben!

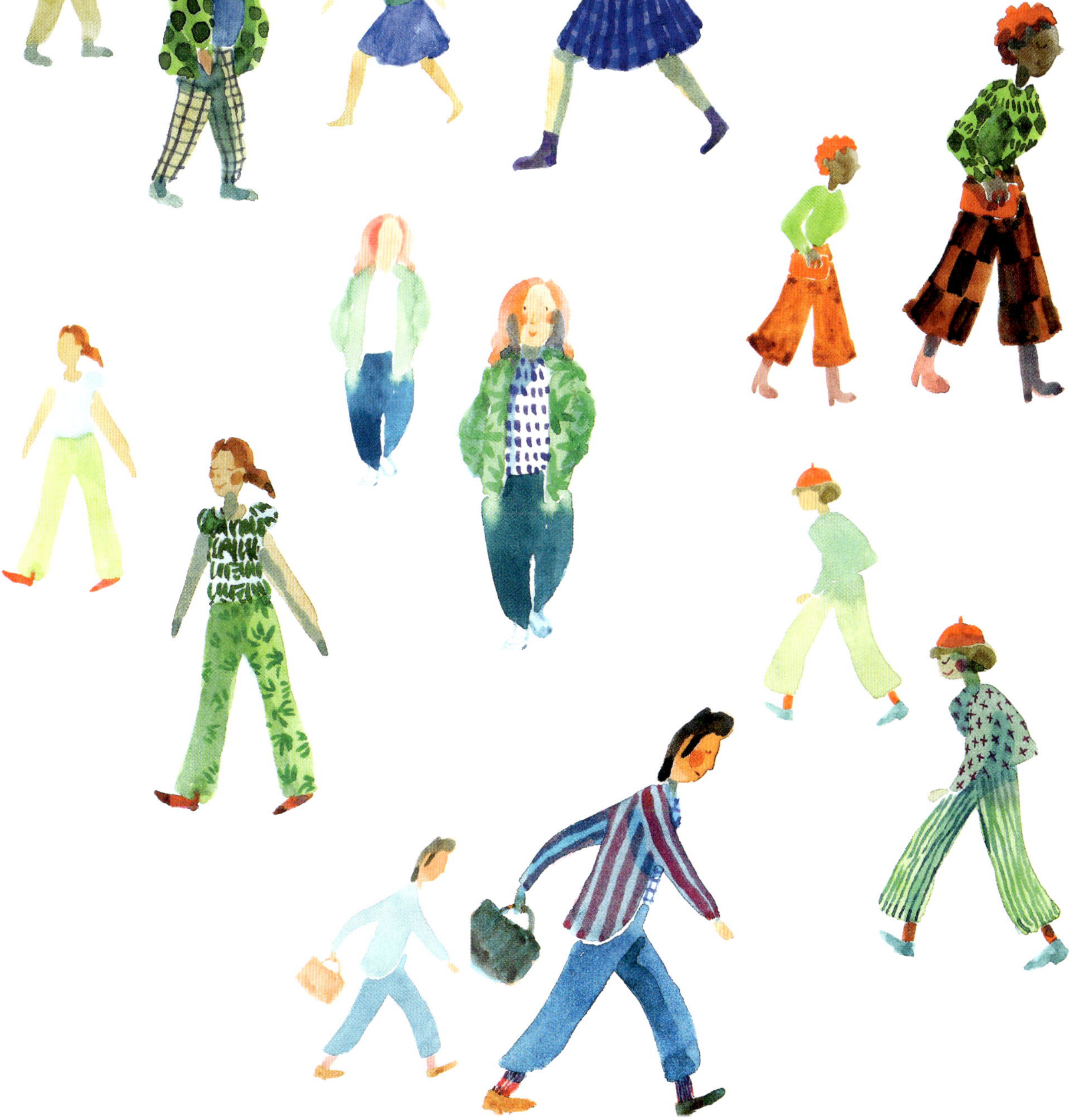

Zusätzliche Übung

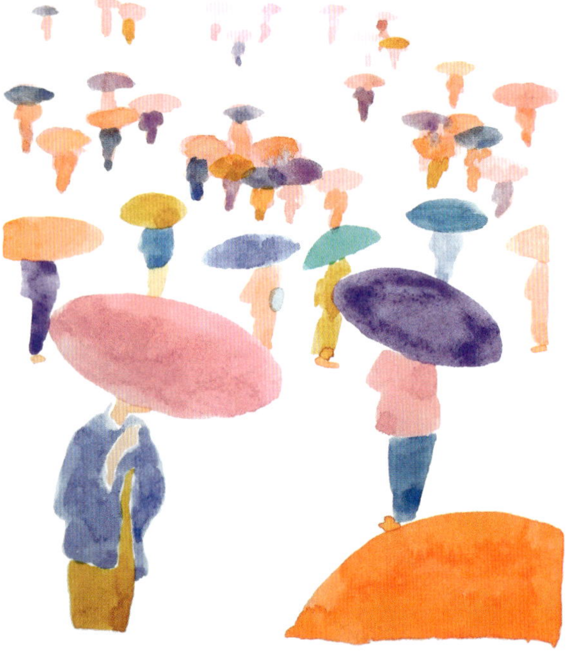

Ein Schwarm leichter Sonnenschirme hat den Platz erobert ...

Die Geishas in der Ferne werden „als Körper" gemalt, zuerst in strukturierten Gruppen, dann werden ein paar Farbtupfer auf die noch feuchte Farbe aufgetragen.
Sie erscheinen nach und nach in farbigen Flächen, hell im Hintergrund und kräftig vorne.

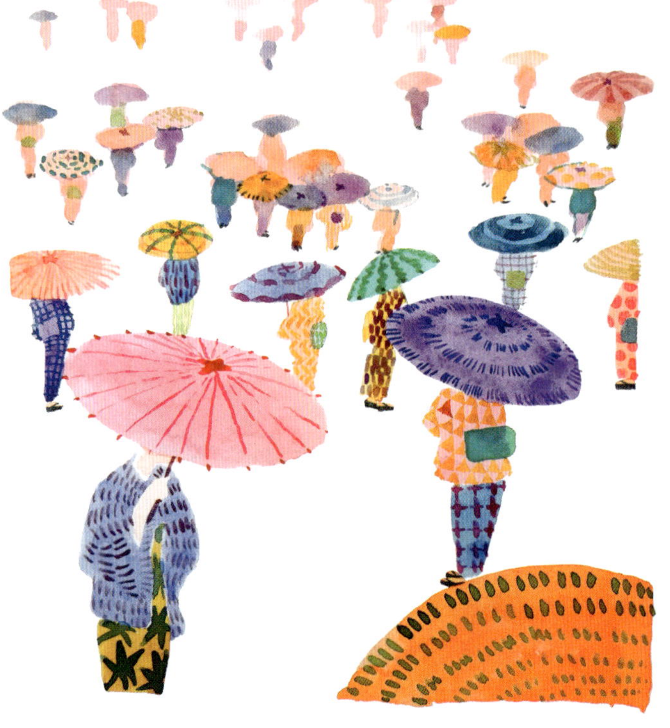

Auf den Sonnenschirmen und Kimonos ganz vorne entstehen ein paar Muster ... Dann werden mit Blau Schatten hinzugefügt und damit auch die Silhouetten ganz hinten bedeckt, um sie noch weiter in die Ferne zu rücken.

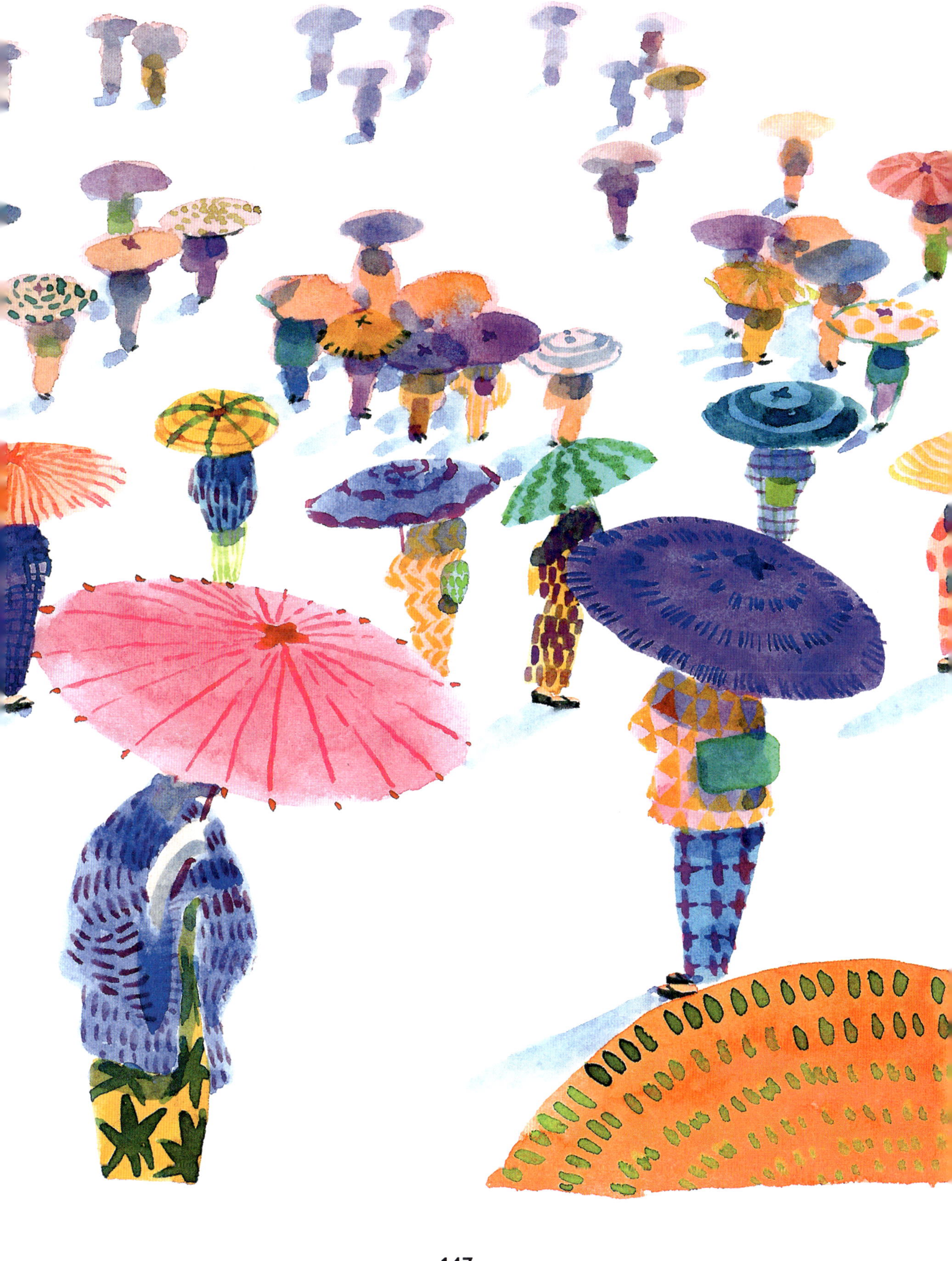

48. Woche

Ein wenig Anatomie

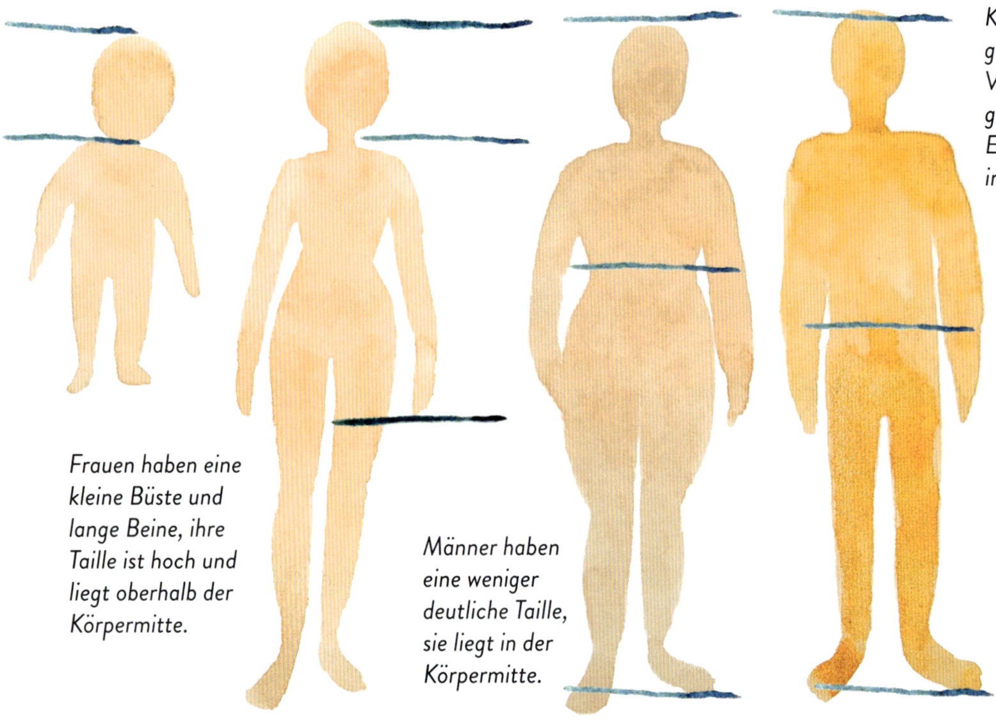

Kinder haben einen großen Kopf! Er ist im Verhältnis zum Körper größer als der von Erwachsenen. Male ihn immer schön groß!

Bei Erwachsenen reichen die Hände bis zur Mitte der Oberschenkel.

Frauen haben eine kleine Büste und lange Beine, ihre Taille ist hoch und liegt oberhalb der Körpermitte.

Männer haben eine weniger deutliche Taille, sie liegt in der Körpermitte.

Die Oberkante der Ohren liegt auf Höhe der Augen.
Die Stirn nimmt ein Drittel des Gesichts ein, der Bereich zwischen Augen und Nasenspitze das zweite Drittel und der zwischen Nasenspitze und Kinn das dritte.

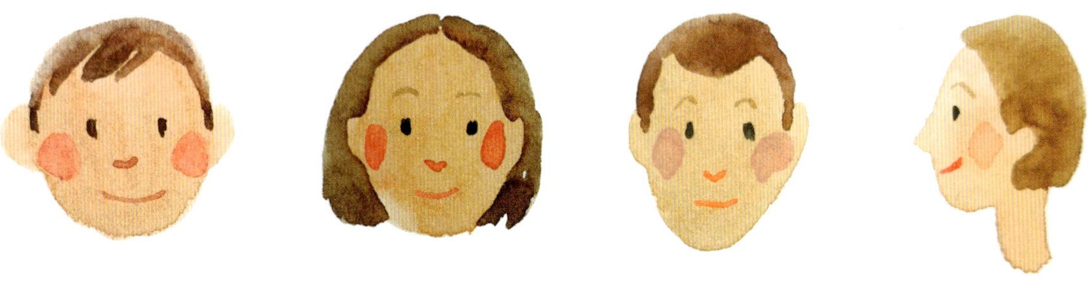

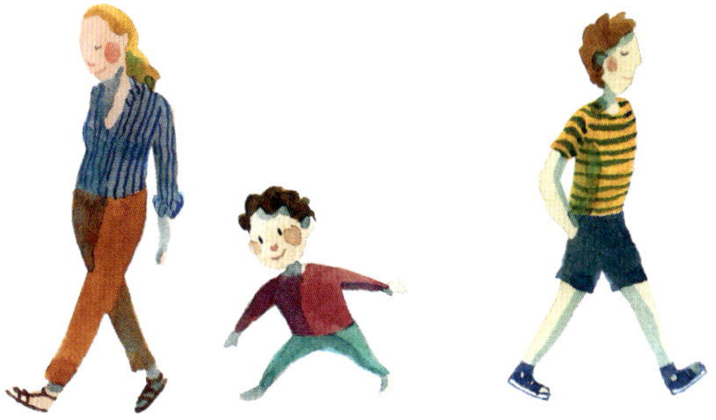

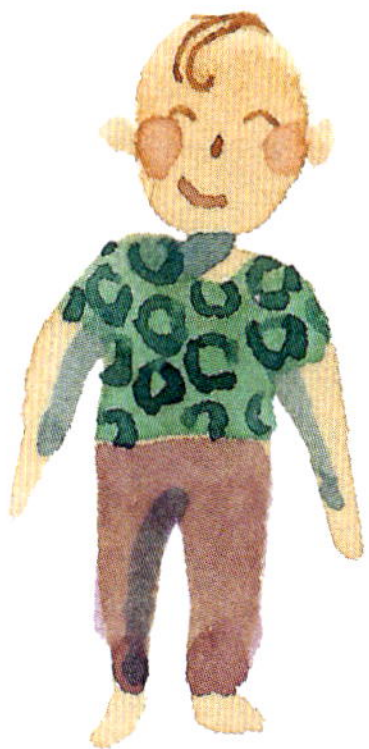

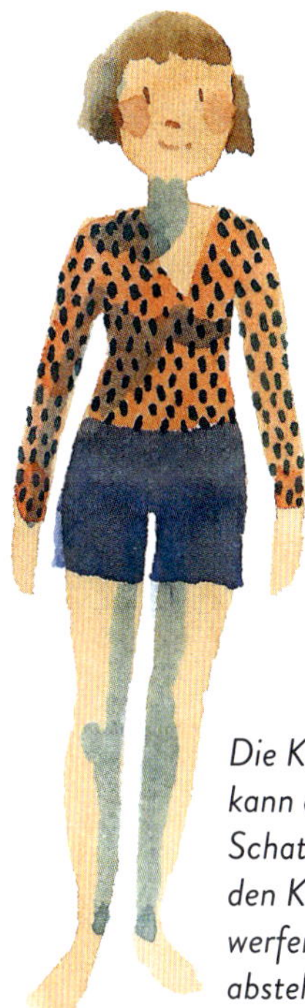

Wenn ich Schatten auf einen Körper lege und das Licht von oben kommt, lege ich ihn auf den Hals, unter die Brust, in die Armbeugen, unter die Knie und auf die Innenseite der Beine sowie auf die Haare, wenn sie voluminös sind (mit Pony, viele Haare).

Die Kleidung kann einen Schatten auf den Körper werfen, wenn sie absteht, so wie dieser Rock.

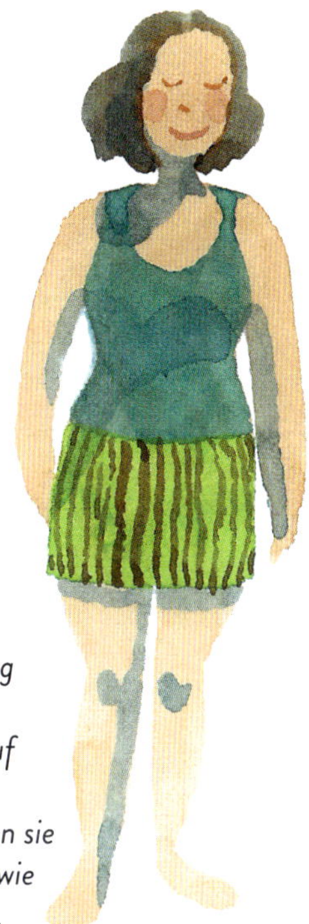

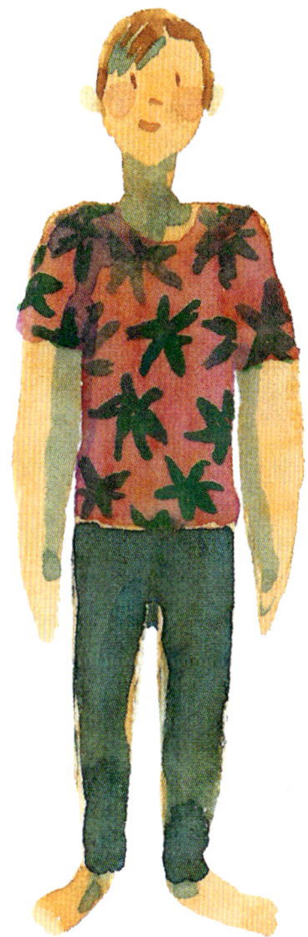

Wenn ich Schatten auf ein Gesicht lege und das Licht von oben kommt, lege ich ihn in die Augenhöhlen, unter die Nase, unter die Wangen oder Wangenknochen (bei einem Erwachsenen, der keinen Babyspeck mehr hat) und auf den Hals unterhalb des Kinns.

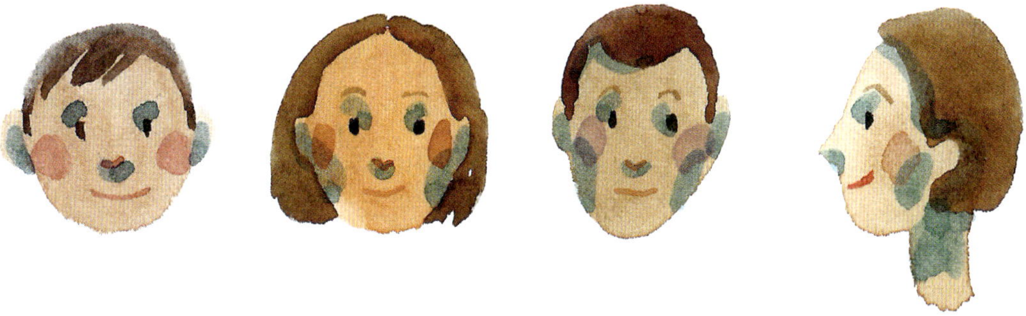

49. Woche

Die Kraftlinien

Es gibt keine misslungenen Bilder, nur kraftlose!

Ich mache die Haltung einer Figur ausfindig und skizziere sie in heller Aquarellfarbe. Dann baue ich die Silhouette darüber auf. Man darf nicht zögern, der Figur einen „Körper“ zu geben und sie dicker zu machen, ihr Fleisch zu geben.

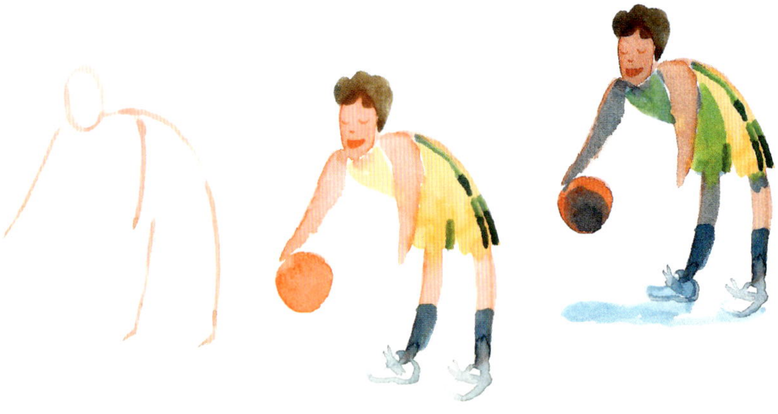

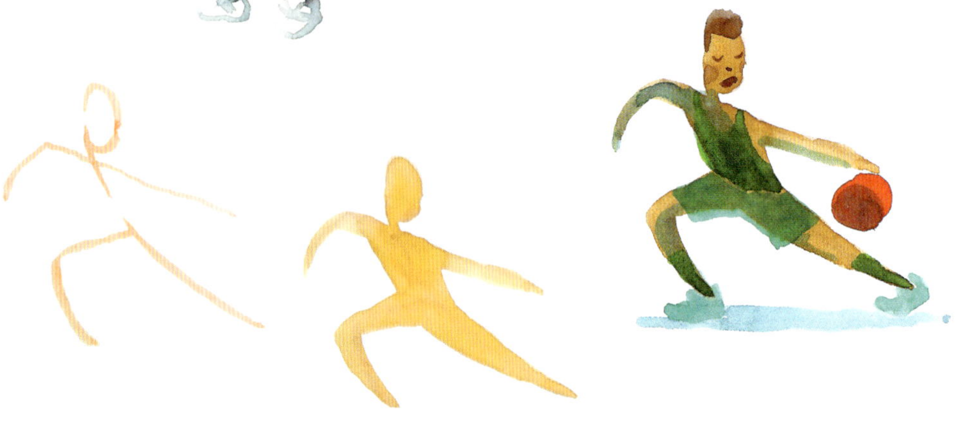

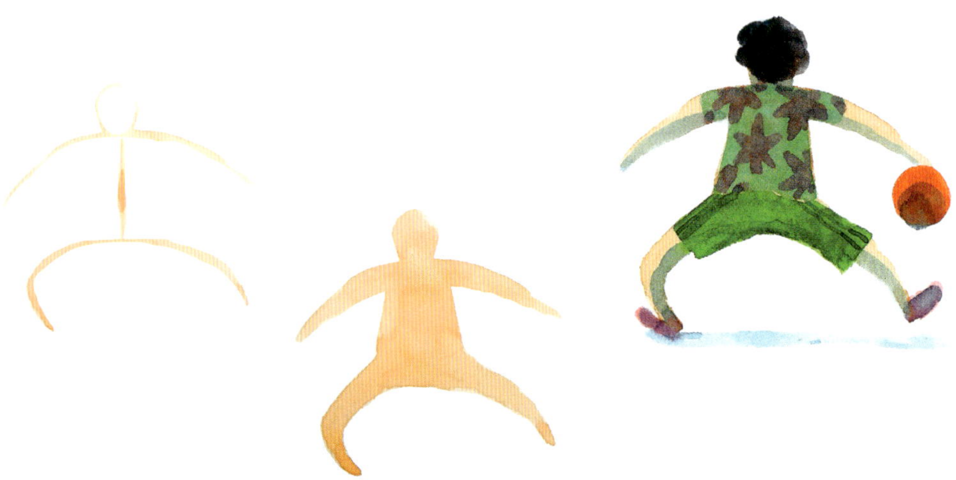

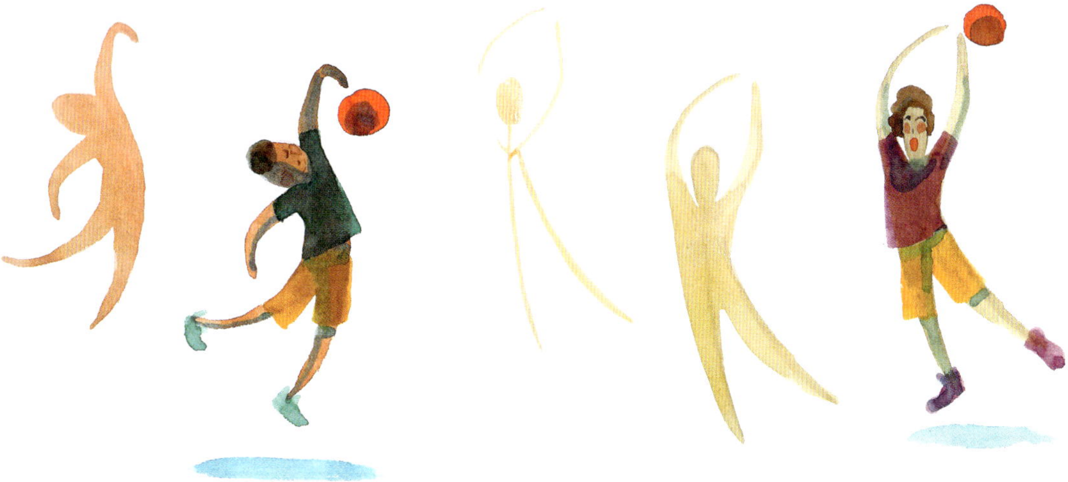

Ich übertreibe die Bewegung, ich karikiere sie,
damit sie mehr Ausdruck erhält.
Man wird einem Bild nie vorwerfen,
dass es zu dynamisch ist.

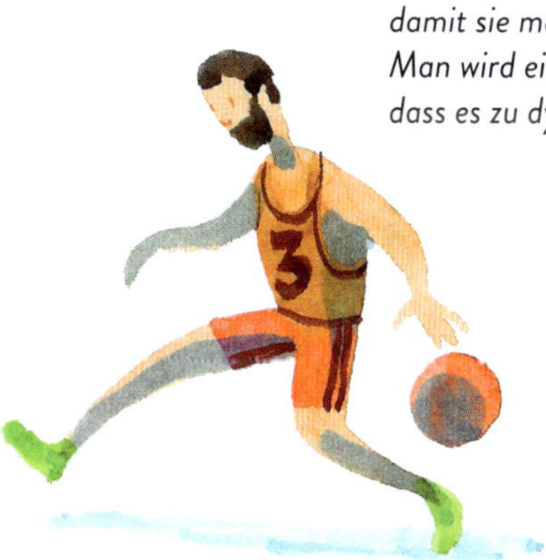

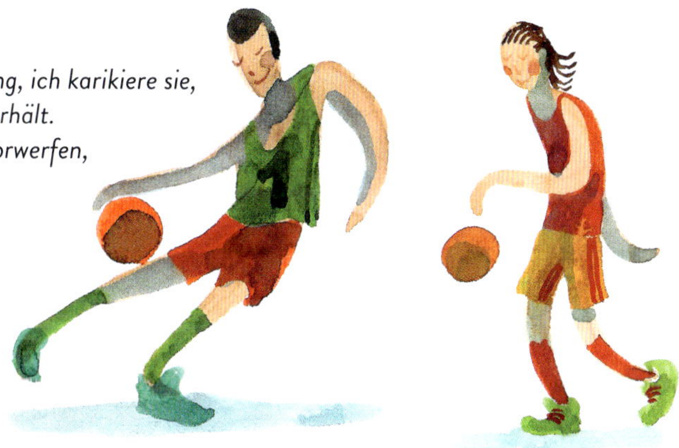

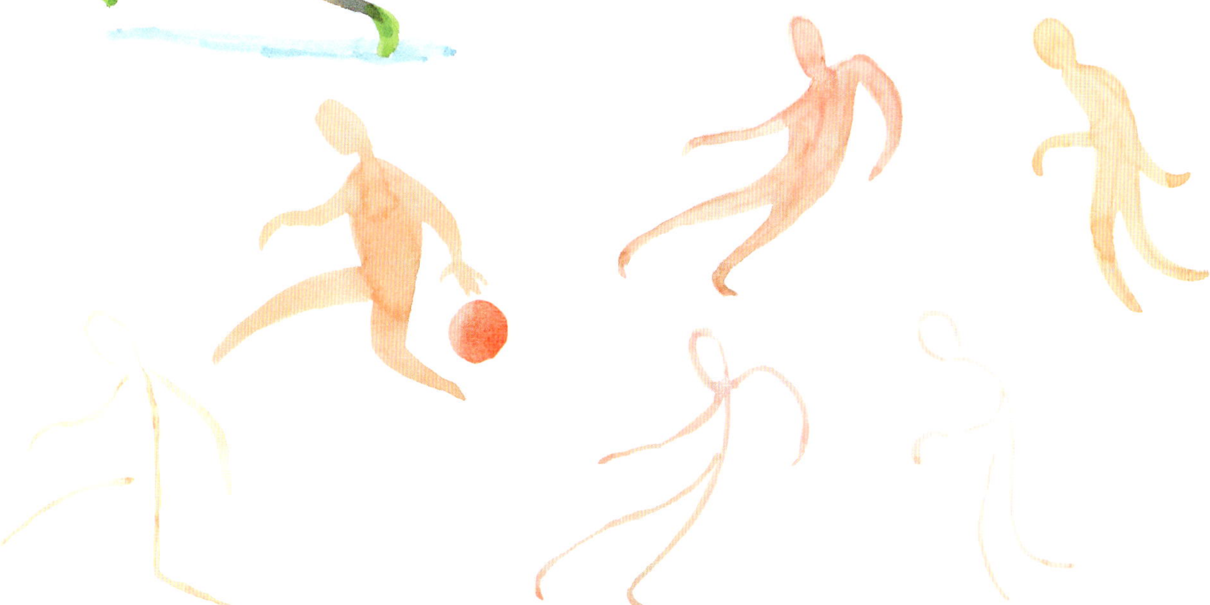

50. Woche

Mit dem Maßstab spielen

Ich liebe es, mit Maßstäben zu spielen, zwischen Figuren in extremer Nähe und ganz, ganz kleinen Figuren.

Das verleiht der Szene Tiefe und Struktur. Sie wirkt lebendiger!

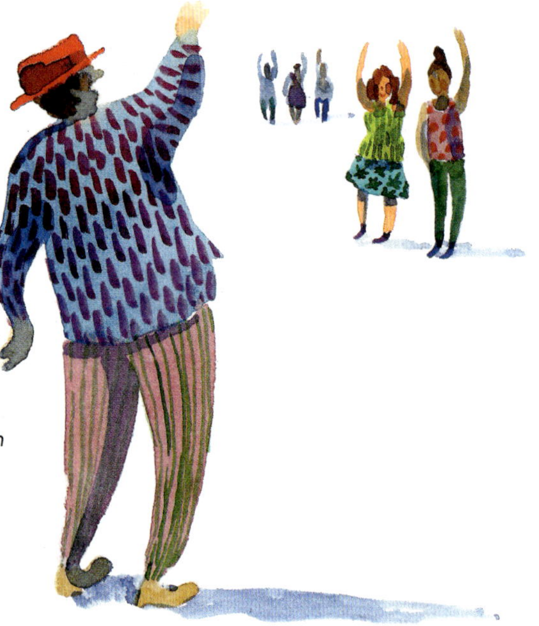

Wenn meine Augen auf derselben Höhe wie die der Figuren sind, befinden sich alle Köpfe auf derselben Linie, egal wie weit sie entfernt sind. Das ist die Horizontlinie.

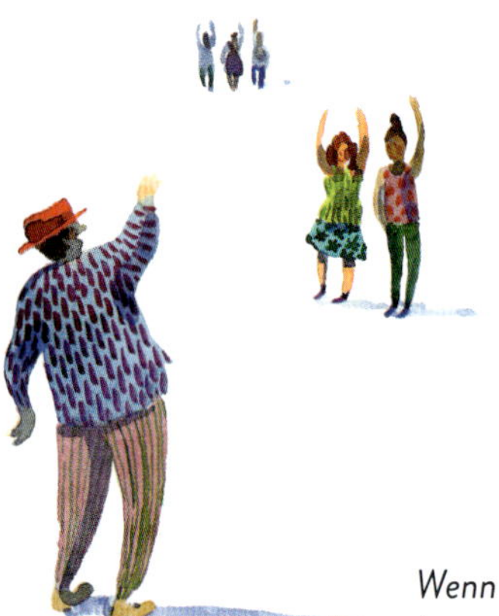

Wenn ich die Szene von unten betrachte, aus der Froschperspektive, sind die Figuren so angeordnet.

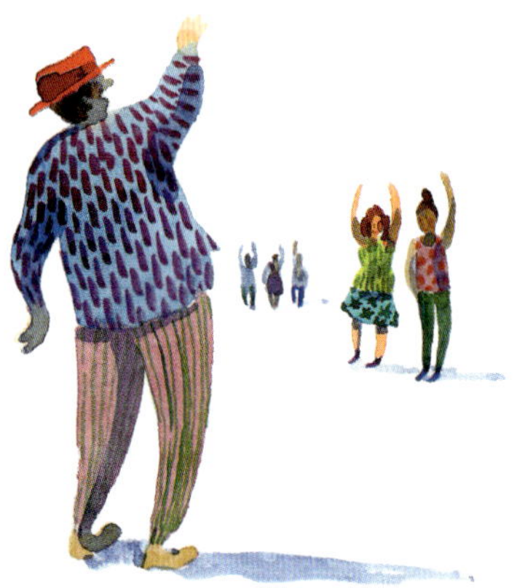

Wenn ich die Szene von oben betrachte, aus der Vogelperspektive, sind sie so angeordnet.

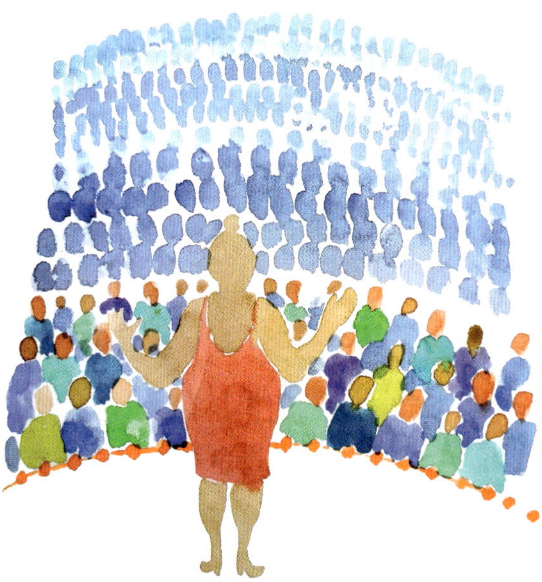

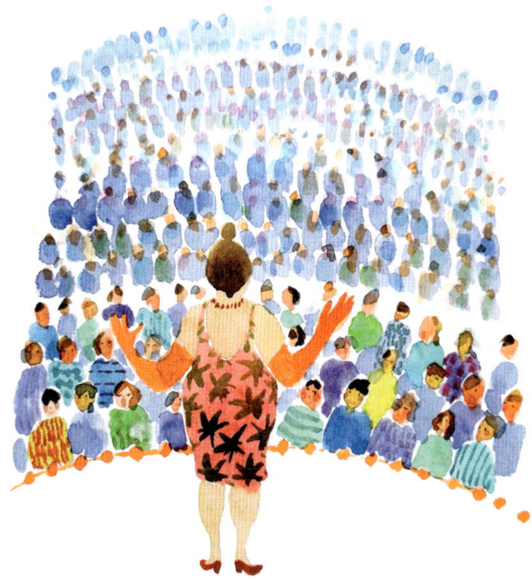

Um dieses große Publikum zu malen, das von der fülligen Sängerin hypnotisiert ist, spiele ich mit dem Maßstab: große flächige Pinselstriche für sie, kleine Tupfer für die Menge. Die kleinen Farbtupfer für das Publikum werden auf gut Glück über- und nebeneinander gesetzt. So erscheint die Menge verschwommen und wimmelnd.

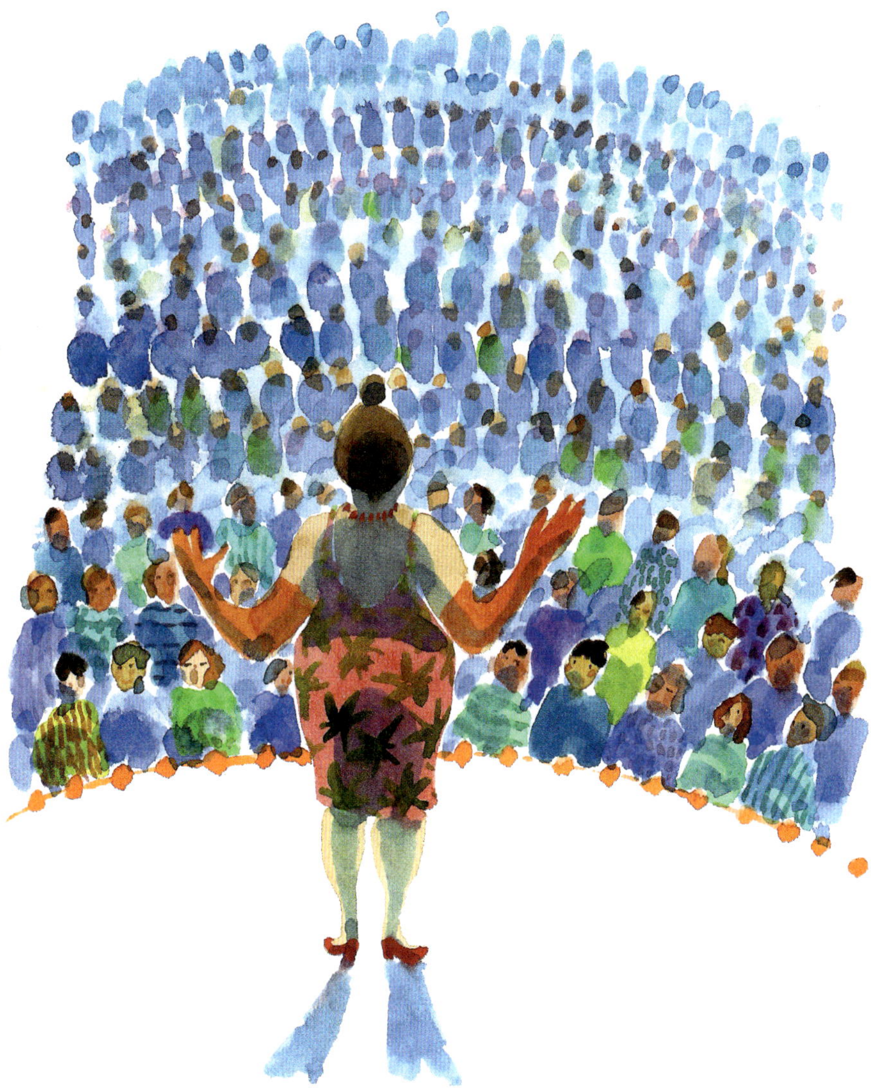

Zusätzliche Übung

Auf dem Basketballfeld und in der großen Menschenmenge, die gekommen ist, um die Spieler anzufeuern, herrscht eine Wahnsinnsstimmung!

Weil es so viele sind, male ich die Fans mit vielen kleinen über- und nebeneinandergesetzten Farbtupfern.

Und weil sie durch die Anstrengung des Spiels angespannt sind, male ich meine Basketballspieler ganz dynamisch über die Kraftlinien.

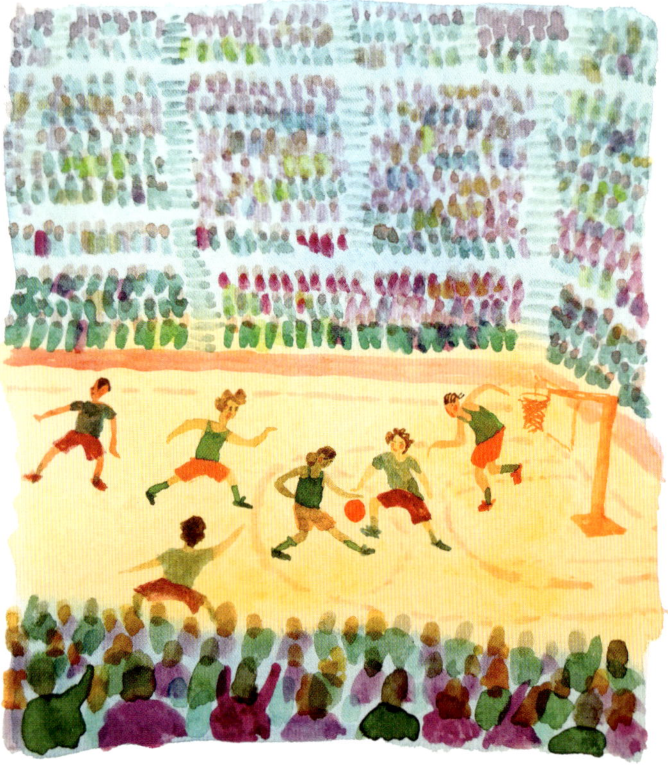

Die Zuschauer im Vordergrund sind dunkler und wimmeln vor Mustern und leuchtenden Farben, damit sie gut nach vorne rücken. Ein Hauch von Blau für die Schatten der Körper und das Publikum, das in der Ferne zur Masse wird. Das Spiel ist in vollem Gange!

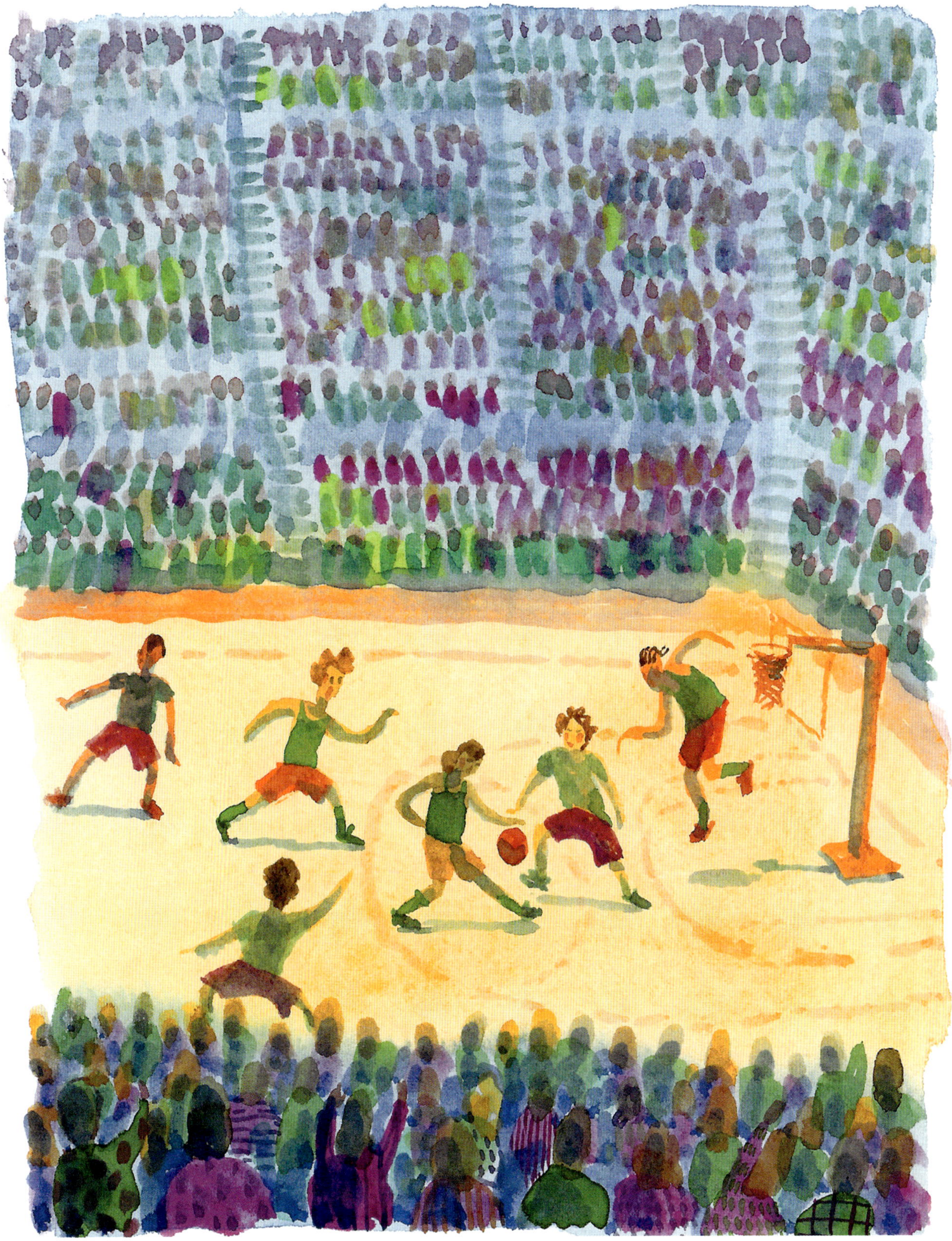

51. Woche

Die ganze Fläche ausfüllen

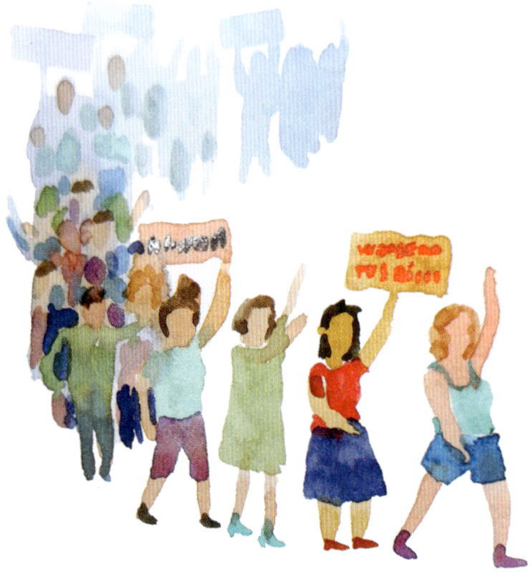

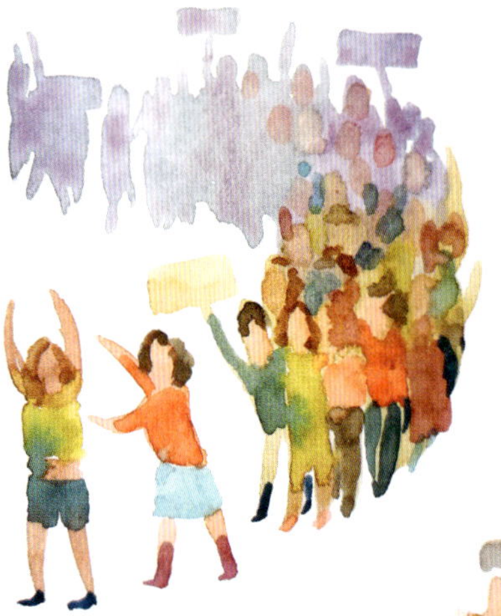

Eine feministische Demonstration – welches Motiv wäre besser geeignet, um Malerinnen zu ermutigen, Raum zu greifen, den ganzen Platz einzunehmen und sich auf dem ganzen Blatt auszubreiten?
Du sollst nicht in einer kleinen Ecke malen, fast unsichtbar und brav, sondern die ganze Fläche des Papiers umarmen, dich ganz entfalten und die Aquarellfarben hochhalten!

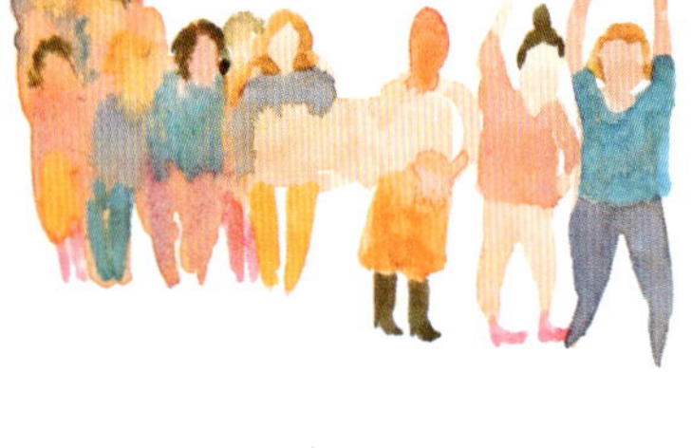

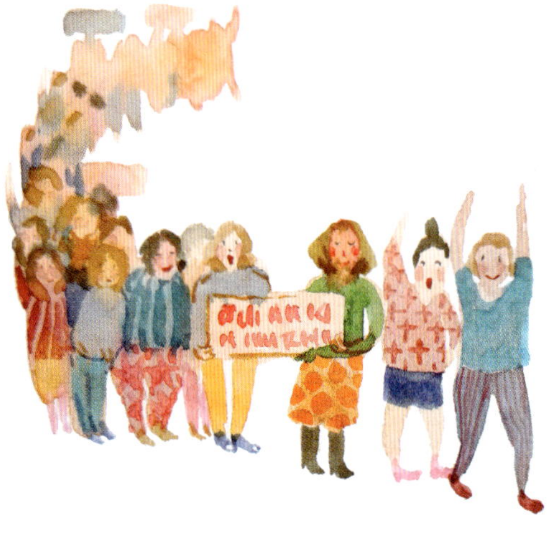

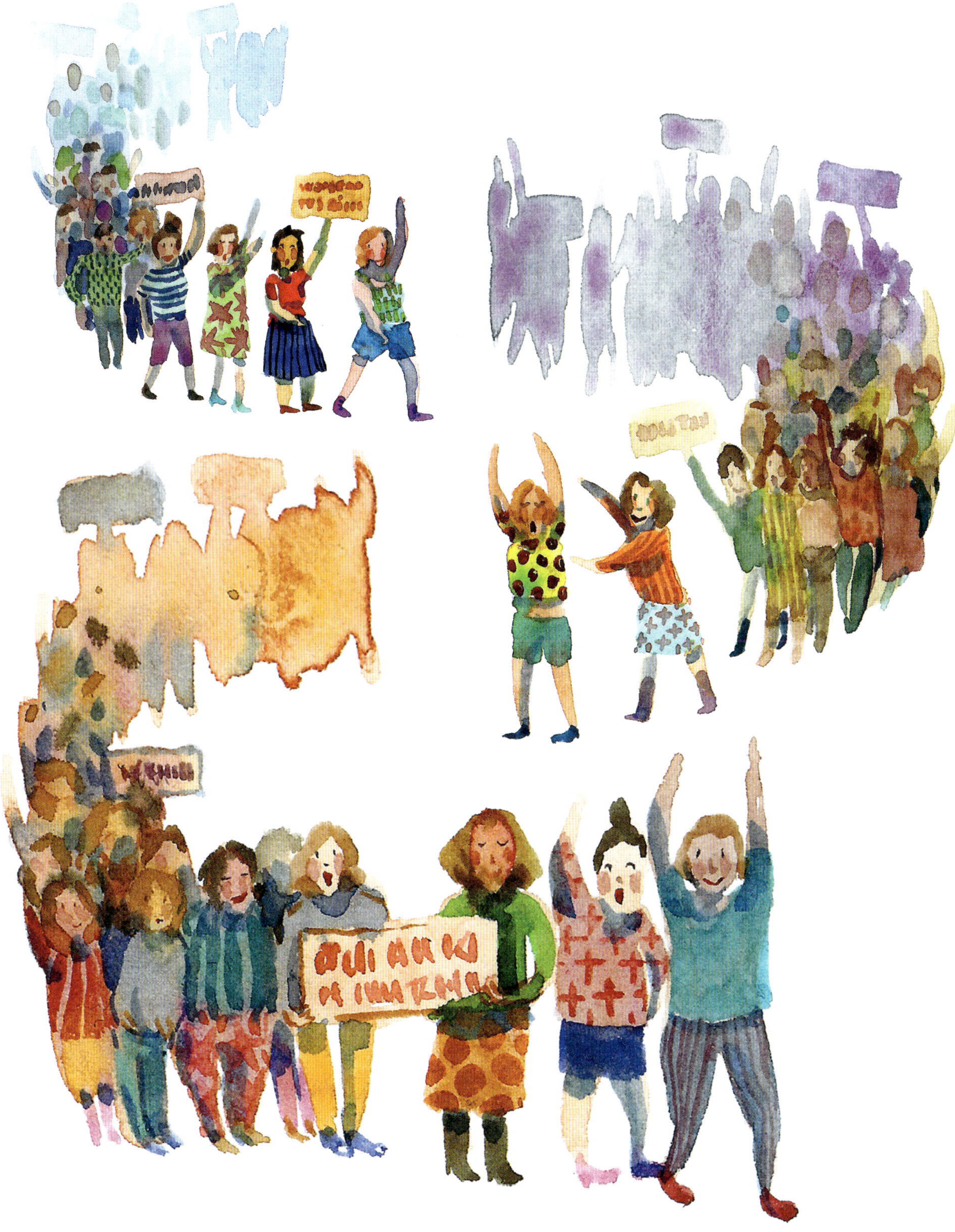

52. Woche

Jetzt bist du dran!

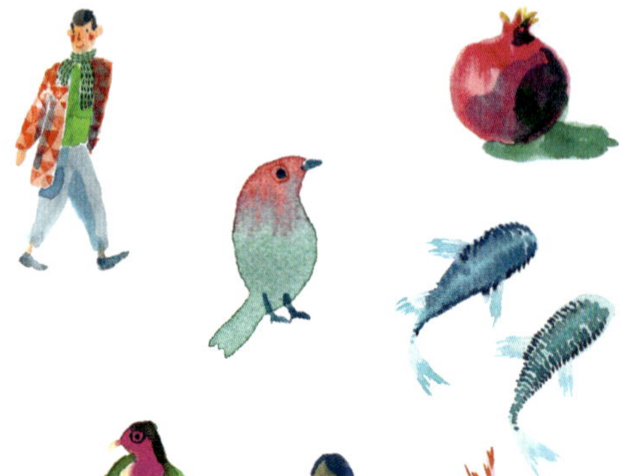

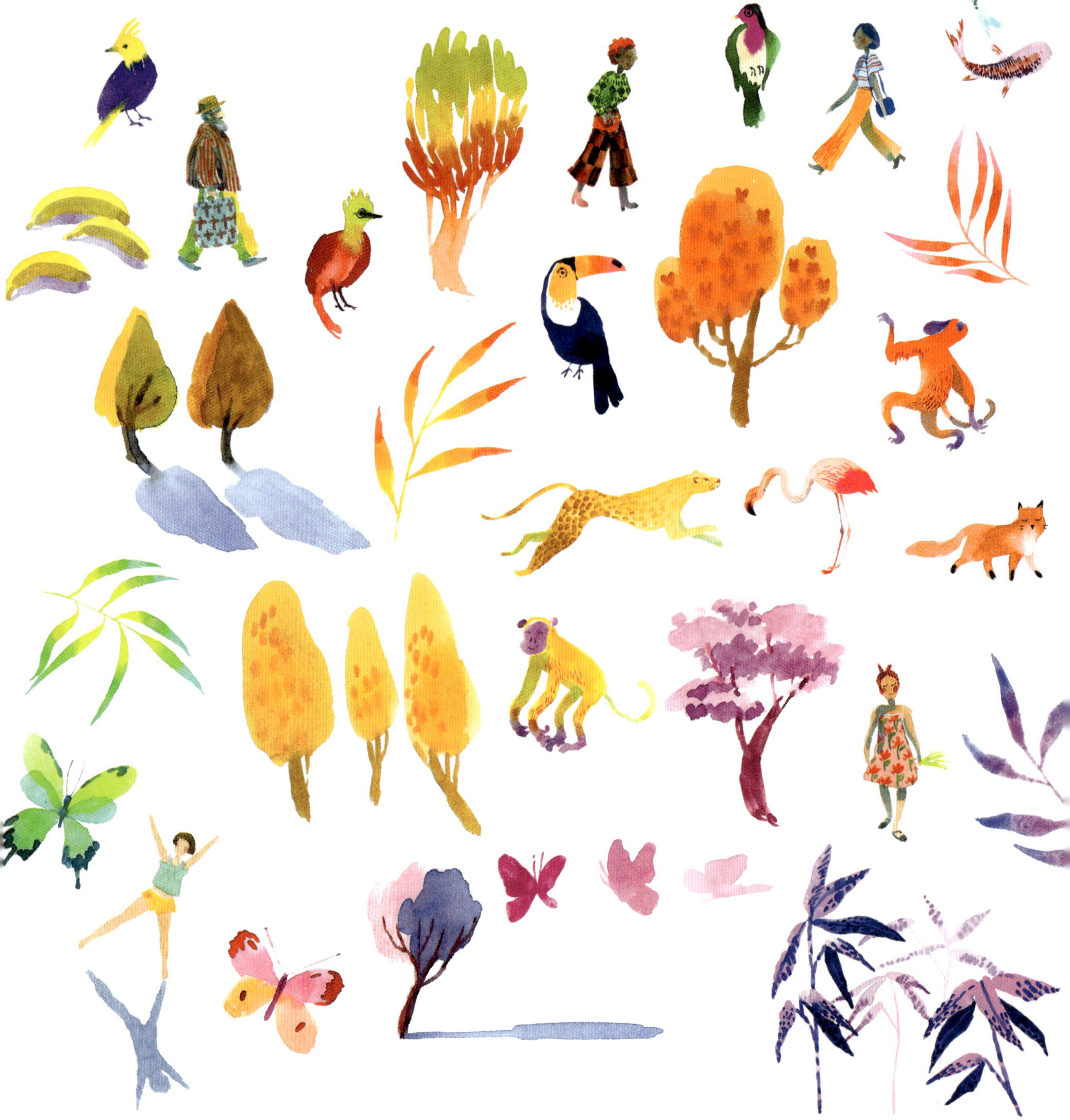

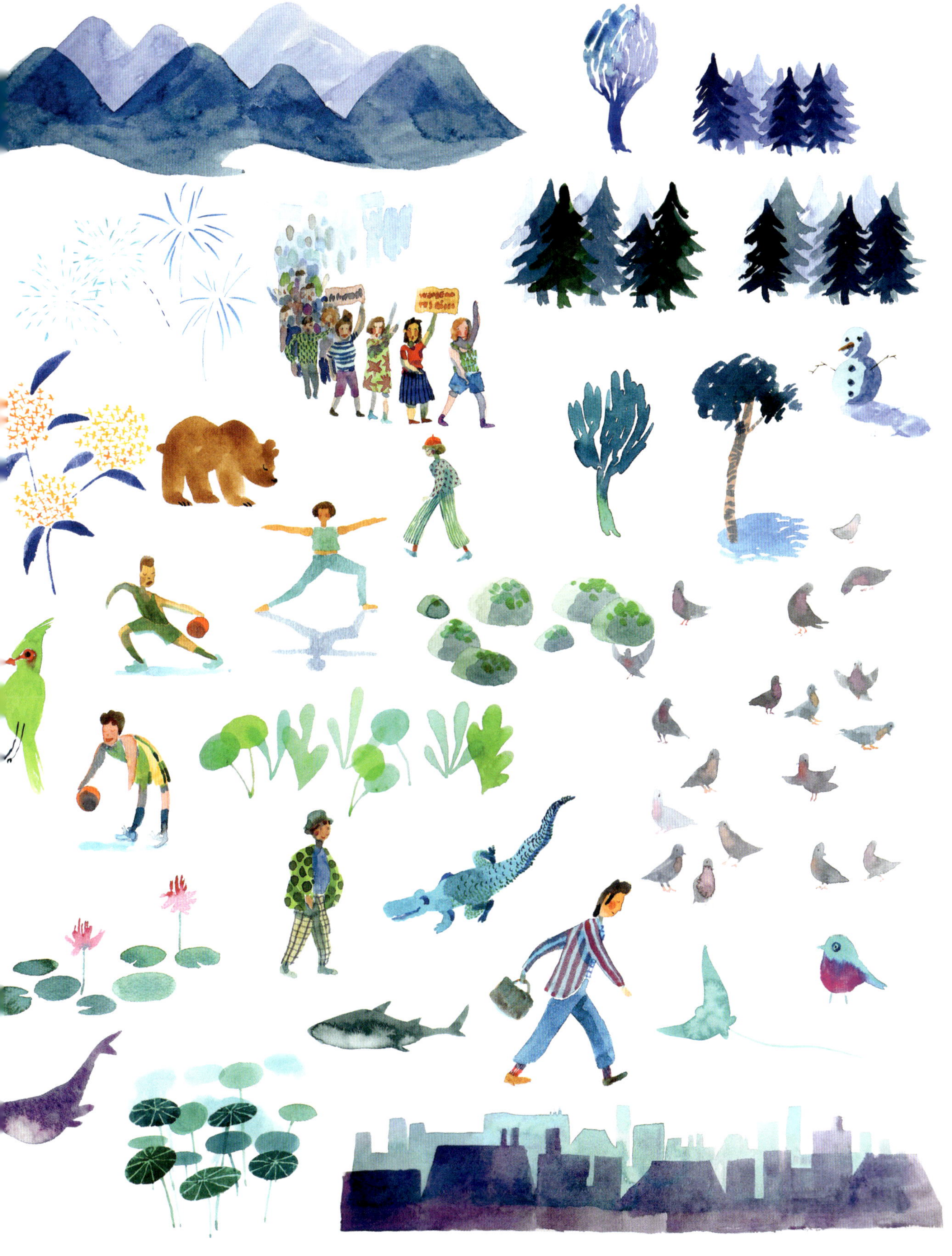

Impressum

© Erstveröffentlichung in französischer Sprache unter dem Titel „Une année d'aquarelle par Bleu Tango" durch Mango, Paris, Frankreich, 2022
Grafische Gestaltung: Lou Ripoll
Layout: Loïc Audrain
Titelbild: Hugo Ribeiro
Für die deutsche Ausgabe:
Projektmanagement: Maria Möllenkamp
Übersetzung: Dr. Katrin Korch
Lektorat: Sigrun Borstelmann
Korrektorat: Brigitte Schnock
Satz: Silke Schüler
Umschlaggestaltung: Dominik Günzinger
Herstellung: Julia Hegele
Printed in Printed in Poland by CGS Printing

★★★★★

Sind Sie mit diesem Titel zufrieden? Dann würden wir uns über Ihre Weiterempfehlung freuen.
Erzählen Sie es im Freundeskreis, berichten Sie Ihrem Buchhändler oder bewerten Sie beim Onlinekauf. Und wenn Sie Kritik, Korrekturen oder Aktualisierungen haben, freuen wir uns über Ihre Nachricht an: Christian Verlag, Postfach 40 02 09, D-80702 München oder per E-Mail an lektorat@verlagshaus.de.

Unser komplettes Programm finden Sie unter

www.christophorus-verlag.de

In diesem Buch wird aus Gründen der besseren Lesbarkeit das generische Maskulinum verwendet. Weibliche und anderweitige Geschlechteridentitäten werden dabei ausdrücklich mitgemeint, soweit es für die Aussage erforderlich ist.

Die Deutsche Nationalbibliothek verzeichnet diese Publikation in der Deutschen Nationalbibliografie; detaillierte bibliografische Daten sind im Internet über http://dnb.d-nb.de abrufbar.

2. Auflage 2025

Infanteriestraße 11a
80797 München

ISBN 978-3-86230-463-9

Kreativ-Service

Sie haben Fragen zu unseren Büchern und Materialien? Wir beraten Sie gern rund um alle Kreativthemen. Rufen Sie uns einfach an. Wir interessieren uns auch für Ihre eigenen Ideen und Anregungen. Sie erreichen uns per E-Mail kreativ-service@c-verlag.de oder unter der Telefonnummer 0049-89-1306 99 577.

Besuchen Sie uns im Internet: www.christophorus-verlag.de & www.selbstgemacht.de